D1725318

JACQUES G. PEIFFER

LES FRÈRES
MOUGIN

Sorciers
du grand feu
GRÈS ET PORCELAINE 1898-1950

EDITIONS FATON

La Lorraine a célébré somptueusement, il y a deux ans, le centenaire de l'École de Nancy. Des manifestations nombreuses et passionnantes ont présenté, sous ses multiples facettes, l'une des composantes majeures de l'Art Nouveau. On pouvait donc penser que tout avait été dit sur le sujet. Et pourtant !

Jacques G. Peiffer, directeur du musée Saint-Jean l'Aigle, avec lequel l'Ambassade de France est restée en contact depuis une exposition réalisée à la résidence dans le cadre de la Journée du Patrimoine, a attiré notre attention sur deux artistes lorrains de grand talent, sculpteurs et céramistes peu présents dans le foisonnant panorama de ce centenaire.

Le travail de Joseph et Pierre Mougin, de grands "rêveurs du feu", méritait que l'on s'y attarde de plus belle manière, en réunissant dans une seule et magistrale rétrospective, l'œuvre réalisée aux côtés des Prouvé et Majorelle, à Paris et en Lorraine. Il fallait, puisque l'option était prise, parler de l'ensemble de leurs recherches et montrer comment ils ont su, du symbolisme à l'Art Nouveau, de l'Art Déco à l'abstraction, innover et être de toutes les confrontations esthétiques significatives de la première moitié du XXᵉ siècle.

Initié de longue date par l'Ambassade de France et par l'Association Victor Hugo, cet événement bénéficie d'une étude de référence de Jacques G. Peiffer, historien, critique d'art et commissaire de l'exposition. Cette dernière a pu être réalisée grâce, d'une part, à l'intérêt marqué de la Ville de Luxembourg qui lui offre le cadre prestigieux de la Villa Vauban et, d'autre part, au généreux soutien de BNP PARIBAS sans laquelle le projet n'aurait pu être finalisé. Je leur exprime ici toute ma gratitude.

S.E. Madame Jane DEBENEST
Ambassadeur de France au Grand Duché de Luxembourg

Grande jardinière *Vigne*
Édition Grès Mougin Nancy
Modèle de Joseph Mougin (116.J)
Grès blanc émaillé
Marques sous la pièce
- en relief de moulage :
Grès Mougin Nancy 116 J/L -
modèle de J. Mougin
- en noir vitrifié : *C98*
Hauteur 360 mm

Vase à cristallisations
Édition Mougin Nancy. Modèle de Pierre Mougin
Grès porcelanique
Marques sous la pièce
- en creux de moulage : *Mougin Nancy 26 N*
- en noir vitrifié : *PM*
Collection privée

Les manifestations nancéiennes du centenaire de l'école de Nancy ont – avec justesse – rappelé l'importance de "la rencontre de l'art et de l'industrie" qui caractérise, de façon exemplaire, cette période artistique particulièrement productive et novatrice.

Avec les frères Mougin, dont ce livre retrace le riche itinéraire créatif, nous sommes confrontés au travail d'artistes qui jouent un rôle paradoxal dans le paysage culturel de leur époque.

En effet, s'ils ont bien été des figures marquantes de l'Ecole de Nancy et si l'on peut considérer que leur œuvre appartient à ce vaste mouvement d'apparente réconciliation entre les arts majeurs et les arts décoratifs que l'émergence du Bauhaus portera à son paroxysme quelques décennies plus tard, obligation est de constater que leur histoire est aussi celle de concepteurs audacieux, farouchement attachés à leur indépendance, contestant le statut d'artisan pour privilégier celui de sculpteur.

Le refus de reconnaissance qui leur est manifesté par la Société Nationale des Beaux-Arts ou les crises de colère de Joseph n'acceptant pas les contraintes qui lui sont imposées par la manufacture de faïences de Lunéville sont autant de signes qui témoignent des difficultés qu'ils ont rencontrées face aux tendances "lourdes" de la discipline dans laquelle ils évoluent.

L'observation des pièces des dernières années permet de mesurer l'ampleur de leur génie imaginatif. Plongés dans "les fusions métamorphiques de la création du monde" pour reprendre une formulation de l'auteur de cet ouvrage, Jacques Peiffer, leur art abandonne le sujet pour aller vers l'essentiel : le feu et la terre rendus à leur force originelle.

Avec le recul, on peut constater que cette ultime démarche est éminemment moderne sinon contemporaine. Elle nous révèle les deux Lorrains non seulement comme des précurseurs dont l'œuvre défie le temps et les catégories trop définies mais aussi comme d'authentiques artistes.

C'est pour l'avoir bien compris que l'auteur – commissaire de la magnifique exposition présentée à Luxembourg – se passionne depuis de longues années pour cette production étonnante.

L'Association Victor Hugo et le Centre Culturel Français de Luxembourg sont heureux de lui avoir confié, en collaboration avec le Musée de la ville de Luxembourg, la conception de l'exposition et la rédaction du présent livre consacré à l'œuvre des Mougin.

Nous remercions chaleureusement la BNP PARIBAS Luxembourg S.A. pour sa généreuse contribution sans laquelle cette réhabilitation de Joseph et Pierre Mougin n'aurait pu avoir lieu.

Jean-François RAMON
Conseiller près l'Ambassade de France à Luxembourg
Directeur du Centre Culturel Français

Bruno THÉRET
Président de l'Association Victor Hugo

REMERCIEMENTS

La confiance qui nous a été témoignée par la famille de Joseph et de Pierre Mougin représente toute la richesse de cette recherche, qu'elle soit assurée de toute notre gratitude.

Monsieur Bernard Mougin
Monsieur François Mougin
Mademoiselle Odile Mougin
Madame Jeanne Mougin
Madame Michèle Mougin
Madame Simone Lutringer
Madame Solange Puton, à qui nous sommes redevable d'excellentes investigations généalogiques sur la famille Mougin.

Que toutes les institutions et les personnes qui ont permis, par leur concours, l'édition de cet ouvrage trouvent ici l'expression de notre sincère reconnaissance.

Son Excellence Madame Jane Debenest, Ambassadeur de France au Luxembourg
Le Centre culturel français de Luxembourg,
Monsieur Jean-François Ramon et
Madame Françoise Pirovalli
L'Association Victor Hugo, Monsieur Bruno Théret

Musées de la Ville de Luxembourg, Madame Danielle Wagener
Manufacture nationale de Sèvres, Madame Tamara Préaud
et Monsieur Antoine d'Albis
Musée d'Orsay, Paris, Madame Marie-Madeleine Masse
Musée Rodin, Paris, Monsieur Alain Beausire
Musée de l'École de Nancy, Mademoiselle Valérie Thomas,
Monsieur Parmantier, Madame Françoise Sylvestre

Musée des Beaux-Arts de Nancy, Madame Blandine Chavanne
Musée historique lorrain, Nancy, Madame Martine Mathias
Musée du Château à Lunéville,
Madame Marie-France de Raucourt et
Mademoiselle Agnès Samuel
Musée de Sarreguemines, Monsieur Émile Decker
Musée Roybet-Fould, Courbevoie,
Monsieur Georges Barbier-Ludwig

BNP Paribas Luxembourg, Madame Liliane Peiffer-Lucas
Faïencerie de Saint-Clément, Monsieur Bernard Renaud
Saint-Jean l'Aigle Émaux de Longwy,
Madame Danielle Peiffer-Noël

Monsieur et Madame Michel Cajelot
Monsieur Patrice Courtier
Monsieur et Madame Jack Dupré
Mosieur Hubert Ehrmann
Monsieur et Madame Alain et Esther Grenard
Monsieur Patrick Maire
Madame Nicole Mostini
Monsieur Francis Nallier
Monsieur Jacques Pinon
Maître Pierre Poncet et Madame
Madame Laurence Serre
Toutes les personnes qui ont souhaité conserver l'anonymat tout en participant à l'ouvrage par le prêt d'œuvres remarquables.

Un hommage particulier à Madame Francine Bertrand, avec qui nous avons échangé maints renseignements et documents avec la plus amicale courtoisie.

Responsable d'édition : Louis Faton
Conception graphique : Bernard Babin
Mise en page : Laure Bonhomme, Yves Jacquot, Michèle Lapaiche
Traitement de l'image : Vincent Monod, Richard Siblas
Secrétariat d'édition : Marguerite Dugat

Conseiller littéraire : Madame Christiane Bonnemberger-Lambermont
Gestion scientifique : Peg P., et Monsieur Serge Dalibard, musée Saint-Jean l'Aigle
Crédit photographique :
Prises de vue : Laboratoire d'expertises de la faïencerie Saint-Jean l'Aigle pour l'ensemble de l'ouvrage.
Ville de Nancy et Musée de l'École de Nancy : J. F. Brabant et Claude Philippot pour les clichés référencés.

Cet ouvrage a été imprimé et relié en France le 2ᵉ trimestre 2001
sur les presses de l'Imprimerie Moderne de l'Est, Baume-les-Dames.
© Éditions Faton, Dijon, 2001.
25, rue Berbisey 21000 Dijon. Tél. 03 80 48 98 48. e-mail : infos@faton.fr
ISBN 2-87844-047-1

SOMMAIRE

Pichet avec six bocks à bière. Édition Mougin, atelier de Vaugirard, Paris. Modèle de Joseph Mougin, daté 1904
Grès gris. Marque sous la pièce : en noir vitrifié *J. Mougin sculpteur - J. P. Mougin céramistes 1904 3013*
Hauteur du pichet 280 mm. Collection privée

PRÉFACE

L'activité de Joseph et Pierre Mougin semble exemplaire. Elle se situe au confluent de plusieurs tendances apparues dans la seconde moitié du dix-neuvième siècle. L'une des plus importantes pour eux fut la redécouverte de la polychromie par la sculpture, qu'elle soit obtenue grâce à des traitements de surface ou par la juxtaposition de matériaux différents à l'intérieur d'une même pièce ; en ce sens, le passage de Joseph dans l'atelier d'Ernest Barrias est bien significatif. Par ailleurs, une forte réaction contre les méfaits de l'industrialisation a provoqué l'émergence des théoriciens des "Arts and Crafts" et, surtout, la multiplication des petites unités de production où les créateurs peuvent être secondés par des praticiens ou même œuvrer seuls. Enfin la distinction entre "arts majeurs" et "arts industriels", si présente dans les réflexions vers le milieu du siècle, tend alors à s'estomper : sculpteurs et peintres se mettent à explorer les possibilités nouvelles que leur ouvre le domaine céramique soit en mettant directement "la main à la pâte", soit en surveillant attentivement les traductions de leurs œuvres ; un type de collaboration auquel participeront les Mougin à Lunéville. Parallèlement, les réalisations des arts décoratifs sont peu à peu admises dans les Salons d'art officiels, alors que certains céramistes n'hésitent plus à présenter leurs créations dans les galeries.

Manifestement, le travail des frères Mougin est stylistiquement bien ancré dans son époque : au Symbolisme correspondent les nombreuses représentations féminines, parfois comme surgies du corps des pièces ; le mélange du biscuit et des zones en grès à couvertes cristallisées dans une même statuette a été pratiqué, notamment à la manufacture de Sèvres au même moment, et certaines des figurines de la série des "Princesses" des Mougin sont indubitablement proches des "Pierres précieuses" conçues par Léo Laporte-Blairzy pour la manufacture. De même, les éléments naturalistes modelés se retrouvent, en ces premières années du vingtième siècle, chez un autre puriste de la céramique, le jeune Émile Decœur, par exemple. Passé le succès de l'Exposition universelle de 1900, le style "Art Nouveau" ne tarde pas à s'essouffler, laissant la place à des formes de géométrie plus rigoureuse, telles qu'on en voit dans l'œuvre nancéienne.

On me permettra de souligner un dernier aspect de cet ancrage dans l'époque : Joseph Mougin a pu suivre le déroulement des opérations de la manufacture de Sèvres et en a obtenu le plan d'un four que Georges Vogt, directeur des travaux techniques, vint lui-même contrôler. Il a pu également employer, le dimanche, un tourneur de Sèvres, Jean-Baptiste Giordan. Ces échanges de bons procédés n'ont alors rien d'exceptionnel. Après une brève parenthèse de repliement sur soi consécutive à la défaite de 1870, la manufacture fut bientôt encouragée par le nouveau régime républicain à reprendre – au profit des seuls fabricants français, désormais – la tradition d'ouverture sur le monde céramique contemporain inaugurée par Alexandre Brongniart dès sa nomination à la tête de l'établissement en 1800. La réforme de 1890/1891 faisait ainsi obligation à Sèvres de fournir de bons modèles sous forme de surmoulés de ses créations anciennes ; de transmettre toutes ses connaissances techniques et ses mises au point ; enfin, d'enseigner dans son école non plus seulement à ses propres ouvriers mais à des spécialistes utiles à l'ensemble de l'industrie céramique. Pareillement, la brève collaboration d'Odile Mougin avec la manufacture en 1940 est-elle caractéristique de la démarche du directeur de l'époque, Georges Lechevallier-Chevignard, soucieux de renouveler et de varier ses productions, tout en aidant artistes et céramistes dans une période difficile, en faisant appel aux collaborations les plus variées.

Représentatifs, donc, de leur temps à bien des égards, et particulièrement remarquables pour leur constante exigence de qualité, les frères Mougin et leurs descendants méritent d'être mieux connus, et nous espérons que l'exposition présente contribuera à leur rendre la place éminente qui leur revient.

Tamara PRÉAUD
Conservateur en chef du Patrimoine
Directeur des Archives de la Manufacture nationale de Sèvres

AVANT-PROPOS

"Per Flammas ad luminas"
Devise de l'atelier Mougin, rue de Montreville à Nancy

L'œuvre de l'atelier Mougin

Nous avons souhaité, dans cet ouvrage dédié à l'atelier des grès Mougin, aborder l'œuvre elle-même avant d'esquisser la biographie d'une famille vouée à l'art. Par cette approche, nous marquons notre respect pour la volonté de Joseph Mougin qui, bien au-delà des difficultés si nombreuses qui ont assombri son existence, s'est attaché jusqu'à ses dernières forces à rechercher le sens de sa vie dans la céramique, ses créations les plus fortes témoignant d'une passion incoercible pour le feu.

Toujours retranché derrière un individualisme farouche qui lui permettait de dominer les vicissitudes matérielles, au-delà des concepts artistiques et des modes dont il a anticipé ou croisé la naissance puis la disparition, de l'Art Nouveau à l'abstraction, Joseph Mougin est resté avant tout un esthète de la terre et du feu, simple et d'une rigueur sans concession. En proscrivant volontairement de ses choix toute attente commerciale, se privant par là de la reconnaissance dont bénéficièrent des artistes industrieux comme Gallé et Majorelle, il est demeuré dans l'ombre qui recouvre bien des vocations authentiques.

Son frère Pierre s'est engagé à ses côtés avec la même ferveur, contribuant largement au développement du style Mougin avant de s'affirmer à son tour dans des recherches personnelles sur l'émail. Les enfants de Joseph, Bernard, Odile et François, ont apporté dans ce laboratoire de l'énergie humaine, une quote-part dont l'avenir saura dire tout l'intérêt.

Trajectoire de l'œuvre et biographie

Voici maintenant douze ans, nous avons rencontré par hasard François Mougin au Lycée céramique de Longchamp. Attirés par une même magie du feu, nous nous sommes revus souvent pour préparer la première étude sur l'atelier Mougin, parue en 1989 (La céramique in *Nancy 1900*, 1998). Quelque temps plus tard, nous avons fait la connaissance de Bernard, et plus récemment d'Odile ; nous nous souvenons de chacun de ces merveilleux instants de notre existence de céramiste, car nous avions le sentiment de vivre des moments privilégiés ; leur confiance nous a été entièrement acquise. L'exposition que nous avons eu le plaisir de diriger en 1999, à Nancy, au Grand Hôtel de la Reine, le *Désir du feu*, a marqué les prémices d'une redécouverte tant attendue depuis la rétrospective qui s'est tenue au musée des Beaux-Arts de Nancy en 1963.

Aujourd'hui, un éclairage nouveau est porté sur l'œuvre grâce aux volumineuses archives que nous a confiées François Mougin, et nous comprenons mieux quelles ont été leurs relations avec la manufacture de Sèvres ou avec des céramistes comme Taxile Doat et Delaherche.

Les excellents travaux de Francine Bertrand et les expositions dont elle a été le commissaire aux musées de Lunéville et de Sarreguemines, participent de la même volonté de rendre justice à deux grands hommes du feu. Ils sont à la fois *poètes*, comme Francine Bertrand le souligne, et *sorciers*, comme nous avons aimé l'évoquer par la part d'imaginaire et de surnaturel qui hante chacune de leurs réalisations d'artistes : nous ne pouvons y plonger le regard sans y voir les flammes qui ont vitrifié ces terres magmatiques sur lesquelles ruissellent des émaux magiques.

La forte personnalité des frères Mougin par rapport à l'esthétique de la céramique française n'a pas été mesurée à sa juste valeur car la trace de leur activité est trop absente des sources historiques ; il n'a guère été possible, dans les dernières décennies, d'en situer tant l'importance capitale que les apports significatifs. Nous avons donc assigné à cet ouvrage une bien modeste orientation : contribuer à intégrer Pierre et Joseph dans la conception de la céramique du XXᵉ siècle, au cœur des mouvements artistiques, nationaux et internationaux.

L'existence de documents autobiographiques manquants, actuellement justement inaccessibles, permettra, le moment venu, de compléter cette étude car Joseph, homme sensible et sourcilleux jusqu'au détail le plus infime et intime, se laisse guider par son caractère entier et livre son histoire, commentant, avec réalisme et souvent sans complaisance, les heures les plus difficiles et les plus terribles de sa vie. Le lecteur comprendra donc que nous nous sommes imposé, par respect et amitié, une évocation biographique réservée.

Joseph et Pierre se sont largement exprimés dans des écrits destinés à leur famille à laquelle ils confient ce qu'ils ont de plus précieux : trente ans de métier et d'expérimentations fécondes, des formules minutieusement mises au point et des tours de mains exceptionnels. Cet aspect technique n'est pas du domaine du secret, comme l'on décidé, avec bienveillance en autorisant leur publication, Michèle Mougin, pour le mémoire de Pierre, et François Mougin, pour les cahiers de Joseph. Cette prose prolixe étonne par son volume et par son intégrité ; peu de céramistes ont osé raconter leurs échecs et dire combien ils se sont sentis incompétents dans leur jeunesse, et toujours aussi modestes face au feu, même dans leur maturité : cette humilité a été un des gages de leur réussite.

Les cahiers que Joseph rédige au crépuscule de sa vie, à cinquante-huit ans, constituent une fresque dans laquelle s'enchevêtrent tant ses conflits moraux que ses souvenirs et ses états dépressifs. Ils posent aussi le problème d'une rédaction, maintes fois remaniée, de transcriptions multiples et quelquefois contradictoires.

Pierre, d'une manière plus rationnelle, s'est aussi ingénié à transmettre l'expérience de sa vie professionnelle, espérant que ses écrits puissent servir à ses descendants, ce qui n'a pas été exaucé.

La reconstitution de la trajectoire des frères Mougin se heurte à la rareté des témoignages laissés dans les archives publiques car ils se sont peu impliqués dans la société artistique de leur temps, privilégiant, nous venons de l'évoquer, leur démarche personnelle. De plus, leur présence artistique n'a jamais fait l'objet de discours théoriques, tant leur certitude de l'art était grande, le "faire" et le "fait" les justifiaient amplement. Seuls quelques critiques ont associé leurs voix à celle de Prouvé pour évoquer le grand destin de ces céramistes lorrains.

Jacques G. PEIFFER
Sculpteur-céramiste à Longwy,
Expert MOF,
Directeur du laboratoire et du musée
de la faïencerie Saint-Jean l'Aigle

De gauche à droite
Bernard Mougin
Jacques G. Peiffer
François Mougin

REPÈRES CHRONOLOGIQUES

Cette chronologie est placée en tête d'ouvrage pour construire une première trame qui facilitera, pour le lecteur, l'enchaînement des événements.

1846
Naissance, à Nancy, d'Émile Gallé.
Naissance, à Sarre-Union, d'Ernest Wittmann.

1856
Naissance, à Nancy, de Victor Prouvé.

1863
Naissance, à Ars-sur-Moselle, d'Ernest Bussière.

1876, 7 juin
Naissance, à Nancy, de Joseph Mougin.

1880, 15 mai
Naissance, à Laxou, de Pierre Mougin.

1889
Bussière est nommé professeur de modelage à l'École des Beaux-Arts de Nancy.
Xavier Mougin est élu député de l'arrondissement de Mirecourt. Comme directeur de la cristallerie de Portieux, il signe, à ce moment, un accord avec les maisons Hache (fabricant de porcelaine à Vierzon) et Keller & Guérin (fabricants de faïence à Lunéville), pour ouvrir un cabinet d'échantillons à New York.

1892-1893
Joseph commence son apprentissage, à Nancy, chez un statuaire et céramiste en ouvrages religieux, Arthur Pierron, puis le quitte pour s'inscrire à l'École des Beaux-Arts de la ville. Bussière est l'un de ses professeurs. À la fin de sa deuxième année, Joseph obtient le deuxième prix de dessin et le premier de modelage, il est aussi reçu premier au Concours des ouvriers d'art.
Prouvé présente au Salon une œuvre capitale, *La Nuit*. Joseph Mougin l'aide modestement, lors de la réalisation du monument consacré à Carnot, en effectuant quelques tâches pratiques.
Xavier Mougin est réélu député.

1894
Joseph, âgé de 18 ans, entre à l'École des Beaux-Arts de Paris, dans l'atelier du sculpteur Barrias.
À Nancy, la Société des Amis des Arts, nouvellement fondée, organise une exposition d'art décoratif, salle Poirel.
Jean Carriès, sculpteur céramiste, meurt.

1896
Bussière et la faïencerie de Lunéville exposent le vase monumental *Mélancolie d'automne* au Salon.
Première apparition de Joseph au Salon des Artistes français (bronzes).
Ernest Wittmann s'installe à Paris ;
Victor Prouvé reçoit la Légion d'honneur.
Bruxelles : exposition de la *Libre esthétique*

1897
Joseph Mougin et son ami le sculpteur Lemarquier tentent leurs premières cuissons dans le four mis à leur disposition, impasse du Corbeau à Paris. Joseph œuvre toujours comme sculpteur. Il retrouve Victor Prouvé qui lui présente son ami, le bronzier et orfèvre Rivaud qui semble proposer à Joseph des travaux de ciselure ou de modelage.
Art et Décoration publie un important article sur Victor Prouvé.

1898
Joseph et Lemarquier construisent, à Montrouge, un premier four de type chinois. Pierre Mougin renonce à ses activités théâtrales et rejoint son frère.
Guimard érige à Paris le Castel Béranger dont le porche s'orne de céramiques murales.

1899
Le four est inauguré en novembre, premières cuissons. Joseph réalise le buste d'Alphonse Cytère, directeur de la manufacture de grès de Rambervillers.
Wittmann cesse de peindre et se consacre à la sculpture.

1900
Joseph et Lemarquier présentent leurs premières œuvres.

À l'Exposition internationale universelle de Paris, la faïencerie de Lunéville expose les céramiques créées par Bussière.

1901
L'*Alliance provinciale des industries d'art*, dite École de Nancy, est fondée, Émile Gallé en est le premier président, Bergé, Bussière, Majorelle et Prouvé sont membres du comité directeur.
Lemarquier abandonne la céramique.
Joseph est introduit à Sèvres où il découvre les cuissons en four vertical. Sur les conseils de Sèvres, il arrête son four après douze cuissons.
Les frères Mougin s'associent verbalement et louent une ancienne et petite faïencerie à Vaugirard, rue de La Quintinie ; ils construisent, grâce à l'aide financière de leur père, un atelier et leur second four, selon le modèle de Taxile Doat.
Joseph expose à Nancy, à la *Maison d'art Lorraine*, commerce d'objets et de livres d'art, ouvert par Charles Fridrich en 1900.

Esquisse pour un document publicitaire
Mougin Frères. Grès d'art, 1902
Composition de Victor Prouvé (1856-1943)
Musée École de Nancy, cliché Ville de Nancy

Joseph au tour
Photographie par Scherbeck, Nancy
Collection privée

1902

La mise à feu du four vertical rencontre de grande difficultés.
Les premières éditions voient le début de la collaboration avec Ernest Wittmann qui, jusque là, tirait ses œuvres chez Bigot ou les faisait fondre en bronze.
Prouvé réalise un projet de document publicitaire *Mougin Frères Grès d'art* qui cite l'*Édition de modèles de Castex, Finot, Ganuchaud, Grosjean, Guénot, Mougin, Prouvé, Tarrit, Wittmann, etc.*
Prouvé revient en Lorraine.

1903

Pierre Roche confie aux frères Mougin la part technique des céramiques qu'il exécute pour le château de Sarah Bernhardt.
Au Salon de la Société nationale des Beaux-Arts, Joseph expose dix œuvres personnelles et Wittman quatre, dont une éditée par Mougin Frères.
Prouvé rapporte les commentaires élogieux de Rodin, Dalou et Injalbert, de passage à ce Salon.
Des essais de grès d'art à irisations métalliques ont lieu à la manufacture de grès de Rambervillers, sous l'impulsion d'Alphonse Cytère.

1904

Joseph soumet plusieurs œuvres à la Société nationale des Beaux-Arts mais son envoi est refusé par Auguste Delaherche qui n'accepte pas cette poterie aux références sculpturales. Il expose alors, hors catalogue, au Salon des Artistes français où il est distingué par le jury mais ne peut obtenir de récompense car il signe ses œuvres en commun avec son frère, ce que n'accepte pas le règlement.
Louis Majorelle présente les Grès Mougin dans son nouveau magasin de Paris (anciennement Bing).
Émile Gallé disparaît.

1905

Au Salon de la Société nationale des Beaux-Arts, Joseph et Pierre Mougin céramistes et Joseph Mougin sculpteur obtiennent leur première récompense importante (Mention

honorable), assortie des premières commandes officielles.
Xavier Mougin abandonne ses fonctions à Portieux. Joseph se rend à Charmes, auprès de son père. Il décide de la construction de l'atelier de Nancy et confie les travaux à un architecte de son âge, Mienville.

1906

Les frères Mougin produisent leurs dernières œuvres dans la capitale, comme en témoigne un *Hibou* signé "J. et P. Mougin", daté et situé "Paris 1906" (illustration dans la *Gazette de l'Hôtel Drouot*, n° 13 du 27 mars 1987).
La nouvelle installation dans la maison atelier de Nancy, rue de Montreville, a lieu le 13 octobre (selon une note manuscrite de Jean Mougin ; Émile Badel, dans l'opuscule non daté qu'il écrit pour les frères Mougin, donne novembre 1905).
À l'Exposition de Metz : une médaille d'argent récompense les céramistes (d'après le *Dictionnaire biographique de Meurthe-et-Moselle*, 1910).

1907

Au Salon de la Société nationale des Beaux-Arts, Joseph et Pierre Mougin bénéficient de l'achat par le musée Galliéra du vase *Chardon*.
En novembre, un magasin d'exposition est ouvert à Nancy, au n° 7 de la place Saint-Jean.
Wittmann, qui demeurait encore à Paris, revient en Lorraine et s'installe à Rupt-sur-Moselle.

1908

Les frères Mougin participent à l'Exposition d'Art décoratif de l'École de Nancy qui se tient à Strasbourg.
Ils exposent également à Londres (d'après le *Dictionnaire biographique de Meurthe-et-Moselle*, 1910).

1909

Lors de l'Exposition internationale de l'Est de la France à Nancy, les Grès Mougin sont exposés dans le pavillon de l'École de Nancy.

1910

En mai, Joseph épouse Aline Mattern et

Pierre, Marie Apollonie Colle.
Joseph refuse la Légion d'honneur.
Des vasques leur sont commandées pour la décoration de la brasserie L'Excelsior.

1911

À l'*Exposition des grès, faïences, terres cuites et leurs applications* qui se tient à Galliéra, le musée achète les *Résignés* de Wittmann, tiré en grès Mougin.
Naissance de Jean Mougin.

1912

Xavier Mougin décède à Portieux.

1914

Pierre est mobilisé ; Joseph, malade, est réformé.

1915

Naissance d'Odile Mougin.

1918

Naissance de Bernard Mougin.

1919

Les activités de l'atelier reprennent au ralenti, avec des recherches sur les décors gravés et géométriques.

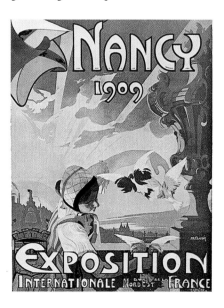

Affiche *Exposition internationale du Nord Est de la France. Nancy 1909*
Composition de P. R. Claudin
Musée de l'École de Nancy, cliché MEN

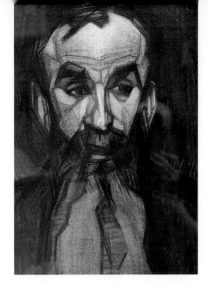

À gauche. Portrait de Joseph Mougin. Fusain par Victor Guillaume (1880-1942). Signé V. *Guillaume 1921 à J. Mougin.* Collection privée.

À droite. Fusain et pastel sec. *François Mougin* par Odile Mougin. Hauteur 620 x 510 mm. Collection privée

1921
Ernest Wittmann disparaît.

1923
Un contrat de collaboration avec la faïencerie Keller & Guérin (22 février) entraîne le départ de Joseph et Pierre à Lunéville. La galerie Moser à Nancy est inaugurée avec une collection d'œuvres des frères Mougin. Joseph reçoit les palmes académiques.

1925
La galerie Moser présente une importante collection d'œuvres de Joseph et Pierre. Joseph obtient le Grand prix de la Céramique d'Art à l'Exposition des Arts Décoratifs.

1926
Joseph reçoit la Légion d'honneur. Louis Majorelle s'éteint.

1927
François, dernier enfant de Joseph, vient au monde.

1933
Joseph rompt son contrat avec la faïencerie de Lunéville et Pierre dirige seul l'atelier.

1934-1936
Joseph quitte Lunéville et retourne à Nancy, rue de Montreville. Très affaibli et moralement abattu par l'affaire de Lunéville, il est aidé par plusieurs amis dévoués. Alors que Pierre, malade, cesse ses activités et se retire à Gerbéviller, Joseph dans un dernier et formidable sursaut entreprend la rénovation de l'atelier et dote son four de deux brûleurs à mazout. La première remise à feu a lieu en juin 1936. La seconde cuisson se fait en octobre avec la participation de sa fille Odile. Les recherches portent alors exclusivement sur l'émail, ils essaient des minéralisations de la peau vitreuse, jouant avec des matériaux rares et insolites, obtenant des effets spectaculaires de concrétions, de bouillonnements et même d'expansion gazeuse dans la masse de la couverte. Entre céramique et peinture, son art est alors proche de l'expressionnisme abstrait.

1940
Odile entre par contrat à la manufacture nationale de Sèvres, pour une durée d'un an.

1941-1945
Joseph et Odile maintiennent l'activité de recherche de l'atelier ; François, le fils cadet, participe aux travaux, puis part à Madrid rejoindre ses frères Jean et Bernard. Victor Prouvé décède en 1943.

1947
Au Salon des Tuilerie, Joseph et Odile présentent des pièces communes. Seize cuissons ont eu lieu depuis le retour de Lunéville.

1949
François termine son service militaire.

1950
La dernière cuisson de Joseph, dite "Cuisson du demi-siècle" a lieu en décembre, les œuvres sont exposées jusqu'en janvier de l'année suivante. François part à l'École nationale de Rouen compléter sa formation de céramiste.

1951
Suite à l'absence de François, toujours à Rouen, le four ne peut cuire, mais l'exposition traditionnelle de décembre se tient à l'atelier.

1954
François entre comme professeur au Centre d'apprentissage de la faïencerie de Longchamp.

1955, 7 septembre
Pierre Mougin s'éteint à Gerbéviller.

1956
François rallume une dernière fois le four de Montreville pour cuire ses propres créations et les dernières œuvres de Joseph et d'Odile.

1958-1959
Bernard Mougin réalise, en collaboration avec le céramiste parisien Fouquet, une céramique monumentale pour la façade du Lycée de Longwy.

1961, 8 novembre
Joseph Mougin, le "mage du grand feu", disparaît à Nancy.

1963
Une rétrospective Joseph Mougin se tient au musée des Beaux-Arts de Nancy. Elle est commentée par Mˡˡᵉ Thérèse Charpentier et par Jean Mougin. Odile présente un vase réalisé en hommage à son père.

1987
L'auteur rencontre d'abord François Mougin, au Lycée de Longchamp, dans le cadre de la formation professionnelle des décorateurs de la faïencerie Saint-Jean l'Aigle, puis peu après Bernard Mougin d'où première notes aboutissant à une brève étude dans *Nancy 1900, le rayonnement de l'Art Nouveau.*

DU PRESTIGE DE LA FAÏENCE AU MYTHE DU GRÈS

Les jeux céramiques

Le XIXe siècle sut imaginer les *Jeux olympiques* modernes, mais il sut encore plus se faire remarquer par ses *jeux céramiques*, tant les arts de la terre et du feu devinrent une passion dont le sommet fut l'Exposition universelle internationale de 1889 à Paris.

La céramique de la seconde moitié de ce XIXe siècle est d'une exceptionnelle richesse dont on commence aujourd'hui à constater la primauté. Elle est confrontée, pour la première fois, à une évolution majeure de sa vocation initiale. Alors qu'elle est encore, tant sur les plans économique et technique, essentiellement vouée à l'utilitaire, même lorsqu'elle affirme ses prédispositions à l'art, elle s'émancipe pour devenir un support de choix pour les artistes. Peintres, sculpteurs et décorateurs trouvent là une matière qui jouit d'une nouvelle gloire et d'une grande réputation : ne lui prédit-on pas l'éternité car elle résiste, par ses qualités intrinsèques, à tous les méfaits du temps. Elle seule sait conserver la couleur, sans en perdre l'intensité originelle et sans subir d'altération chimique due aux rayons ultra-violets ou aux effets du gel.

Le travail des historiens et des collectionneurs est alors prépondérant, la céramique historique atteint une forte notoriété car elle démontre, d'une part, son omniprésence dans toutes les civilisations et, d'autre part, sa faculté de s'adapter à toutes les expressions artistiques. Les cérames turquoise d'Égypte, les tanagras drapés du monde gréco-romain, les faïences siliceuses des terres d'Islam, les coûteuses porcelaines de Chine blanc et bleu, la *"maiolica"* italienne aux riches polychromies puis les délicates pâtes tendres de Vincennes et les subtiles Terres de Lorraine révèlent un art secret lié aux mystères du feu. La découverte de cette inépuisable ressource de l'humanité amène, sous le Second Empire, une légion d'amateurs fortunés et inspirés, au cœur du grand combat économique que mène l'industrie française de la terre de pipe et de la porcelaine, à redécouvrir et plébisciter son héros national, Bernard Palissy. En marge des puissantes usines, de fortes individualités fertilisent l'argile du potier et ouvrent l'ère du céramiste d'art qui n'accepte plus d'être l'artisan d'un art mineur. L'exemple oriental est là pour accréditer ses justes prétentions.

De la céramique picturale de Deck au grès statuaire de Carriès

En Occident, l'expression picturale sur céramique représente, au XVIIIe siècle, la continuité de la technique de la majolique italienne. La peinture sur biscuit et sous couverte transparente n'est que peu exploitée, sinon pour la porcelaine et la terre de pipe. En adoptant la technique du feu de moufle des peintres verriers, qui usent depuis longtemps de couleurs vitrescibles, faïenciers et porcelainiers donnent à

Vase
Joseph Mougin, second atelier de Nancy
Grès émaillé
Marque sous la pièce
- en noir vitrifié : *J. Mougin 236*
- à la pointe : *P*
Marque sous la pièce
- à la pointe : *J. Mougin*
Hauteur 335 mm
Collection privée

Vasque
Édition Mougin Nancy
Modèle de Joseph Mougin
Grès blanc émaillé
Marque sous la pièce
- à la pointe : *J. P Mougin Céramiste -*
esquisse de J. M 2443
Marque sur la pièce
- à la base : *J. Mougin*
Hauteur 330 mm
Collection privée

leurs œuvres un nouveau souffle créatif s'éloignant toutefois de la vigueur du grand feu. Les plus grandes innovations sont d'ordre technique : mise au point des porcelaines artificielles, découverte de la porcelaine dure, perfectionnement des terres de pipe, adoption de l'impression. Les investissements que nécessite cette céramique ne laissent que peu de place aux artistes indépendants. À partir du milieu du XIXe siècle, une réaction impose avec dynamisme un autre regard sur le feu ; les acteurs en sont des praticiens de grand talent et d'expérience ; Avisseau propose son néo-palissysme ; Théodore Deck se sert de sa connaissance de la céramique siliceuse ottomane pour offrir à ses collaborateurs un support à la mesure de leur talent ; le portrait comme le décor architectural atteignent des sommets sous le pinceau d'Anker ou de Lachenal ; Chaplet transpose la précieuse pâte sur pâte de Sèvres sur la faïence et donne naissance à la barbotine que servent à merveille les peintres impressionnistes de l'Atelier d'Auteuil, de Montigny-sur-Loing ou de Longwy.

De l'Exposition universelle de 1867, où se fait remarquer une cohorte de jeunes céramistes, à celle de 1878 qui consacre nombre d'entre eux, ce n'est qu'un florilège d'enrichissements des moyens d'expression : le paillon d'or, le cloisonné, le cerné, le craquelé, les métallisés et les irisés. Les palettes de couleurs se parent de nouveaux émaux se déclinant en une multitude de tons raffinés. Grâce aux travaux d'Arnoux et de Deck sur les glaçures alcalines, la faïence et la terre de pipe sont alors les matières privilégiées, car elles sont les plus aptes à recevoir des décors élaborés. Même la sculpture adopte d'intenses polychromies, comme les "*majolica*" monumentales de Sarreguemines, de Choisy-le-Roi d'après des modèles de Carrier-Belleuse ou de Massier à Vallauris dont le catalogue de la fin du siècle offre une palette incomparable. L'Exposition de 1889 marque, à la fois, le sommet et le déclin de cette céramique dont la constante est d'être l'aboutissement du travail artisanal en atelier pluridisciplinaire : création, modelage, façonnage, décoration, cuisson. L'évolution se marque par plus d'individualisme, par une implication plus directe et personnelle de l'artiste créateur dans la pratique du métier. Cette attirance pour la maîtrise de toutes les opérations, de la conception à la réalisation, ne pouvait néanmoins s'accompagner d'autant de savoir-faire spécialisés. Par les renversements dont l'art a le secret, c'est grâce au grès qu'est venue cette évolution qui, de Ziegler (1804-1856) à Carriès (1855-1894), a donné à la céramique une vision plus proche de la nature, toujours très présente. Le céramiste en grès d'art est le témoin des épousailles entre la terre et le feu.

Le grès, une argile vitrifiée

Pour définir le grès simplement, il suffit de dire que c'est une argile plastique naturellement riche en feldspath, que ce dernier est un minéral possédant la particularité de fondre à haute température en devenant une matière vitreuse qui enrobe les particules terreuses et rend la masse imperméable. Le grès se distingue de la faïence parce qu'il est non poreux, et de la porcelaine parce qu'il n'est pas translucide. Évidemment, il en existe de nombreuses variétés, du plus grossier au plus fin, employées du vinaigrier à la statuette en biscuit.

Les grès blancs allemands du XVIe siècle, puis les anglais du XVIIe, souvent confondus avec les terres de pipe, font naître au XVIIIe une production appréciée pour sa solidité et son élégance. Sous le Premier Empire, Sarreguemines réalise des grès porphyres originaux, dont la fabrication est si coûteuse qu'elle n'est réservée qu'à des pièces exceptionnelles, ses grès fins sont également d'une grande perfection néo-classique. De 1839 à 1843, le peintre Jules Ziegler, auteur d'un traité érudit, *Études céramiques*, se passionne pour cette terre naturellement

Joseph Mougin, vers 1898-1900, sous l'influence de Carriès : masques en grès patiné et émaillé, certains vendus montés sur un cadre en bois de Majorelle (vers 1908). Aucun exemplaire de ces œuvres produites entre 1898 et 1914 n'est connu. Photographie du catalogue de 1914. Collection privée

Vase
Joseph Mougin, dernier atelier de Nancy
Grès gris
Marque sous la pièce
- en noir vitrifié : *Jh Mougin Nancy*
Hauteur 530 mm
Collection privée

vitrifiable connue en Europe depuis le Moyen Âge et indispensable pour les objets utilitaires. Il fonde une fabrique de grès d'art à Voisinlieux dans le Beauvaisis et entreprend une production coûteuse que caractérise un grand sens de l'ornementation plastique, puisé dans les thèmes, alors d'avant-garde, du néo-gothique à l'hispano-mauresque. Cette terre rustique ne reçoit encore qu'un seul recouvrement commun : le vernissage au sel. Bien que certains grès fins asiatiques soient connus depuis le XVIIe siècle, comme la *porcelaine rouge*, la représentation puis la présence du Japon lors des Expositions internationales de Londres (1851) et de Paris (1855 et 1867), font découvrir aux Européens un grès différent dont la couverte joue d'effets inattendus. C'est par le naturalisme qui s'exprime autant par sa forme que par sa peau qu'il retient l'attention de quelques artistes et amateurs du Second Empire. Il fascine par une approche de l'art très différente ; alors que l'art grec, base de notre Académie, parle à l'esprit, celui de l'Orient s'adresse aux sens. L'Occident, sous l'influence du classicisme qui se complaît dans la blancheur distinguée et parfaite de la porcelaine, éprouve le choc d'une matière plus humaine, soumise aux caprices du feu, dont l'émotion est contenue dans le dépouillement des lignes.

Une matière naturelle aux accents de mythe

Dans les dernières décennies du XIXe siècle, la nature redevient un grand sujet ; Van Gogh, dans une lettre de 1888 adressée à son frère, écrit : *Si l'on étudie l'art japonais, alors on voit un homme incontestablement sage et philosophe et intelligent, qui passe son temps à quoi ? À étudier la distance de la terre à la lune ? Non. À étudier la politique de Bismark ? Non. Il étudie un seul brin d'herbe* (*Correspondance complète de Vincent Van Gogh*, Gallimard-Grasset, 1960). L'année qui suit voit l'inauguration du musée Guimet à Paris, dédié à l'art d'Extrême-Orient. Les publications sont aussi des sources de documentation pour les artistes ; bien que l'expression graphique y soit souvent privilégiée, des grès traditionnels modelés à la main sont présentés, notamment dans le *Japon artistique*.

Ernest Chaplet (1835-1909) est le premier céramiste français à réagir, après avoir découvert les grèseries normandes populaires. Dirigeant l'Atelier d'Auteuil des frères Haviland, il y introduit un grès ferrugineux dont il apprécie la surface brute et qu'il agrémente de sujets gravés ou en léger relief, partiellement émaillés ; puis il s'attache aux "flammés" ou "flambés" dont la réussite à l'Exposition universelle de 1889 est considérable et saluée par la critique. L'attrait du rouge de cuivre, du sang de bœuf aux profondes intonations carminées, devient un mythe auquel échappent peu de céramistes, les frères Mougin le poursuivront toute leur vie. Auguste Delaherche, avec ses grès solides, obtient la médaille d'or de cette même Exposition de 1889. Edmond Lachenal (1855-1930), issu du sérail de Deck, quitte un temps la faïence pour le grès, en exprimant dans ce dernier une vision très décorative.

Jean Carriès, sculpteur consacré, découvre le grès japonais lors de l'Exposition universelle de 1878, grès que collectionnent ses amis Hoentschel et Jeanneney. Il établit un premier atelier à Saint-Amand-en-Puisaye dont les ouvrages initiaux sont exposés en 1889, puis parallèlement un second à Montriveau, ban d'Arquian. L'importance des travaux qu'il y mène le conduit à s'entourer de spécialistes, tourneur, mouleur et chimiste, et, comme il était d'usage, d'hommes de peine pour les nombreuses manipulations qu'exige la céramique. Son œuvre de terre vitrifiée triomphe, en 1892, au Salon du Champ-de-Mars. Sa poterie est une synthèse réussie entre le terroir de Puisaye et la tradition japonaise, mais il ambitionne de fournir à la sculpture un nouveau matériau, plus libre et plus créatif que le bronze ou le marbre. Ses animaux aux allures fantastiques, ses masques et la grandiloquente commande d'une porte monumentale ornée d'elfes des légendes germaniques (*L'École de Carriès*, catalogue d'exposition, 2000 : p. 19) ouvrent l'ère d'une nouvelle céramique d'art : le statuaire appréhende une expression différente, il n'est plus lié à l'édition impersonnelle du biscuit de porcelaine, il est l'auteur et l'acteur de son œuvre. Cette mouvance est aujourd'hui réunie sous le titre d'École de Carriès et les noms de Paul Jeanneney (1861-1920), Georges Hoenstchel (1855-1915), Émile Gritel (1870-1953), Henri de Vallombreuse (1856-1919), Théo Perrot (1856-1942), Jean Pointu (1843-1925), Nils de Barck (1863-1930), Eugène Lion (1867-1945), William Lee (1860-1915), Pierre Pacton (1856-1938) y sont associés. Nous limitons volontairement la citation à ces céramistes ayant su faire progresser les propositions plastiques de Jean Carriès, qui est, selon des paroles maintes fois prononcées par Joseph Mougin, à l'origine de sa vocation et de ses premiers pas. Émile Gallé, commentant le pavillon de l'Union centrale des Arts décoratifs à l'Exposition de 1900, évoque la salle du grès qui *donne une impression de fraîcheur… je trouve bon le parti de ces urnes, volontairement laissées frustes, informes presque… c'est un art vrai et fort, celui du grès, tel que le concevait Carriès… c'est un art sain. Ces morceaux de pâte cuite sont beaux comme des pépites d'or vierge…*

Vase (détail)
Joseph Mougin, dernier atelier de Nancy
Grès gris, émail magmatique à fortes
protubérances spongieuses
Marque sous la pièce
- en noir vitrifié : *Jh Mougin Nancy 856*
Hauteur 375 mm
Collection privée

Vase *Pteris aquilina*
Édition Mougin Nancy
Modèle de Joseph Mougin (87.J)
Grès émaillé
Marque *Mougin Nancy 7132*
Hauteur 475 mm
Collection Patrick Maire

Lorsque Joseph se concentre sur la céramique, en 1897, il répond à une impulsion qu'il expliquera simplement par une phrase qui sonne comme un appel passionnel et qu'il ne cherchera jamais à justifier : *J'ai le désir du feu.* À ce moment Paris est le centre de toutes les espérances ; dans le sérail des expositions et des Salons, de nombreux artistes perpétuent l'aventure de l'art. Certains sont présents depuis plusieurs décennies, comme Xavier Deck (?), Ernest Chaplet (1835-1909) ou Clément Massier (1845-1917) et ont vécu les heures de gloire de la faïence, d'autres, plus jeunes, abordent directement le grès, comme Auguste Delaherche (1857-1940), Albert Dammouse (1848-1926), Adrien Dalpayrat (1844-1910). Des plasticiens entrent dans des ateliers de céramistes : Pierre Bonnard, Maurice Denis, André Derain collaborent avec André Methey (1871-1921). Les sculpteurs sont légion à vouloir se frotter à la terre, à des degrés très divers, comme Pierre Roche, Victor Prouvé et Paul Aubé qui ne veulent être étrangers à aucun métier d'art. Certains ne pratiquent que l'édition comme Alexandre Descatoire (1874-1949) chez Decœur ou F. Faivre (1860- ?) chez Lachenal, ou Raoul Larche (1960-1912) à Sèvres, d'autres se complaisent à manipuler eux-mêmes la terre, tels Désiré Ringel d'Illzach (1847-1916) ou Rupper Carabin (1862-1932). Des architectes et des peintres, Hector Guimard (1867-1942) ou Paul Gauguin (1848-1903) et son fils Jean, ont aimé le feu au point de s'impliquer personnellement dans le façonnage et la décoration de la terre.

LE GRÈS DES FRÈRES MOUGIN

DE L'ART NOUVEAU À L'ABSTRACTION EXPRESSIONNISTE

Esthètes ou sorciers

Depuis les temps les plus reculés, le feu a toujours été craint pour sa puissance par les uns et utilisé par d'autres qui sont parvenus à l'apprivoiser, comme le potier, le forgeron, puis le verrier ou l'alchimiste. Ces hommes ont su dépasser la crédulité populaire et ouvrir l'ère de la collaboration avec la nature. Ils ont souvent été qualifiés de sorcier pour leur compréhension de l'action des éléments. La mise au point de la porcelaine dure, à Meissen en 1704, résulte des recherches sur la transmutation de l'or.

Georges Vogt, directeur des travaux techniques à la manufacture de Sèvres, dit aimablement de Joseph Mougin, ce jeune homme qui clame pour lui-même *je n'existe que pour mon four* (M.J. 5/7), qu'il est *sorcier* car *il obtient des mats, des clairs, des foncés* où il veut. Pierre Roche, qui réalise les sculptures du château de Sarah Bernhardt, sculptures vitrifiées dans le four des Mougin lors de leurs premières années d'activité, parle des *pinceaux de feu* de Joseph.

Victor Guillaume, à la mise à feu du four de Montreville en 1936, compare Joseph à *un incantateur du feu* ou *aux vieux alchimistes dans leurs recherches du Grand œuvre, habités par une ancestrale superstition.*

Le journaliste Gabriel Bichet, très proche des frères Mougin, aime les couvrir d'une auréole de romantisme nommant *temple* l'atelier de Montreville et *rites* les événements qui s'y passent (1951). Roland Clément, dans la notice nécrologique de Joseph, évoque *le voleur de feu… et sa connaissance quasi infernale des réactions du feu* (1961). De toutes les cuissons céramiques, le "grand feu" du grès ou de la porcelaine est le plus mystique et le plus gigantesque car il conduit l'esthète au plus profond des fureurs des flammes. De lave en cratère, de fusion magmatique en verre cristallisé, de coulées métallescentes ou irisées en doux céladons, le "grand feu" renouvelle la naissance du monde, augurant d'un dessein fabuleux dans l'invention de quelque minéral oublié par le Créateur. Le céramiste n'est-il pas quelquefois l'arcaniste d'un rêve de *Petit prince*. Ainsi firent le "mage" Joseph Mougin, et son compagnon, son frère Pierre, dans leur laboratoire aux murs gravés d'une courte et belle incantation : *Per flammas, ad luminas.* Et de la flamme du *grand maître*, ainsi qu'ils nommaient avec respect leur vieil ami le feu, jaillirent des joyaux d'argile.

Petite aiguière
Édition Mougin, atelier de Vaugirard, Paris
Modèle de Joseph Mougin
Grès gris
Marque sous la pièce
- *Paris*
Hauteur 180 mm
Collection privée

Vase
Édition Mougin
Modèle de Joseph Mougin
Grès blanc émaillé
Marque sous la pièce
- à la pointe : *Mougin (F) Nancy 6459*
(le "F" est inclus dans le "M")
Hauteur 360 mm
Collection privée

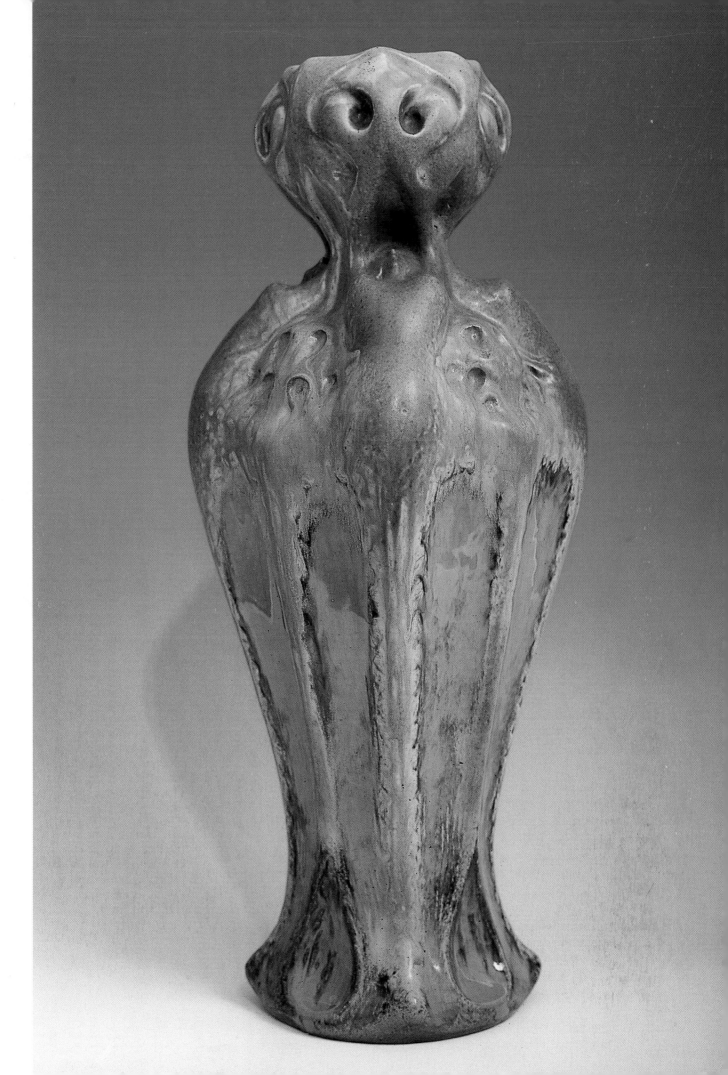

Un artiste ouvrier, un ouvrier de l'art

Comme si la distinction entre l'art et le décor n'était pas suffisante, les notions d'art industriel, d'artisanat et d'ouvrier d'art encombrent nos relations affectives avec le beau. Artistes comme ils se considéraient ou artisans comme les admiraient Prouvé, les Mougin sont l'exemple même du complexe que l'académisme a enchaîné à toutes les formes d'art qui ne sont pas du seul domaine de la *cosa mentale*. Peindre est supérieur, laquer est inférieur. Sculpter est supérieur, tailler est inférieur. Pourtant le sculpteur est celui qui taille, d'après Larousse. Une sculpture classique, un marbre ou un bronze, c'est, en tant qu'acte créatif, un modelage en terre, en cire ou en plastiline, c'est donc l'œuvre d'un modeleur qui se dit sculpteur mais qui ne taille pas et n'est pas fondeur ; celui qui sculpte, qui matérialise l'œuvre finale, c'est le praticien. Alors, lorsque le sculpteur se met à faire des pots et que le potier sculpte ses vases, que le peintre pose de l'émail et que le céramiste peint sur l'émail, peut-on encore estimer l'art à sa juste valeur ? Huysmans a mis bon ordre au problème, fustigeant *le ligotage officiel des Écoles* et la *bouffonnerie solennelle des marbres* des sculpteurs. Depuis vingt ans, de nombreuses réformes secouent la formation artistique, sans grand succès tant est grande l'inertie du système, Huysmans engage vigoureusement l'État *à supprimer les cirques officiels, les médailles et les commandes*, alléguant que *ses bienfaits vont aux intrigants et aux médiocres* et que le succès du Salon des Indépendants *démontre victorieusement l'inutilité d'un budget et le néant d'une direction appliquée aux arts*.

Joseph Mougin est de cette trempe, il quitte l'École des sculpteurs parce qu'il n'est pas l'élève que l'École prétend former et qu'il ne lui est rien proposé en alternative ; il est artiste en payant le lourd tribut de la recherche, de l'échec et du succès et il est ouvrier d'art au plus profond de lui-même, préparant sa terre, tournant, estampant, émaillant et conduisant son four. Il aime cette implication totale, il ne pourrait ni créer sans réaliser l'œuvre, ni la réaliser s'il ne l'a créée. Quelle plus belle démonstration de l'art majeur !

Et lorsqu'il lui faudra devenir éditeur et s'effacer, notamment pour assurer le financement de ses cuissons, il marquera toujours son respect pour ce travail artisanal en le menant avec un amour maladif de la perfection.

De l'Art Nouveau à l'École de Nancy

L'une des grandes théories artistiques de la fin du XIXᵉ siècle repose sur l'abolissement des frontières entre la pensée du créateur et les compétences pratiques de l'exécutant. La synthèse de ces deux paramètres doit enrichir l'art en supprimant toute création inadaptée au matériau et en évitant tout débordement technique purement gratuit : le sujet peut devenir secondaire face à la matière ou au savoir-faire bien compris, théorie tout à fait nouvelle au regard de l'académisme qui confiait la genèse de l'œuvre à l'artiste nourri d'une formation classique.

Gustave Soulier, en relatant la conférence donnée à l'Union centrale des Arts décoratifs par Eugène Grasset, définit l'Art Nouveau dans *Art et Décoration* d'avril 1897… *locution assez malheureuse… lancée voilà un an, par l'Hôtel de la rue de Provence* (la maison Bing que Majorelle rachètera ensuite pour en faire son magasin parisien), *ne saurait être adoptée sans réserve et sans commentaire. Le grand défaut de cette expression est de paraître s'appuyer exclusivement et à tout prix sur la nécessité, pour l'art décoratif, de rechercher sans cesse l'inédit.* Grasset défend l'idée que seuls les ouvriers d'art qui possèdent la pratique des métiers peuvent créer un style véritable, car eux seuls sont en mesure de comprendre les contraintes

Grand vase *Épi*
Édition Mougin Nancy
Modèle de Joseph Mougin (modèle créé à Paris, tirage de Nancy)
Grès blanc émaillé
Marque sous la pièce
- à la pointe : *Mougin 6125* (nota : un "J" semble inclus dans le "M" de Mougin)
Hauteur 430 mm
Collection privée

Grand vase *Épi*
Édition Grès Mougin Nancy
Modèle de Joseph Mougin (modèle créé à Paris, tirage de Nancy)
Grès blanc émaillé
Marque sous la pièce
- au poinçon ovale : *Grès Mougin Nancy* (nota : un "J" semble inclus dans le "M" de Mougin)
- à la pointe de moulage : *Mougin 58*
Hauteur 430 mm
Collection privée

imposées par les matières, il estime que *leur initiative pourrait être prépondérante dans les arts décoratifs, et bien plus efficace que les directions de dessinateurs en chambre* (qui travaillent à façon chez eux) *ou de modeleurs qui n'ont guère manié que la terre ou la cire et fournissent souvent des modèles impossibles à exécuter.* Cette notion humaniste renforce le rôle créateur et exhaustif de l'ouvrier d'art instruit, qui évite à une œuvre de passer entre trop de mains avant d'être achevée et lui conserve l'unité de son caractère. L'article se termine sur la nécessité d'une meilleure direction dans l'enseignement des ouvriers d'art, d'une éducation plus technique comprenant outre la géométrie, l'architecture et l'anatomie, les éléments de la botanique et de la zoologie et le travail manuel de toutes les matières *qui seul peut faire trouver le style.* Émile Gallé, dans ses *Écrits pour l'art,* s'interroge : *Avoir ou n'avoir pas de style ! cela ne semble pas une aussi tragique alternative que l'interrogation de Hamlet.* Il s'insurge aussi contre l'étroitesse doctrinale et administrative qui quantifie l'art et détermine ce qui est œuvre et ce qui est ouvrage.

L'architecte Viollet-le-Duc, dans son cours de *Composition d'ornement* à l'École royale des élèves protégés (aujourd'hui École des Arts décoratifs), professait l'étude directe de la nature appliquée à la décoration. Ce premier pas, *qui consistait à prendre conseil en tout de la nature,* relève Thiébault-Sisson, directeur de la revue *Art et Décoration,* est considéré comme une étape importante de la réaction contre le classicisme académique. Le même critique ouvre son éditorial sur un appel en faveur de l'art décoratif, *si longtemps délaissé (et) qui reprend faveur. Aux manifestations isolées par lesquelles il s'est affirmé au début, succèdent des manifestations plus compactes ; à l'initiative des artistes correspondent chez les fabricants des effets moins brillants et moins marginaux, mais plus étudiés, plus coordonnés, plus pratiques.* Cette analyse, à destination du grand public, met en cause la dichotomie de l'art en France, majeur pour certaines expressions d'où serait absente toute idée de mercantilisme et mineur pour d'autres, plus intimement liées aux aspects économiques. Thiébault-Sisson est un homme attaché à la notion de tradition du pays, à la noblesse des terroirs ; il fait de ceux-ci un concept incontournable de la création populaire, parlant de génie national que les artistes doivent transcender et, lorsqu'il évoque Ruskin, Morris et Burnes-Jones, c'est pour rappeler que cette école anglaise si présente dans la pensée artistique du moment suit les principes dictés plus tôt par Viollet-le-Duc et Labrouste. Ces théories artistiques européennes, nées au milieu du XIXe siècle, prennent en compte de nouvelles valeurs largement orientées vers le progrès de la société. Les propositions de l'Anglais John Ruskin (1819-1900) relient l'esthétisme naturaliste aux aspirations sociales. Ces dernières sont de plus en plus effectives, non seulement dans l'expression de l'art, comme dans le romantisme ou le réalisme, mais aussi dans sa finalité par laquelle l'intervenant de base, l'ouvrier, se voit reconnaître un statut de premier plan : *Art par le peuple et pour le peuple,* selon William Morris.

La revue *Art et Décoration* (année 1897), dont nous venons d'extraire quelques notes, est un révélateur du contexte dans lequel Joseph Mougin puisait sa vision de l'art ; il en possédait un exemplaire et soulignait les extraits qui lui semblaient d'un certain intérêt, notamment un grand article sur Victor Prouvé, un autre sur Émile Gallé. L'émancipation de l'objet d'art est alors un sujet d'importance, Gallé le traite avec virulence dans son article pour la *Gazette des Beaux-Arts* de septembre 1897, stigmatisant les officines législatives qui décident officiellement du sort de l'objet et de l'art en arguant de la toise et de la taxe, lors du Salon des Beaux-Arts de Bruxelles.

Grande bouteille *Nénuphar*
Édition Mougin Nancy
Modèle de Joseph Mougin
Grès blanc émaillé
Marque sous la pièce
- marque ovale : *Grès Mougin Nancy*
- à la pointe : *5824*
- en noir vitrifiable *: 119 J*
Marque non relevée
Hauteur 420 mm
Collection privée

Vase "au gui"
Édition Mougin Nancy
Modèle de Joseph Mougin
Grès blanc émaillé
Marque sous la pièce
- à la pointe : *J.P. Mougin 382*
Marque sur la pièce
- à la pointe : *J. Mougin*
Hauteur 368 mm
Collection privée

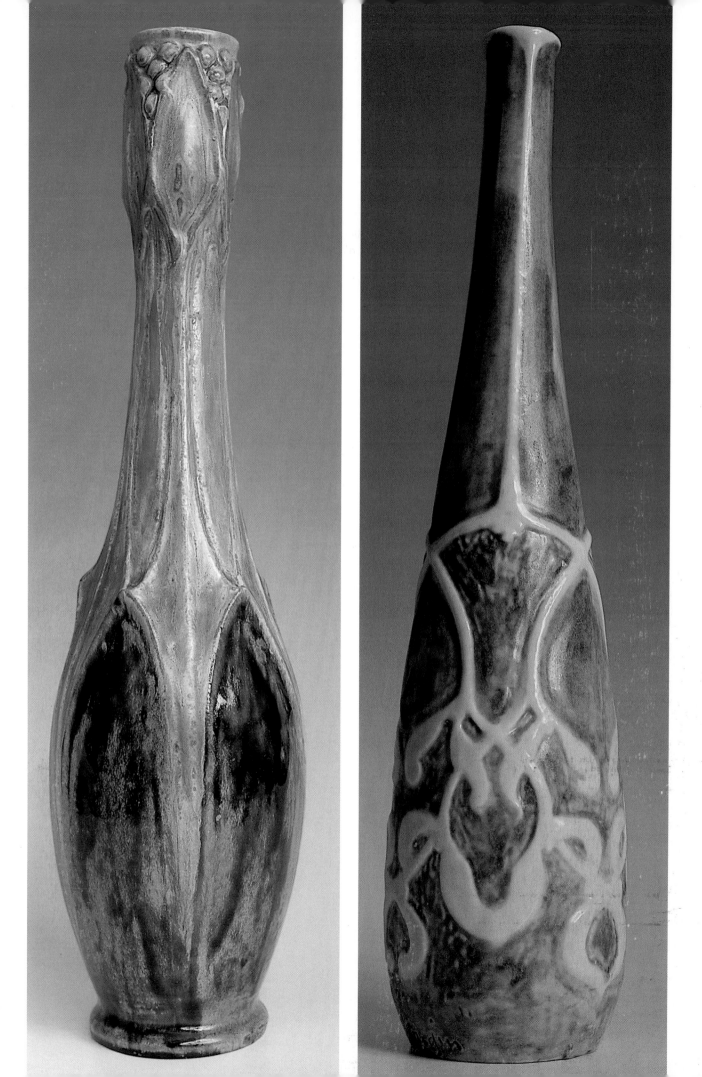

Paris, de l'École des Beaux-Arts à Carriès

La sculpture n'est pas une voie facile, mais elle a tenté de nombreux postulants ; les marchés, d'état ou privés, ne peuvent assurer la subsistance de tant d'artistes ; malgré des commandes officielles, Ernest Bussière a été dans l'obligation de conserver toute sa vie un poste de professeur de modelage et Rodin n'a pas dédaigné un emploi à Sèvres.

La formation initiale dans une école de province n'ouvrait pas nécessairement l'accès à l'École des Beaux-Arts de Paris, dont la dernière réforme importante datait de 1863. En plus de la sélection imposée par le concours d'entrée, une recommandation était fort utile pour être admis dans l'un des ateliers privés tenus par les professeurs de l'École. Les études coûtaient cher et les bourses étaient rares. À la sortie de l'École, la vie était aventureuse pour qui n'avait pas obtenu le prix de Rome, titre très convoité ; mais celui-ci n'était même pas le gage d'une réussite, Barrias est admis, Dalou est refusé, tous deux sont aujourd'hui des maîtres réputés mais à des titres différents. Les Salons étaient aussi un passage obligatoire, avec leur part de clientélisme.

Qu'en fut-il de Joseph ? Inscrit à l'École en 1894, dans l'atelier de sculpture d'Ernest Barrias, il mène la vie de la plupart des élèves, en cours le matin, à l'ouvrage l'après-midi comme praticien. Il expose une première fois au Salon des Artistes français en 1896. En 1899, alors qu'il construit son premier four et qu'il s'initie à la céramique, ses absences fréquentes inquiètent son professeur. Mais lui ne trouve pas dans cette formation académique l'ouverture nécessaire pour assouvir ses aspirations. Il quitte les Beaux-Arts sans y terminer son cursus, mais conserve l'amitié de ses camarades et de son chef d'atelier, Ernest Barrias. L'année même où il se détermine pour la céramique, en 1897, Émile Molinier souligne les difficultés de ce choix : *S'il est, parmi les métiers artistiques, des métiers ingrats, ce sont certainement ceux qu'on a dénommés très justement les arts du feu : celui qui les veut pratiquer, céramiste, émailleur ou verrier, doit s'attendre à mille déboires ; il doit d'avance, bien entendu, renoncer à faire fortune, mais encore ne point trop escompter la réussite.* Cependant aucune argumentation, celle-ci pas plus que celle de son père, n'a infléchi Joseph dans la poursuite de sa vocation.

En 1900, deux de ses objets décoratifs sont présentés pour la première fois dans une revue nancéienne (*La Lorraine artiste*, nov. 1900 : p. 122), ce sont des œuvres aux lignes courbes et ondulantes de l'Art Nouveau. Joseph cherche alors sa voie ; le critique qualifie d'ingénieuse la composition du thème de l'encrier *La vérité* mais rappelle que *c'est déjà là l'idée qui avait inspiré Prouvé dans la boîte aux lettres de Vallin, où la femme jette son regard indiscret.* Cependant n'y a-t-il pas derrière cette œuvre un rappel des paroles de Maillol : *L'histoire de celui qui monte à Paris pour suivre la carrière artistique n'est pas drôle... l'infortuné tombe à l'École comme dans un puits. Il n'y trouve pas la vérité, elle est justement dehors !* (Cladel, 1937 : p. 34).

Rien d'autre ne nous renseigne sur le travail de Joseph Mougin avant cette année qui clôt le XIXᵉ siècle ; peut-on conclure pour cela que le jeune Lorrain est plus attiré par l'art décoratif que par l'art statuaire monumental. Certes oui, puisque les cinquante années qui suivent en seront l'éblouissante démonstration. Joseph est à ce moment un lecteur assidu de la revue *Art et*

Paris, entre 1894 et 1896.
Fête à l'École des Beaux-Arts,
les élèves de l'atelier de Barrias ;
Joseph est assis, au centre.
Collection privée

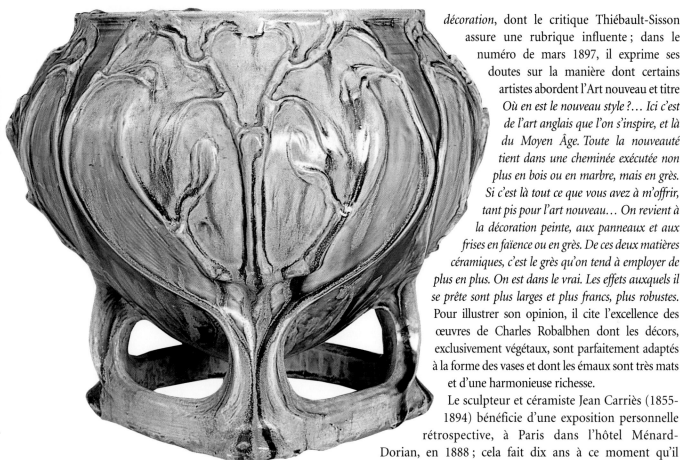

Cache-pot
Atelier Mougin
Modèle de J. Mougin
Grès émaillé
Marque sous la pièce :
- à la pointe : *esquisse*
J. Mougin ; J. P. Mougin
Hauteur 300 mm
Collection privée

décoration, dont le critique Thiébault-Sisson assure une rubrique influente ; dans le numéro de mars 1897, il exprime ses doutes sur la manière dont certains artistes abordent l'Art nouveau et titre *Où en est le nouveau style ?… Ici c'est de l'art anglais que l'on s'inspire, et là du Moyen Âge. Toute la nouveauté tient dans une cheminée exécutée non plus en bois ou en marbre, mais en grès. Si c'est là tout ce que vous avez à m'offrir, tant pis pour l'art nouveau… On revient à la décoration peinte, aux panneaux et aux frises en faïence ou en grès. De ces deux matières céramiques, c'est le grès qu'on tend à employer de plus en plus. On est dans le vrai. Les effets auxquels il se prête sont plus larges et plus francs, plus robustes.* Pour illustrer son opinion, il cite l'excellence des œuvres de Charles Robalbhen dont les décors, exclusivement végétaux, sont parfaitement adaptés à la forme des vases et dont les émaux sont très mats et d'une harmonieuse richesse.

Le sculpteur et céramiste Jean Carriès (1855-1894) bénéficie d'une exposition personnelle rétrospective, à Paris dans l'hôtel Ménard-Dorian, en 1888 ; cela fait dix ans à ce moment qu'il s'adonne à la céramique ; il obtient un grand succès que confirme le Salon du Champ-de-Mars de 1892. La rencontre avec l'œuvre de cet artiste, lors d'une exposition posthume, est décisive pour le jeune Lorrain. À chaque instant de sa vie, il rappellera l'intense émotion qui s'est abattue sur lui ce jour-là. Est-ce la sculpture à l'allure quelque peu fantasque du maître de Saint-Amand-en-Puisaye ? Est-ce sa céramique aux accents à la fois naturalistes et orientaux ? Joseph ne s'en explique pas, mais ses premières œuvres parisiennes ne répondent positivement qu'à la seconde interrogation. Toutefois est-il tout de même impressionné par les portraits en bas-relief de Carriès, alors sous l'influence des masques grimaçants du théâtre japonais. Un certain nombre de ceux-ci sont présentés une première fois en 1882, à l'Exposition des Arts décoratifs qui se tient au palais des Champs-Élysées, événement que relate *L'Illustration* du 14 novembre. Le sculpteur Fix-Masseau, avec la collaboration du céramiste Bigot, s'intéresse également aux masques en grès. Joseph modèlera aussi des mascarons que publie la *Lorraine artiste* du 15 avril 1903. L'Album tarif de 1914 de l'atelier Mougin comporte une planche photographique de douze visages étranges en bas-relief, dont il ne semble pas subsister d'exemplaire. Pour l'un d'entre eux, le rapprochement avec un modèle asiatique ne fait pas de doute ; pour un second, évoquant une chauve-souris coiffant un visage, Carriès est plus directement sollicité ; quant aux autres, l'évocation est plus réaliste, les portraits traités presque en caricature n'appellent pas un engagement stylistique particulier, sinon que le modelé, de qualité, démontre une réelle maîtrise du bas-relief. Sans se dire disciple, Joseph reconnaît la paternité de cette influence ; dans ses cahiers d'atelier, il fait relier l'article sur Carriès paru en 1906 dans *Art et Décoration* (par J. Auclair, ancien préparateur chimiste de Carriès). Son frère Pierre fera de même par la suite.

C'est bien au sculpteur que s'adresse cet art, et non au potier, même si bien des points sont communs. Car il n'était pas question, pour Joseph, de tourner des objets utilitaires. Ses vases, comme ses pichets ou ses bocks, sont des sculptures, il les signera toujours en tant que telles. L'histoire des arts a démontré que la polychromie est, dans plusieurs civilisations, un complément naturel de la sculpture ; Joseph aborde cet aspect avec une réelle maîtrise de la palette céramique, trouvant toujours le ton juste. Les formules d'émaux, données par Auclair, notamment les célèbres "cendres" ou émaux blancs, ainsi que les "cires", seront souvent évoquées dans son œuvre : *Tous ces blancs peuvent s'employer soit comme dessous pour peindre dans la pâte, soit comme dessus dans la série suivante pour donner des effets de velouté ou même de changement de ton ; le mieux est d'émailler par trempage pour la première couche, et avant que celle-ci soit sèche, donner une seconde couche par aspersion ; on peut même en donner une troisième si l'on veut*, commente Auclair qui termine en prophétisant : *je serais heureux si le présent travail pouvait contribuer à faire progresser le goût pour les belles pièces avec de beaux effets, en véritable grès et émaux mats…* Ce message a ensemencé les terres labourées par Joseph Mougin qui, avec l'insouciance de la jeunesse, s'est jeté dans le brasier sans le moindre regret pour ce qu'il abandonnait.

L'amitié sauvage de Charles Lemarquier

Lors de son passage à l'École des Beaux-Arts de Paris, Joseph se lie d'amitié avec un sculpteur quelque peu plus âgé que lui, Lemarquier ; vraisemblablement Charles Paul Alfred, élève de Thomas et de Gauthier, qui préparait alors le Prix de Rome. Le *Dictionnaire de Bénézit* le gratifie d'une mention honorable au Salon des artistes français de 1893 et le dit natif de Caen, ce qui est confirmé par Joseph lorsqu'il évoque les origines provinciales de son ami. *Le type le plus renfermé et personnel que j'ai connu, le plus jaloux et le plus sauvage de tous*, dit-il à la première page de ses précieux cahiers. Il semble que les deux hommes aient partagé, entre 1896 et 1898, un même petit atelier dans Paris, Joseph indiquant qu'il s'y taillait des marbres.

Lemarquier, dont Joseph louait la méticulosité, modelait *des statuettes de danseuses, couvertes de gemmes, si distinguées que même de grands amateurs achetaient.* Ce détail est d'importance car il permet, par analogie, de situer dans le temps les figurines de Joseph, dont certaines portent un même décor de strass ajouté à la céramique. Cet exemple de mimétisme n'est pas le seul qu'on découvre chez les deux artistes ; un crabe tourteau, signé par Lemarquier, est son unique céramique actuellement identifiée (coll. privée). Ce crustacé possède un pendant, d'allure très voisine, signé "Joseph Mougin" (musée de Lunéville) et situé "Paris".

Le four d'emprunt de l'impasse du Corbeau

À la suite du choc autant émotionnel qu'esthétique asséné par l'exposition de Carriès, Lemarquier et Joseph recherchent le fil conducteur qui les mènera vers l'objet de toute leur attente : un four. Il existait, dans la capitale, de nombreux céramistes qui cuisaient à façon pour des artistes, notamment toutes les esquisses et tirages en terra cotta, mais peu se frottaient au grand feu exigé par le grès. Il fallut donc que les deux associés se résolvent à régler eux-mêmes le problème de la cuisson. Lemarquier connaissait un étudiant originaire de Caen, qui était le

Bouteille *Gui* (petit modèle)
Édition Mougin, atelier de Lunéville
Modèle de Joseph Mougin (41.J)
Grès blanc émaillé
Marque sous la pièce
- au poinçon ovale : *Grès Mougin Nancy*
- au poinçon : *France*
Hauteur 140 mm
Collection privée

Vase *CNICUS* (chardon bénit)
Atelier Mougin frères de Vaugirard,
Paris, daté 1905
Sculpture de Joseph Mougin
Grès gris, émail cire
Marque sous la pièce
- à la pointe : *esquisse J. M 3126 - J & P Mougin céramistes Paris 05*
Hauteur 425 mm
Collection privée

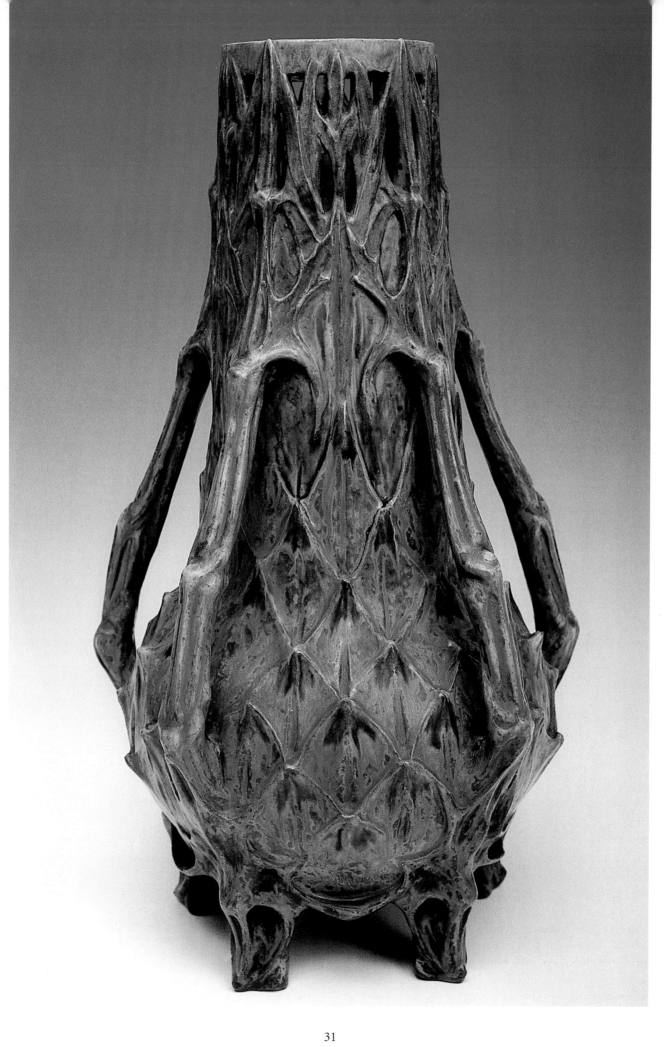

31

préparateur du professeur Henri lorsque celui-ci dirigeait à la Sorbonne un laboratoire de physiologie. Cette personne (le laborantin ou le professeur, le récit de Joseph est obscur, il comporte le terme de *chimiste physicien*) leur propose un petit four à creuset, installé dans le jardin de sa propriété, impasse du Corbeau et s'intéresse à la narration enflammée que font les artistes de l'Exposition Carriès, il offre même sa collaboration, les autorisant à transformer le four pour y mener des essais. Ce qui est fait à peu de frais selon Joseph. Quelques objets, *des petites coupes, des petits vases carrés ou rectangulaires* sont modelés *en collant des bandes ensemble* (le façonnage à la plaque), la terre est achetée chez Muller (importante usine installée à Ivry), l'émail est fourni par le loueur des lieux. La première cuisson se déroule curieusement ; le propriétaire refuse la collaboration des sculpteurs, précisant qu'Anna, une femme, est chargée de cet ouvrage. Les résultats ne sont pas probants, la chauffe est insuffisante. Le four trop ancien est à reconstruire, l'homme s'en occupe avec Anna mais la voûte s'effondre ; Lemarquier et Joseph sont appelés pour redresser la situation, ils changent toute la grille, renforcent la maçonnerie et parviennent enfin à une première réussite, certes modeste : *Nous avons du vernis ! nous sommes fous de joie !*

Joseph évoque la passion avec laquelle Lemarquier et lui-même entreprennent leurs tentatives initiales, *sans se parler, sans échanger nos impressions, nous rencontrer dans un même désir, dans une intense curiosité...* (M.J. 4/7). Lors de la préparation de la troisième cuisson, ils se rendent compte, atterrés, qu'Anna est une femme séquestrée et violentée, et que la propriété recèle des animaux maltraités par le maître de l'endroit.

Cette fournée invraisemblable est la dernière, d'ailleurs le four révèle ses limites ; trop petit, il ne cuit pas régulièrement, consommant 7 à 8 sacs de coke mais perdant presque totalement les 100 ou 150 pièces d'essais.

Vase "Art nouveau"
Édition Mougin, Paris ?
Modèle de Joseph Mougin
Gros grès grisâtre
Marque sous la pièce
- à la pointe : *Mougin Frères esquisse J. Mougin*
Marque sur la pièce
- semble signée J. *Mougin* (noyé sous l'émail)
Hauteur 267 mm
Musée de l'École de Nancy

Vase *Arabesque*
Édition Mougin, atelier de Vaugirard, Paris
Modèle de Joseph Mougin (128.J),
daté 1906
Grès gris
Marque sous la pièce
- à la pointe : *J. P. Mougin 3219*
- en noir vitrifié : *1906*
Hauteur 390 mm
Collection privée

Vase
Édition Mougin frères (Paris ?)
Modèle de Joseph Mougin
Grès
Marque sous la pièce
- à la pointe : *esquisse de J. Mougin* -
J. P. Mougin 3166
Hauteur 450 mm
Collection privée

L'atelier de la rue Dareau

Mais nos adeptes de Vulcain ont *reçu la grâce : ce feu que nous avons écouté chanter nous brûle aussi ! Nous ne parlons plus que de four.* Pour compenser la faiblesse de leurs connaissances, ils font l'acquisition du plus récent des ouvrages de technologie, le *Traité des industries céramiques* de Bourry, paru en 1897. Ce détail permet de dater ces événements. La construction d'un nouveau four est envisagée en 1898, mais l'atelier que partagent les sculpteurs est exigu, *quand on manœuvre un marbre, c'est la croix et la bannière.* Joseph loge, à cette époque, rue Delambre dans le 14ᵉ arrondissement. Lemarquier calcule qu'il est nécessaire d'investir mille francs chacun pour le matériel, briques et coulis réfractaires. Joseph se charge de trouver un autre site avec l'aide du père Duneau qui connaît tous les ateliers. C'est à Montrouge, près de l'avenue Montsouris et du parc, rue Dareau, qu'ils découvrent en 1898 ou 1899, un petit pavillon, avec un jardin et un atelier. Le propriétaire consent à laisser couper les arbres du jardin et à faire aménager des ouvertures dans le toit de l'appentis. Le pavillon se compose d'une salle à manger avec boiseries, d'une véranda, d'une cuisine avec évier et d'une magnifique cuisinière que le logeur fait installer ; à l'étage un cabinet à vêtements est commun à deux chambres. L'affaire est conclue pour trois ans, devant *deux grands demis* (de bière) *et une pile de bretzels,* à la célèbre brasserie de la rue Dareau, rendez-vous de tous les artistes. Le coût de cette installation, et notamment l'achat des matériaux du four ainsi que le loyer, 1 200 francs par an, sont assurés par le père, Xavier Mougin et la mère, Julienne Guyon qui se rend à Paris dès les premiers temps de l'installation, et il faut retirer les gazettes qui encombrent la salle à manger pour la recevoir !

L'arrivée de Pierre

Pierre Mougin est le témoin de cette période erratique où Joseph aborde sa cinquième année à Paris. Il se rapproche de son aîné et partage avec lui le pavillon de la rue Dareau. Pierre aime la littérature, il installe son grand bureau et sa bibliothèque qu'il garnit de beaux livres de collection, achetés à des négociants placiers de passage ; il s'intéresse aussi au théâtre et prend des cours auprès de Paul Mounet et Mademoiselle Delvair pour préparer le Conservatoire (Rousselot F., *L'Est Républicain,* 20 mai 1926) ; il se rend souvent au spectacle. Il ne semble pas poursuivre sérieusement cette vocation, que n'encourage d'ailleurs pas sa mère et, disposant de temps libre, il se propose naturellement pour aider à la construction du four dans la cour du pavillon.

Mais il n'y a, à ce moment, aucun client. Ce sont essentiellement des expérimentations plastiques, basées sur le modelage, que tentent Joseph et Lemarquier. Celui-ci suggère que Pierre pourrait s'occuper des patines des plâtres, ce que Joseph accepte avec joie : *ce travail avec*

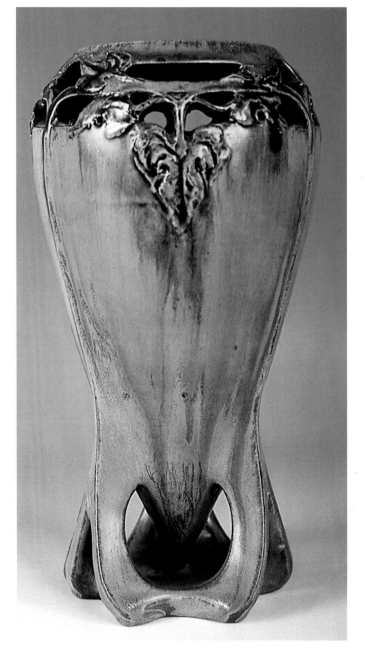

Vase
Édition Mougin, Nancy
Grès émaillé
Marques sous la pièce
- à la pointe : *Mougin Nancy*
- en noir vitrifié : *5008*
Hauteur 225 mm
Collection privée

Vasque *Liseron*
Édition Mougin, premier atelier
de Nancy
Modèle de Joseph Mougin
Grès émail cire
Marque sous la pièce
- à la pointe : *J. P. Mougin Nancy
céramistes 3171 - esquisse de J. Mougin*
Hauteur 215 mm
Collection privée

moi, sans contraintes et l'occupant : il avait un intense besoin de faire quelque chose, de travailler beaucoup sans y être contraint, là il était à son affaire et je pourrai m'embarquer avec lui. Pierre s'adonne alors à diverses tâches modestes auprès de son frère, découvrant une activité qui allait bientôt régenter toute sa vie. Un autre aspect est le rôle joué par Pierre dans le financement des opérations ; Lemarquier s'investit peu et Joseph met tout son argent dans la construction du premier four, mais c'est encore insuffisant pour poursuivre, aussi dit-il avec reconnaissance *sans mon frère, je n'aurais pas pu, j'avais besoin de sa part de capitaux*, mais il ajoute aussi qu'il est heureux d'être près de familiers, *de ne pas me sentir seul avec des étrangers* (M.J. 5/7 : p. 438).

Le déménagement consiste principalement en quatre selles appartenant à Joseph, *deux petites, une moyenne et une à modèle.* Cette dernière, plus importante en volume mais plus basse, à large plateau, tourne pour éviter au sculpteur de déplacer son ouvrage ; elle est destinée à la pose des modèles nus. Une grande quantité de brochures de documentation sur l'art, que Joseph dit ne pas savoir refuser aux représentants, puis une table et une colonne terminent cet inventaire sommaire. Joseph se souvient d'un voisin, un inventeur mécanicien, monsieur Pégon, *d'une gentillesse immense, qui avait préparé le dîner et a voulu que nous partagions sa soupe pendant les premiers jours de notre installation.*

Les débuts se passent dans l'euphorie : *je buvais tout cela dans un enthousiasme débordant ; j'aimais tout le monde, je régalais tous les miteux, j'étais le roi de ce coin de Montrouge.* La vie d'étudiant, surtout celle des Beaux-Arts, fascine les jeunes gens ; amis et amies forment une joyeuse compagnie, on *faisait la navette jusqu'à la brasserie cherchant bière et sandwichs… c'était d'une gaieté terrible… en un mot tout le monde profitait de l'atmosphère, je n'ose pas dire de l'enthousiasme que je communiquais à tous.*

Quelque temps plus tard, le propriétaire, Monsieur Laborderie, propose d'adjoindre à l'habitation un atelier d'artiste, sans augmentation du loyer jusqu'à la fin du bail. Le local, entièrement vitré et exposé au nord comme il se doit, mesure cinq mètres de façade et huit mètres de haut. Joseph abandonne alors le pavillon à son frère et loge dans l'atelier, couchant dans la soupente d'un mètre de large. Ce local, destiné à la sculpture et au modelage, ne se révélera pas adapté à la fabrication des céramiques.

Le four chinois

Joseph, aidé par Lemarquier et Pierre, entreprend la construction d'un four à bois de trois mètres de long, de type chinois (également nommé "japonais"). Il s'agit vraisemblablement d'un modèle relevé par l'ingénieur Scherzer, ancien consul à Han-Kéou, et publié par Taxile Doat, en 1906, dans la revue *Art et Décoration*. Un exemplaire de cette revue est annoté par Joseph : *Mon premier four rue Dareau*. On peut y voir la modification de la sole, tracée au crayon. Mais le plan original est d'une source plus ancienne, peut-être un croquis d'un ouvrage ou d'une revue technique (Vogt, *La Porcelaine*, 1893 : p. 189). Joseph décrit parfaitement dans ses mémoires la forme en cornue de la voûte, plus basse à la cheminée, qui exige de travailler courbé lors de l'enfournement.

Pierre se charge de la préparation de l'aire d'implantation, dans le jardin devant l'atelier. Une maquette en plâtre, à l'échelle du 1/10ᵉ, est établie pour le calcul des briques, car une voûte de ce type exige des briques particulières qui sont commandées chez un spécialiste, la firme Muller d'Ivry, *grande comme cinq fois la faïencerie de Lunéville*, qui les invite à vérifier la conformité des réfractaires avant leur cuisson, car elle n'a j*amais rien fait de pareil, ni d'aussi important d'une seule pièce,* et les autorise à venir voir les maçons fumistes à l'ouvrage pour acquérir le savoir-faire nécessaire au montage.

Le four, de type "couché" (à voûte en berceau et à tirage horizontal) est traditionnel des cuissons primitives du grès, il mesure deux mètres cinquante de long pour un mètre cinquante de large et deux mètres de hauteur, les parois ont trente centimètres d'épaisseur à la base et vingt à la voûte. L'assemblage des briques est fait à sec, en les frottant entre elles pour éviter les joints au coulis, c'est *un pur chef-d'œuvre*, écrira Joseph. La construction de la cheminée pose un problème. La base en brique, une fois construite, mesure trois mètres cinquante de hauteur, mais elle doit se terminer par un corps en tôle de plusieurs mètres, et le coût de cette pièce est trop élevé. Lemarquier, toujours efficace, trouve un tuyau de neuf mètres chez un brocanteur de Saint-Ouen. La cheminée va traverser tout Paris, portée par les trois compères ! Au montage, Lemarquier est accidenté, il laisse le tiers d'un petit doigt dans la cheminée.

Puis il faut ériger un abri de quatre mètres de hauteur pour protéger le four de la pluie. Les parois sont maçonnées à l'aide de carreaux de plâtre et le toit couvert de voliges et de feutre bitumé.

Tous ces travaux sont réalisés par les trois amis, et non par des ouvriers. Lemarquier, plus mûr que Joseph et Pierre, et qui sait les craintes des parents dont les enfants embrassent une carrière artistique, se fait rassurant : *si votre mère voyait cela, elle n'aurait plus peur de l'avenir.* Les notes de Joseph laissent deviner une relative aisance financière comme le démontre cette fabrication des briques du four par Muller, qui était une entreprise de renom.

La vie semble facile, ou tout au moins agréable, rue Dareau. Persiste le souvenir de la rôtisserie de l'avenue du Maine et de ses viandes froides, poulets, dindes et oies

Urne quadripode
Édition Mougin, Nancy
Modèle de Joseph Mougin
Grès émaillé
Marque sous la pièce
- à la pointe : *JM*
Hauteur 187 mm
Collection privée

Vase *Calice ajouré, à anses*
Édition Grès Mougin, premier atelier
de Nancy
Modèle de Joseph Mougin (121.J)
Grès gris
Marque non relevée
Hauteur 300 mm
Collection privée

et d'*une pièce de plus de deux cents litres de Bordeaux de qualité, j'en ai encore la saveur* dira Joseph à la fin de sa vie. Le travail est entrecoupé de sorties sur les bords de Marne, pourtant en solide Lorrain, il se plaint de ne pas trouver la bière aussi bonne qu'à Nancy, *mais on se rattrapait sur la picole, on en avait de tous les crus et à des prix d'étudiants.*

Le four est inauguré en 1899. Joseph est encore élève à l'École des Beaux-Arts ; Lemarquier abandonne à ce moment la préparation du Prix de Rome, en protestation contre une injustice commise à son égard, et Mougin semble dire qu'il subit l'ostracisme de ses professeurs, hostile à l'idée de le voir faire de la céramique. Les premiers essais suivent aussitôt, chacun travaille dans son propre atelier. Joseph veut tourner, cependant le tournage est un métier qui ne s'improvise pas. Il construit un premier tour à pied à l'aide d'une selle de sculpteur munie d'une lourde meule en grès, en guise de roue d'inertie. Les résultats sont catastrophiques. Il s'oriente alors vers le travail à la plaque, préparant des croûtes de terre qu'il forme en cylindres ou en cônes ; il ajoute un fond par collage à la barbotine puis, les ajustant sur la tête du tour, les modèle à l'aide d'une éponge en tournant lentement, afin qu'elles prennent l'apparence d'une pièce tournée. Mais il lui faut un vrai tour, il le fait construire par son voisin, le mécanicien, qui assemble une grosse selle, achetée à Lemarquier, à une roue de fer minuscule, l'entraînement étant assuré par une corde enroulée à l'arbre (l'axe central).

Les premières vraies cuissons

Nos céramistes ne sont pas, pour l'heure, en état de préparer eux-mêmes leurs enduits vitreux ; ceux-ci viennent de la firme Poulenc et sont étalonnés pour cuire aux montres 9 et 10 (ou cônes pyrométriques de Seger, soit 1 310°-1 330°). Ils n'ont aucune idée de la façon dont il faut poser les émaux, Lemarquier tente le pinceau et le vaporisateur ; un chat, pièce unique modelée en plein puis creusée à l'outil, figure au Salon de 1900 ; Joseph expose un bronze, le miroir *Aux volubilis*, ainsi qu'un encrier en grès, *La Vérité (La Lorraine artiste*, 1er novembre 1900). Il y a également de grandes lampes à l'aspect d'artichauts, des statuettes, des baguiers, une série de crabes dont l'un, illustré dans cet ouvrage, est le seul témoin de cette période où chaque œuvre était unique. Les problèmes de forme sont bientôt dominés, seul l'émail n'est pas à la hauteur des aspirations des plasticiens.

Les cuissons sont des moments d'émotion et de fatigue, elles durent de dix-huit à vingt heures. L'enfournement est toujours assuré par Joseph ; c'est un travail complexe, long et pénible, les gazettes sont très lourdes et difficiles à manœuvrer dans les parties basses du four ; du soin apporté à la disposition en piles et du calage de ces gazettes, dépend toute la stabilité du four, l'effondrement serait une catastrophe. Son chargement et sa surveillance exigent que l'on reste éveillé. Pierre aide mais ne parvient pas à veiller, dit Joseph. Pour atteindre les plus hautes températures, il faut monter sur l'alandier brûlant, torse nu, pour vider les sacs de coke, quatre cents kilogrammes par fournée, un enfer ; toutes les demi-heures il faut débraiser et le tison d'acier plie dans le brasier. Lors de l'une des douze cuissons effectuées, Joseph charge le coke, toutes les heures ; pour écouter s'il ne se produit pas de casse dont les éclats pourraient obturer les carneaux, il décide de lire et s'installe près de l'un des deux alandiers ; son tabouret est très haut, il l'a construit spécialement pour éviter de s'endormir, en somnolant, il perd l'équilibre et se réveille. Sans s'en rendre compte, il est asphyxié lentement par les émanations de gaz, il tombe de son siège. Il ne parvient

Grand vase *Ars longa vita brevis*
Édition Mougin, premier atelier de Nancy
Modèle de Joseph Mougin (38. J)
Grès porcelanique partiellement émaillé
Marque sous la pièce
- à la pointe :
Mougin (M et F entrelacé) 3733
Marque sur la pièce
- à la pointe : *J. Mougin*
Hauteur 745 mm
Cette œuvre épigraphiée (L'art perdure, la vie est brève) est l'une des plus grandes produites par l'atelier.
Hauteur 800 mm
Musée de l'École de Nancy

Boîte "Crabe"
Mougin Frères, atelier de Paris
Sculpture de Joseph Mougin
Grès blanchâtre
Marques sous la pièce
- à la pointe : *J. Mougin sc*
- au poinçon : *Mougin Frères*
Paris
Largeur 350 mm
Musée de Lunéville

pas à se relever, sa chute a fait peur à sa petite chienne Folette qui le mord et le rend suffisamment conscient pour qu'il puisse se traîner à l'extérieur de l'appentis.

Les ventes ne couvrent pas les frais de fonctionnement de l'atelier, et Lemarquier ne parvient plus à payer sa quote-part, il abandonne peu après, ne souhaitant finalement pas délaisser la sculpture pour la céramique. Joseph note alors : *je suis seul avec mon four et sans aucun enseignement ni connaissances sérieuses… le four et le pain quotidien viennent de maman et de mon père (M. J 4/7 : p. 340)*. L'aspect le plus exceptionnel de cet engagement est le manque total d'expérience, compensé par l'extraordinaire enthousiasme dont témoigne Joseph. Ce n'est ni la réussite sociale, ni la reconnaissance artistique qui le motivent, il ne s'agit ni de vaincre la matière ni de dépasser le dernier esthétisme, mais de vivre avec le feu, de voir la terre se vitrifier pour l'éternité, se parer d'une nouvelle nature née de fusions magmatiques. C'est à ce moment qu'il réalise le buste d'Alphonse Cytère, directeur de la manufacture de grès de Rambervillers (1899).

Boîte "Crabe"
Paris, époque Mougin-Lemarquier ?
Modèle de
Charles Paul Alfred Lemarquier
Grès émaillé avec oxydations au fer
Marque sous la pièce
- à la pointe : *C. Lemarquier*
Longueur 200 mm
Collection privée

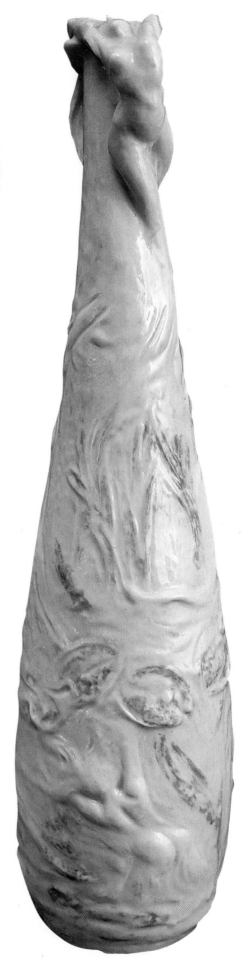

Vasque *Aimer, rêver, souffrir*
Édition Mougin Nancy
Modèle de Joseph Mougin (83.J)
Grès blanc émaillé
Marque sous la pièce
- à la pointe : *J. Mougin Sculpt (Mougin)*
Frères Céramistes
Marque sur la pièce
- à la pointe : *J. Mougin*
Hauteur 415 mm
Collection privée

Grande bouteille *Syrène* ou *Nymphe*
Édition Mougin, Paris ou premier atelier
de Nancy
Modèle de Joseph Mougin
Porcelaine
Marque sous la pièce
- à la pointe : *Mougin Céram 65*
Marque sur la pièce
- *J. Mougin*
Hauteur 380 mm
Les bouteilles *Syrène* et *Nymphe*
forment une paire affrontée, leur
émaillage (3146 et 3147) est décrit dans
le cahier M.J 6.
Musée de l'École de Nancy

Paris à la belle étoile

Quoique bien établi rue Dareau, l'atelier n'est pas une entreprise, mais un antre d'étudiants. Alors que Lemarquier n'appréciait guère les visites de ses collègues, Joseph ouvre cet atelier à ses camarades et à des amis de chez Falguière, surtout Grégoire Calvet qui vient à plusieurs reprises avec sa sœur Emma, actrice à l'Opéra. La vie de bohème est un état de grâce pour les jeunes artistes ; Montrouge est encore une banlieue plaisante, c'est le paradis pour ceux dont l'atelier se trouve dans la capitale, se souvient Joseph qui se lie d'amitié avec Chocho (coïncidence : Nathalie Chochod, peintre et céramiste dont le nom apparaît, en face du sien dans le catalogue de Galliéra en 1911 ?).

L'absinthe, les *Pernod bien tassés à la parisienne*, les soirées chez Dumesnil, la brasserie voisine où, le dimanche, Calvet, "médaille honorable" du Salon des Artistes français en 1896, amuse la clientèle par ses chants du terroir ariégeois, Guérandeau, restaurant du quartier où se retrouvent une vingtaine de Nancéiens, artistes, architectes, peintres, sculpteurs qui font la fête, Joseph qui note ses "demis" et "môminettes" abattus en compagnie du "père Duneau", fabricant réputé d'outils pour sculpteurs, devenu l'un de ses grands amis, tout cela semble alors plus important que les intrigues des antichambres de l'art.

Une seule fois, Joseph exprime ses idées de jeune artiste, c'est là la seule opinion qu'il livrera dans tous ses écrits : *j'avais la haine du bourgeois... des lois qu'il a établies pour se défendre, de la vie régulière.* Le travail de la journée est dur, il explique bien l'euphorie des temps de repos mais *le rapport de l'atelier est nul,* se plaint Joseph, et *ne paye qu'à peine les dépenses, et encore !* Mais il sait ajouter que *la vie n'est pas faite que de luttes, et toute rude qu'elle fut, il y avait des compensations ; c'était la bohème, nous allions des journées entières à la campagne... et en toutes compagnies, camarades d'école avec leurs amies... on partait arroser les prix de concours avec les hottes sur le dos, remplies de vivres et de couvertures, car on couchait à la belle étoile.*

C'est l'âge d'or et le bonheur complet, le métier suscite beaucoup de curiosité, même les artistes de théâtre passent à l'atelier.

Luttes sombres et heures radieuses

Avec les nouveaux soucis provoqués par la construction de l'atelier de la rue de la Quintinie, avec aussi une volonté de plus en plus farouche de faire aboutir son art, et la maturité venant, Joseph mesure que sa jeunesse est passée et qu'il lui faut entrer dans une autre vie. Il dit alors *c'était une grosse lutte qui se préparait mais aussi les heures les plus radieuses que j'allais commencer à vivre.* Joseph est pressé par ses amis de réaliser des tirages pour les uns ou les autres, mais l'établissement des moules pour la céramique est différent de celui pour le bronze, c'est une opération qu'il ne domine qu'après quelques mois d'expériences. Alors il obtient de ses camarades d'atelier les modèles qui lui permettent d'élargir sa production jusque là limitée à des pièces uniques, Grosjean lui propose même son sujet du concours "Chenavard", une superbe esquisse en plâtre de son *Christ sur la Montagne* (M.J. 5/7 : p. 40) qui avait obtenu le premier prix. Quatre exemplaires sont aussitôt tirés de

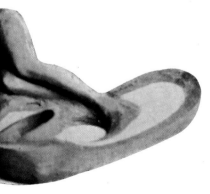

Vase bouteille "Art nouveau"
Édition Mougin,
Modèle de Joseph Mougin
Grès blanchâtre
Marque sous la pièce
- à la pointe :
esquisse de J. Mougin 3117
Marque sur la pièce
- à la pointe :
J. *Mougin*
Hauteur 440 mm
Cette pièce est référencée, décrite et photographiée dans le cahier d'atelier M.J 6.
Musée de l'École de Nancy

La Lorraine artiste, 1er novembre 1900 : Mougin, "La Vérité", encrier en grès.
Collection privée

cette pièce exceptionnelle mesurant soixante centimètres de haut. Castex le massier de sa classe, Finot autre Lorrain, Carli et Guétant apportent leur contribution, fiers aussi certainement de figurer sur une liste dont la tête se nomme Victor Prouvé.

Sèvres, la révélation

En 1901, alors que Joseph peine, rue Dareau, et que ses absences dans l'atelier d'Ernest Barrias sont de plus en plus fréquentes, son ami Louis Castex lui conseille de s'ouvrir au *patron et de lui faire part de ses ambitions*. Barrias, alors âgé de soixante ans, est attentif au discours enflammé de Mougin dont la passion est le meilleur avocat. Mais il faut choisir, la voie royale des Beaux-Arts ne se partage pas ; Barrias s'inquiète de voir son jeune élève aussi mal préparé pour ce nouveau métier et s'exprime clairement : *Mais dites-moi, vous avez des motifs sérieux de vous condamner à lutter ainsi tout seul ? Au fond, vous voulez inventer ce qui est trouvé, à quoi bon ! Allez donc à Sèvres* (M.J. 4/7 : p. 349). Barrias, qui a des relations à la manufacture nationale de Sèvres, car certaines de ces œuvres y sont éditées (dont le célèbre *Mozart enfant*, et n'est-il pas l'auteur de la célèbre statue de *Bernard Palissy* réalisée en faïence par Deck ?), lui propose de lui obtenir l'autorisation de s'y instruire, en tant qu'auditeur libre en quelque sorte. Joseph est invité à assister à ce qu'il attendait avec impatience, une cuisson de grès. Il est introduit auprès de Georges Vogt, directeur des travaux techniques, qui le présente à Ernest B…, directeur des travaux de fabrication et des fours. Il est convié auprès du four, au moment où celui-ci passe au grand feu. Joseph, dont il faudra bien un jour publier les écrits, raconte sa rencontre avec le géant en flammes, et les explications savantes de Vogt : il ne saisit pas toutes les subtilités de la marche d'un tel appareil, si perfectionné face à son four chinois ; il lui faut voir l'intérieur, après le défournement, pour comprendre le cheminement des flammes. À minuit, B… lui signifie qu'il est l'heure de son baptême du feu, au milieu des cuiseurs : *sandwich pâté et bon vin* ! Au petit matin, il est émerveillé par ce qu'il a découvert, mais il est aussi atterré, ce qu'il a vu semble lui prouver qu'il ne pourra jamais atteindre son but, que son ambition est vaine. Jamais il ne pourra réussir seul cette folie que Sèvres domine avec des moyens considérables et des hommes de grande compétence : *j'ai un vague pressentiment que je me suis attaqué à une chose impossible par sa complexité*, dit-il découragé. Pourtant, il trouvera son grand feu et le maintiendra allumé pendant un demi-siècle. B…, le prenant en amitié, lui permet de participer au défournement qu'il relate

Havard et Vachon, *Les Manufactures nationales*, 1889, Sèvres : le défournement d'un four vertical, dix ans avant la présence de Joseph Mougin. Collection privée

avec la plus grande émotion : *j'ai sorti de merveilleux biscuits, de beaux vases, je vivais dans un rêve ; j'aurais voulu les bercer dans mes bras comme des enfants. Je sentais leur chaleur à ne plus les tenir me pénétrer.* La Manufacture nationale se livre peu à peu à sa curiosité. Il visite le moulage, l'estampage, l'émaillage et fait la rencontre d'un tourneur, Jean-Baptiste Giordan. Sa passion ardente le rend sympathique, on lui communique tout ce qui peut lui être utile, notamment des textes techniques ; il retourne plusieurs fois dans les ateliers, aide à émailler, à enfourner, à fermer le four : *en quelques visites, avec les tâtonnements qui m'avaient préparé à cela, j'avais appris beaucoup et deviné le reste.* B… même se propose de venir chez lui.

Maintenant, sa pensée est claire : *je suis dans le pétrin avec mon four,* écrit-il. Ses pertes sont trop élevées lors des cuissons et ses temps de façonnage sont trop longs, un tourneur de Sèvres réalise dix vases et bien plus volumineux, lorsqu'il en tourne un. Face au moulage, il se pose la question de l'intérêt de la pièce unique. Il est prêt à assumer un nouveau voyage.

Le grand four de la rue La Quintinie à Vaugirard

B… vient enfin à Montrouge et examine le four chinois, la sentence du technicien est abrupte : *vous ne pouvez rien faire là-dedans.* Vogt est consulté à nouveau, Joseph lui présente le plan et des photographies du four, l'avis est tout aussi brutal : *votre four est excellent, mais trop petit… ses mesures devraient être multipliées par trois ou quatre, vous ne pouvez pas cuire régulièrement il faut enfourner en autel (en gradin) à un endroit vous cuirez en grès, sur l'autel par exemple, en bas en faïence ou du grès tendre, il vous faut avec ce four avoir des débouchés (commerciaux)… mais quant à faire, mieux vaut mettre à la place un petit four à deux alandiers* (M.J. 4/7 : p. 352). *Ce coup d'assommoir, je ne l'oublierai jamais,* écrit le Lorrain en

Paris. Travaux sur un four, démontage des anciens moufles de la faïencerie de la rue La Quintinie ? Joseph est au fond, le pic à la main. Collection privée

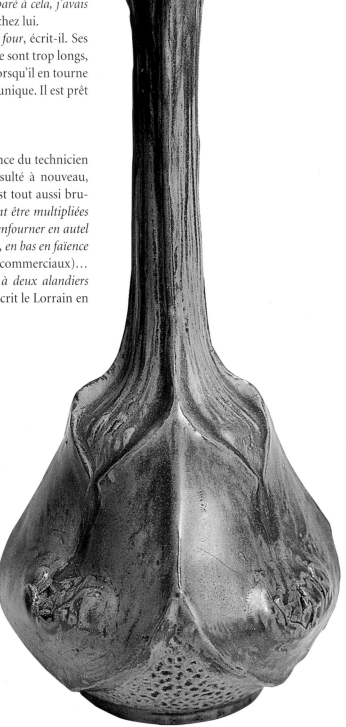

Vase "Art nouveau"
Édition Mougin
Modèle de Joseph Mougin
(134 ou 194.S)
Grès gris
Marque sous la pièce
- à la pointe : *J. Mougin - Mougin Frères Céram…134* (ou 194 S)
Hauteur 320 mm
Collection privée

Bock à bière du service *Houblon*
Édition Mougin Nancy
Porcelaine émaillée
Marque sous la pièce
- en creux de moulage : *MF Nancy*
Hauteur 140 mm
Collection privée

Vase "Art nouveau"
Édition Mougin Paris ?
Modèle de Joseph et Pierre Mougin
Grès chamotté jaunâtre
Marque sous la pièce
- à la pointe : *J. P. Mougin*
Hauteur 263 mm
Musée de l'École de Nancy

soulignant sa phrase et en signalant qu'il se prive du nécessaire pour ce four ; il reste à ce moment quarante-huit heures à Sèvres, enfournant, manipulant les pièces pour la retouche, transportant les biscuits et termine en maçonnant la porte ; il rentre enfin, exténué, *dans un état de surexcitation inouï*. La décision est prise, le four doit être démonté, il lui faut concevoir un autre appareil selon les conseils de Sèvres.

L'espace disponible n'est pas suffisant pour celui-ci, et Ernest B…, avec qui il est en contact à Sèvres, lui propose la fabrique de son ancien patron et beau-père, M. Chausson, une faïencerie qui fut réputée et *qui fournissait surtout les bronziers… la mode était alors aux pendules genre Chine, monture en bronze, corps en céramique, surtout Barbedienne* (M.J. 5/7 : p. 415). L'ensemble immobilier se trouve dans le 14ᵉ arrondissement, 24, rue La Quintinie ; il se compose d'un pavillon d'habitation en état médiocre, accompagné d'autres bâtiments vétustes contenant trois moufles anciens de trois mètres de haut (fours spéciaux pour la cuisson des couleurs vitrifiables), dans les caves dorment encore les anciens moules ; Joseph y installe le tour et un "mouilloir" où il peut conserver à l'humidité, pendant plusieurs semaines en attendant de les sculpter, ses pièces tournées.

B…, qui avait épousé la fille de M. Chausson, avait hérité de la faïencerie. Il y avait placé comme chef d'atelier son neveu Demoulin puis avait vendu l'ensemble à un Alsacien, Wolf. Cet homme qui avait fait fortune en confectionnant des souvenirs mortuaires avec des cheveux, et ensuite des postiches pour les danseuses de ballets et les mondaines, souhaite s'agrandir et transformer la fabrique. Ce qu'il ne fait pas à la suite d'un ralentissement d'activité dans sa profession. La faïencerie est donc inexploitée lorsque Joseph signe le bail avec son nouveau propriétaire.

La mise à la disposition des lieux est décidée pour octobre 1902. Les deux frères sont associés dans cette nouvelle aventure, une aventure qui les conduira à la limite de leurs forces.

Un mur de la propriété est mitoyen de la fabrique du célèbre faïencier Théodore Deck (décédé en 1891). Cet établissement réputé, installé au 271, rue de Vaugirard, d'où sont sortis les chefs-d'œuvre de nombreuses expositions internationales, est dirigé par Xavier Deck jusqu'en 1901 et ferme ses portes en 1905, l'ère de la faïence étant alors terminée. Joseph signale que lors de son installation, cette fabrique expirait. Un autre mur jouxtait les immenses hangars d'un constructeur de ballons dirigeables, et Joseph conte, avec force détail, l'explosion de l'un de ceux-ci, construit par "Sévéro le Brésilien".

Alors que B… leur avait assuré que les moufles pouvaient être démontés pour récupérer les briques, l'opération s'avère impossible tant celles-ci sont brûlées, d'ailleurs l'entrepreneur consulté pour la maçonnerie refuse de les utiliser. Les travaux consistent d'abord à bâtir des ateliers, mais les ouvriers sont de véritables *marlous* et Joseph et Pierre, traités de *bourgeois*, sont dévalisés et dépouillés de leur linge, de leurs chaussures, de leurs balances (pour les pesées des minéraux). Leur ami, le marchand de soupe ambulant, les avertit : *pas un mot si vous tenez à votre peau*, (ces gens) *sont la crème de Vaugirard*.

Joseph et Pierre entreprennent de construire en briques de plâtre un autre atelier sur le toit d'un bâtiment existant. Joseph dort dans cette pièce aux murs trop peu épais pour le protéger des rigueurs de l'hiver, ses draps sont gelés et collés au matin.

La tâche la plus rude est la démolition au pic des anciens fours et l'évacuation des gravats, cela dure pendant des mois, d'autant qu'il leur avait été demandé par le nouveau locataire, le photographe, de détruire aussi le four de la rue Dareau. À cette période, les difficultés financières amènent les frères à solliciter une aide de leur père, Xavier Mougin. Réaliste de par ses fonctions de directeur de verrerie, il tente de raisonner Joseph et lui promet son secours s'il accepte d'abandonner la céramique. Xavier écrit même à Julienne Guyon de ne

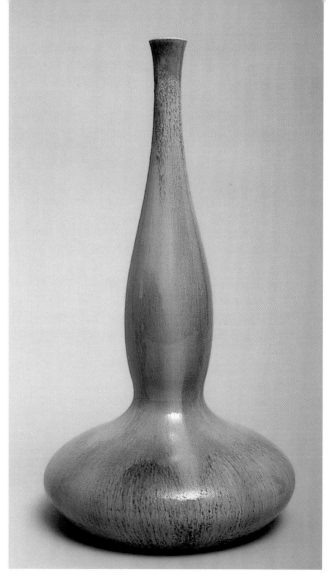

Vase
Édition Mougin
Modèle de Joseph et Pierre Mougin
Grès blanc émaillé
Marque sous la pièce
- à la pointe : *J. P. Mougin 3693*
Hauteur 260 mm
Collection privée

Vase
Édition Mougin, Nancy
Modèle de Joseph et Pierre Mougin
Grès émaillé
Marque sous la pièce
- à la pointe : *J & P Mougin 3502*
Marque sur la pièce
- à la pointe : *J. Mougin*
Hauteur 185 mm
Collection privée

Paris. Installation de la cheminée en tôle du four de la rue La Quintinie ; Joseph, au centre, est assis sur le toit, sa chienne Folette devant lui.
Collection privée

Petite cruche *Algue*
Édition Grès Mougin
Grès blanc
Marques sous la pièce
- en relief de moulage : *112.J*
- à la pointe : *Grès Mougin*
Hauteur 230 mm
Musée de l'École de Nancy

pas participer financièrement à la construction du nouveau four, comme elle s'était proposé de le faire : *il insistait encore pour une installation normale et une occupation* (un métier) *n'entraînant pas de risques et enfin prendre notre mère avec nous.* Ce père avisé insiste ; chef d'entreprise, il essaie de démontrer que même s'il les croit capables de réussir à cuire de belles pièces, ils ne seraient, ni l'un ni l'autre de taille à les vendre, *cela serait de la folie que de persister.* Mais aucun conseil ni aucune menace n'étant en mesure de lui faire abandonner le feu, Joseph s'insurge, rappelant qu'il n'est pas du tout fait pour cette vie là *et qu'au contraire, la lutte et la lutte sérieuse avait pour lui l'attrait le plus vif.* Il écrit à son père que *sa mère veut bien mettre tout ce qui lui reste pour les voir travailler.* Xavier s'incline devant cette

fière détermination et consent à un apport financier. Les travaux reprennent et lors de la conception du four, Joseph enthousiasmé par ce qu'il a vu à la manufacture, projette de construire un modèle à flammes directes identique à celui de Sèvres, mais il ne peut en être question ; avec ses deux étages surmontés d'une cheminée, ce four est disproportionné par rapport à ses buts. Sur les conseils de Vogt, il opte pour un modèle cylindrique vertical, à une seule chambre de cuisson et deux alandiers (foyer extérieur au corps du four), fonctionnant au bois et au charbon et utilisant le principe de la flamme renversée.

Une difficulté surgit concernant les plans du four ; les constructeurs pressentis, MM. Hubshorst et Raguet n'obtiennent à Sèvres qu'un plan pour trois alandiers, alors que Vogt avait promis un plan corrigé pour la situation propre à l'implantation de Vaugirard, c'est-à-dire avec une cheminée déportée pour régler un problème de place et de tirage car le four était adossé à un hangar à chevaux. Vraisemblablement dut-il aussi répondre aux dispositions sécuritaires et réglementaires alors en vigueur, car l'incendie est une peur de chaque instant, des crachis d'escarbilles enflammées sont toujours à craindre lorsque les cheminées sont trop basses. L'appareillage en brique est confié au "père Tétard" et à ses ouvriers, un maçon fumiste qualifié qui avait monté, en 1870, la cheminée de la "manufacture des Tabacs" à Nancy, sous la directive d'un entrepreneur réputé, Bichaton, l'associé de France-Lanord. L'ouvrage dure deux mois et Tétard se prend d'amitié pour les frères et l'extravagance de leurs desseins, les assurant qu'il viendrait gratuitement pour les réparations d'entretien. Le montage terminé, un local est construit pour abriter le four dont les briques réfractaires ne résistent pas à la pluie.

La première mise à feu

Impatients, alors que la dernière ceinture d'acier qui maintient la maçonnerie n'est pas posée à cause d'un retard de l'artisan mécanicien, Joseph et Pierre enfournent. Ce travail minutieux et fatigant nécessite plusieurs jours, les cerces réfractaires sont lourdes et il faut bien calculer l'emplacement des piles de gazettes pour permettre à la flamme de cuire partout avec égalité. La porte est scellée. Onze stères de bois sont approvisionnés et fendus. Enfin le four est mis à feu ; le tirage ne s'établit pas et tout le bâtiment est enfumé, Joseph monte sur le toit pour déclouer une partie du papier goudronné et faire un appel d'air, le tirage s'amorce mais ne semble pas fonctionner normalement, la cheminée ne joue pas son rôle. Après avoir brûlé tout le bois et supporté vingt heures de cuisson, après avoir ajusté en catastrophe le cercle manquant pour éviter l'écroulement du mur, le céramiste constate que la cuisson ne peut atteindre une température suffisante. Vogt, consulté, suppose un problème de tirage. La suite est un véritable calvaire vécu dans les doutes les plus pénibles : la dépense pour ce four était considérable, fallait-il le démonter et le reconstruire, pour une probable erreur de plan ? Une nouvelle cuisson est tentée, la température n'augmente pas. Joseph part à Sèvres et Vogt recommande d'arrêter la cuisson en attendant que B… examine le four. Celui-ci ne voit rien d'anormal, le four est allumé mais refuse de monter en grand feu ; le constructeur, présent, ne comprend pas, B… revient, avec Vogt ; les plans sont attentivement examinés, ils sont corrects et les ouvriers ont bien suivi leurs indications. Vogt tente une nouvelle mise à feu et offre la collaboration d'un chef de cuisson, M. Fabry (Mᵐᵉ Préaud, consultée, ne connaît pas cette personne et suppose qu'il s'agit d'un intervenant extérieur à la Manufacture). Ce spécialiste, *ouvre ici, ferme là*, et conclut

Vase *Art nouveau*
Édition Mougin, atelier de Vaugirard, Paris
Modèle de Joseph Mougin
Grès rosâtre chamotté
Marque sous la pièce
- à la pointe : *esquisse J.Mougin*
J. P. Mougin Céram 1904
Hauteur 172 mm
Musée de l'École de Nancy

Lampe *Feuilles lance*
Édition Mougin Nancy
Modèle de Joseph Mougin (304.J)
Grès blanc émaillé mat
Marques sous la pièce
- en creux de moulage : *J. Mougin dc -*
Mougin Nancy France 304 J
- à la pointe : *C 129*
Hauteur 680 mm
Collection privée

Vase *Sorbier*
Atelier Mougin
Modèle de J. Mougin
Grès, émail mat
Marques :
- sous la pièce, à la pointe :
Mougin Nancy - 6471 -
- Etiquette papier : *40 J*
- sur la terrasse, à la pointe : *J. Mougin*
Hauteur 600 mm
Collection privée

votre four ne peut pas cuire, je n'y pige rien ! Joseph a un sursaut, il poursuit la cuisson, se trouve à court de bois et en commande d'urgence. Fabry, exténué, dort sur la table d'estampage.

Joseph retourne à Sèvres auprès de Vogt qui lui promet un plan pour vérifier les cotes du four et évoque l'éventualité que le constructeur n'ait pas respecté ses premières directives. Ce plan ne peut lui être communiqué car il n'en existe plus (il sera, en 1906, publié dans la revue *Art et Décoration*, pour illustrer un article de Taxile Doat, décorateur à Sèvres, ce qui montre bien l'intérêt que les céramistes de l'Art Nouveau portaient à ce type de four à bois). B… arrive à ce moment, et s'offusque du peu de confiance que Joseph lui témoigne : *je vous ai donné le plan qui convient, le four doit marcher, j'irai vous le cuire, moi* affirme-t-il.

Une nouvelle cuisson est tentée avec plus de vingt stères de bois, la mise à feu a lieu à quatorze heures. Fabry revient, il a rediscuté du problème avec Vogt et B… Il est dix-neuf heures, les registres d'entrées d'air, les alandiers et le trou d'homme sont ouverts pour s'assurer que l'humidité ne se condense pas sur la voûte ; c'est la *purge*. Puis tout est refermé. Joseph est seul pour alimenter ses deux alandiers pendant la nuit. Il est exténué, abattu, car le four ne monte toujours pas, mais il persévère, il boit du lait, du cidre, du café, du rhum, du vin blanc pour se tenir éveillé, il reçoit de l'aide au matin, Pierre, le père Sabrier (le cafetier d'en face) et Ovide. À la fin de la journée, la chaleur du hangar est si forte qu'il faut se dévêtir. La seconde nuit est un véritable enfer, Pierre lutte tant qu'il peut, il abandonne à deux heures, Joseph décide de cuire coûte que coûte ; à l'aube, à quatre heures, le père Sabrier arrive avec sa *bibliothèque* (sa carte de restaurant) : *vin blanc citron, monsieur Joseph ? avec une tartine de foie gras ?* Ce brave homme amuse et détend Joseph. Le combat se poursuit, les briques irradient les flammes intérieures, il faut remplacer les chaussures par des sabots de bois tant le sol est brûlant, les tabliers de gros cuir ne

Paris, vers 1900.
L'atelier de la rue Quintinie, photographié depuis le toit.
Collection privée

Paris, l'atelier de Vaugirard vu depuis le toit du four ; au fond, l'atelier construit sur le toit du bâtiment principal.
Collection privée

Grand vase
Édition Mougin Nancy
Marque sous la pièce
- à la pointe : *Mougin Nancy esquisse unique 6158*
Hauteur 580 mm
Collection privée

Grande coupe *Ricin* (82.J)
Édition Mougin, atelier de Paris
Joseph Mougin, sculpteur
Grès chamotté émaillé
Marque non relevée
Hauteur 520 mm
De puissants renforts intérieurs
cloisonnent cette forme dont le poids de
la partie évasée conduirait à un
affaissement certain lors de la cuisson.
Musée de l'École de Nancy, cliché
Claude Philippot

parviennent même plus à protéger, c'est une fournaise inhumaine ; chacun se réveille et l'on remplace Joseph aux alandiers. La température monte, lentement mais puissamment, chaque degré coûte une sueur ruisselante, la peau est brûlée. À l'approche de minuit, il faut enlever le pyromètre car il risque de fondre, la première montre tombe, puis la seconde, la température atteint alors 1 350 degrés, c'est la réussite. Cinquante-six heures épiques concluent plus de trois mois de lutte. Sabrier invite l'équipe à fêter cette victoire, *melon, huîtres, écrevisses au chou et langue*. Joseph et Pierre sont *fous de joie* à l'idée qu'ils vont pouvoir défourner.

Joseph va rendre compte à Sèvres, où l'on est étonné que la cuisson ait pu être menée à terme ; Vogt, ravi, lui dit son admiration, mais déclare que cet exploit ne doit pas se renouveler, il faut régler les difficultés et parvenir à cuire en vingt ou vingt-quatre heures au plus, sinon le four ne résistera pas.

Au défournement, le bonheur est total, une grande partie de la cuisson est parfaite, les émaux les plus fusibles ont certes coulé, mais les émaux fixes, comme les cires, sont veloutés telles des peaux de pêches. Heureusement, il n'y avait que des grès fort réfractaires, et on ne constate pas d'affaissement ; mais le travail à la platine sera long pour meuler l'accumulation de la couverte au bas des pièces.

La narration vivante de cette expérience par Joseph permet d'imaginer ce moment d'une grande exaltation. Est-il possible de comprendre ce que représente une cuisson pour un artiste du feu : le four est un volcan et les terres s'y recouvrent de lave, comme une écorce d'émail incandescent.

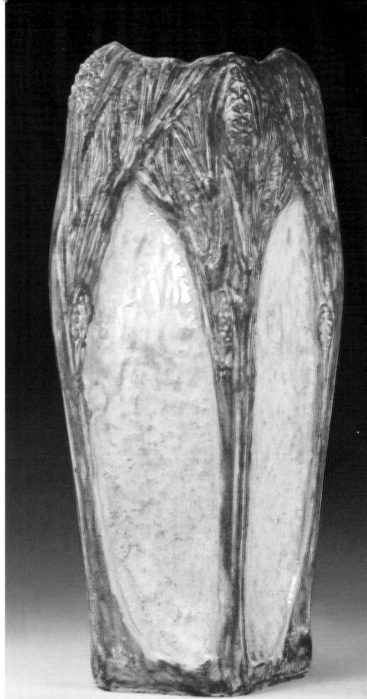

La seconde cuisson commence avec les mêmes symptômes et tous se mettent à craindre de subir un autre cauchemar. Le four refuse de monter en température, il s'enfume et ne s'épure que lorsque le trou d'homme placé à son sommet est ouvert, Joseph allume un feu de bois au pied de la cheminée pour amorcer le tirage, rien n'y fait et tout doit être à nouveau vérifié. À ce moment, Ovide, le manœuvre, tire par curiosité une poignée de fer qui dépasse de la cheminée et amène à lui une grille en métal obstruée par un magma de suie et de cendres qui bloque la circulation du calorique, les flammes ne peuvent atteindre la cheminée ; en quelques minutes le circuit s'établit et le four rugit de toute son ardeur, il atteint sa température finale, environ 1 300 degrés, en trente heures et avec seulement onze stères de bois.

Il faut bien revenir sur les causes du problème que Joseph impute à une malveillance. La partie haute de la cheminée est constituée d'un tuyau de fer dont la section est faible, reconnaît Joseph (il s'agit peut-être de la fameuse cheminée du four de la rue Dareau), mais l'explication n'est pas convaincante et Mougin demande aux constructeurs la raison de la présence de la grille qui n'apparaît pas

Corps de lampe *Méduse* (150.J)
Édition Mougin
Modèle de J. Mougin, sculpteur
Grès émaillé
Marque non relevée
Hauteur 520 mm
Il existe, de cette œuvre, une variante
plus haute (28.J) dont le pied est
d'exécution plus complexe.
Musée de l'École de Nancy, cliché MEN

Vase rectangulaire *Pins* (67.J)
Édition Mougin
Joseph Mougin, sculpteur
Marque non relevée
Hauteur 480 mm
Musée de l'École de Nancy, cliché MEN

Coupe à col évasé avec tête de faune
Édition Mougin
Joseph Mougin, sculpteur
Marque et hauteur non relevées
Musée de l'École de Nancy, cliché MEN

sur le plan et qui, dès les premières heures de cuisson, se recouvre de suie et freine le tirage. Il lui est répondu qu'elle a été exigée par monsieur B…, l'auteur du plan, pour des raisons de sécurité. Vogt, consulté, rappelle qu'en effet la loi est formelle mais qu'il est possible de remplacer la grille par un panier au sommet de la cheminée. Il reste de cette époque plusieurs écrits (M. J. 5/7) dans lequel Joseph relate ses déboires, les précieux conseils de Vogt et les solutions apportées pour remédier aux défauts. Dans un autre cahier, plus ancien car ouvert en janvier 1902 (M.J. 3 : p. 2), Joseph donne une version quelque peu différente, écrivant *nous avions d'abord remarqué que notre cheminée était bouchée par des débris* (résultants) *de sa construction et par des parcelles de rouille se détachant* (du conduit en tôle), *ce qui aggravait le défaut ; de plus nous avions laissé embraiser.*

La conduite de ce four leur permet d'apprendre le métier dans toutes ses subtilités, notamment pour les recherches d'émaux en différentes atmosphères : oxydante, neutre et réductrice.

Sabotage au strass

Une seconde tentative a été menée pour obtenir l'arrêt des cuissons et le départ des jeunes céramistes inexpérimentés, malveillance encore plus sournoise que la première. Lors d'une autre cuisson, toutes les pièces s'effondrent dans les gazettes,

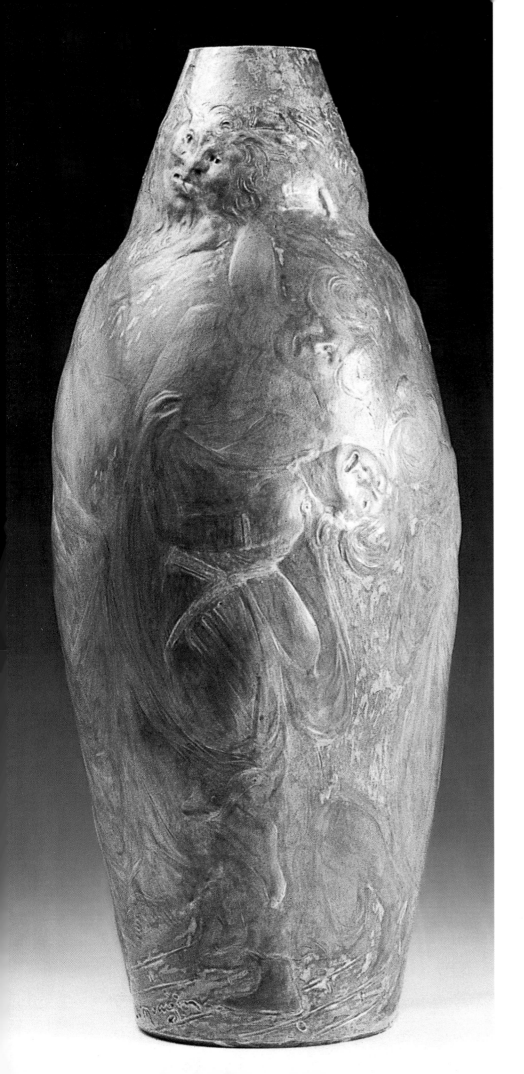

Vase *Danseuses* (53.J), daté 1905
Édition Mougin, atelier de Paris
Joseph Mougin, sculpteur
Grès à émail "terre"
Marque à la pointe à la base : *J. Mougin*
Marque à la pointe : *J. P. Mougin
Céramistes, 9670, 1905*
Hauteur 750 mm
Ce vase évoque, dans un autre registre,
la manière de Rodin à Sèvres, et
notamment *Le Masque*, de la collection
Roger Marx, en porcelaine céladon.
Joseph fait naître ses nymphes antiques
par un modelé subtil et très léger
projetant des ombres douces bien
adaptées à la peau mate du grès.
Musée de l'École de Nancy, cliché MEN

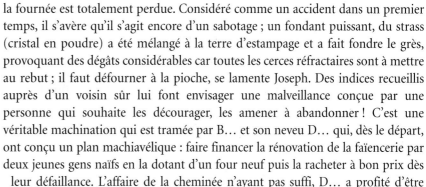

Vase "Art nouveau"
Édition Grès Mougin Nancy, atelier
de Lunéville
Grès grisâtre
Marques sous la pièce
- à la pointe : *265*
- au poinçon : *France*
- au poinçon ovale : *Grès Mougin Nancy*
Hauteur 350 mm env.
Musée du château, Lunéville

la fournée est totalement perdue. Considéré comme un accident dans un premier temps, il s'avère qu'il s'agit encore d'un sabotage ; un fondant puissant, du strass (cristal en poudre) a été mélangé à la terre d'estampage et a fait fondre le grès, provoquant des dégâts considérables car toutes les cerces réfractaires sont à mettre au rebut ; il faut défourner à la pioche, se lamente Joseph. Des indices recueillis auprès d'un voisin sûr lui font envisager une malveillance conçue par une personne qui souhaite les décourager, les amener à abandonner ! C'est une véritable machination qui est tramée par B… et son neveu D… qui, dès le départ, ont conçu un plan machiavélique : faire financer la rénovation de la faïencerie par deux jeunes gens naïfs en la dotant d'un four neuf puis la racheter à bon prix dès leur défaillance. L'affaire de la cheminée n'ayant pas suffi, D… a profité d'être employé par les Mougin pour modifier la composition des terres, et remplacer le sable de Decize (une silice réfractaire) par de la poudre de flint-glass (ou strass) dont deux tonneaux se trouvaient dans les caves (M.J. 5 : p. 424-427).

Qui, aujourd'hui, peut imaginer l'effondrement des deux frères à ce moment ? Qui se souvient à présent, le regard ébloui par une œuvre d'art sommeillant sur une sellette de salon, que sa gestation à suscité à la fois l'espoir, l'abattement et la colère ?

L'éthique de la terre

La création des formes procure la première sensation d'exaltation, Joseph ne vise au début que les pièces uniques. Il ne sait pas tourner, aussi est-il important pour lui de collaborer avec un praticien de valeur, capable d'interpréter ses directives : *Je fais de très grosses pièces avec l'aide de ce merveilleux artisan qu'est le père Giordan, potier très habile… je reste près de lui et je lui dit plus large ; montez, resserrez, élargissez, arrêtez ; alors il regarde, il a compris exactement et fait la perfection ; il arrive si bien à me comprendre que je n'ai bientôt plus rien à dire que d'indiquer en deux traits et donner une dimension approximative. Il nous fait des vases de soixante-dix centimètres de haut ou de quelques centimètres, des centaines ou il tourne des cendriers ou encore à l'estèque tourne des bocks, des coquetiers* (M.J. 5/7 : p. 428-429). Si la cuisson constitue un moment de pure exaltation parce qu'elle finalise l'œuvre par un énorme effort physique, le décor par les émaux est déterminant. Aussi les frères Mougin ont-ils attaché une importance majeure à l'épiderme de leurs céramiques et ont voulu trouver des vitrifications conformes à leur goût pour les belles peaux aux pigmentations minérales nées de l'osmose naturelle entre le feu et la terre. Cette éthique de l'art de la céramique est leur credo, elle ne sera jamais trahie car elle ne représente pas à leurs yeux le savoir technique qu'il faut faire évoluer, elle est le véritable objectif de leur existence, ce qui est bien difficile à comprendre dans un monde de matérialisme et de fonctionnalité. Lorsqu'il devient si difficile d'expliquer un point, qu'il *en tremble d'énervement*, Joseph emploie l'expression *il faut que cela se tienne* et tout est dit : les couleurs et la matière se placent avec les coulées d'émail, la pièce est réussie.

Ils n'ont reçu aucune formation céramique, et donc rien ne leur semble un acquis résultant de plusieurs millénaires d'expérimentations. Ils doivent, à leur tour, partir d'un néant pour comprendre la terre et vivre avec elle ; les formules savantes de Deck, destinées à la faïence, ne les intéressent pas, elles sont bien trop sophistiquées.

Paris, la cour de l'atelier de Vaugirard. Au premier plan un jeune assistant saupoudre le plâtre de moulage ; au second, Joseph prépare une coquille de moule (savonnage ou désavonnage ?) ; au fond, Pierre, le pinceau à la main, s'occupe de la seconde coquille. Sur le perron, posé sur une gaine, on aperçoit le grand vase *Femme fleur* (hauteur 660 mm).
Collection privée

Ce choix évoque celui de Palissy, chacun se doit de commencer à la base et s'enrichir de sa propre expérience. Les premiers essais sont désastreux car il n'est guère facile d'appréhender les réactions des minéraux lorsque l'on n'est pas chimiste. Il leur faut donc, pour entreprendre, une base solide : des émaux sont achetés chez des fabricants, puis "bricolés" par des ajouts de matières dont les noms sont cités dans des ouvrages spécialisés, c'est le fameux rôle des fondants et des oxydes colorants. Ce premier pas leur permet, cuisson après cuisson, d'affiner leur connaissance des vitrifications et de la manière de mener un four. Ils apprendront, par l'échec, le rôle de la composition de l'air dans le four : l'oxygène et l'oxyde de carbone ont des effets différents sur les couvertes.

Après quelques années d'errements et un pénible parcours de tentatives, initiatique peut-on dire, ils sont enfin en mesure de comparer leurs travaux avec ceux des plus grands. Ils découvrent alors Taxile Doat, décorateur et modeleur à Sèvres de 1878 à 1905, célèbre pour ses "pâtes sur pâtes" raffinées. Cet artiste, praticien de talent, semble être connu de Joseph, car celui-ci en cite la gentillesse dans ses notes et en fait relier, dans ses cahiers, les articles sur les "Céramiques de grand feu", parus comme ceux de Carriès (par Auclair), en 1906, dans *Art et Décoration*.

La vie ordinaire de l'atelier

Il est difficile aujourd'hui de se représenter le fonctionnement d'un atelier de céramiste, et d'imaginer le nombre de problèmes qui assaillent un jeune artiste sans clientèle, sans

Paris, atelier de Vaugirard. La préparation des pâtes dans les barriques. À droite, Joseph lit son cahier de recettes ; à gauche, Pierre se tient dans l'embrasure d'une porte.
Collection privée

Paris, vers 1900. Joseph, en blouse
blanche, dans un atelier.
De nombreux objets exotiques,
notamment japonais (lampions,
panoplie d'armes) ornent les murs.
Collection privée

Paris, cave de l'atelier de Vaugirard.
Le tourneur Giordan, de Sèvres,
"monte" un petit vase.
Collection privée

renommée, et surtout sans compétences commerciales, comme le souligne Joseph.
Tout ne tient souvent qu'à des aides extérieures. L'intervention de leur mère Julienne
Guyon, et surtout celle de leur père, Xavier Mougin, qui verse mensuellement une
allocation de cinq cents francs à chacun des frères, somme qui, sans être importante, est suffisante pour payer les loyers de l'habitation et de l'atelier, et assurer une certaine subsistance matérielle, sont primordiales. Les deux frères n'ont jamais manqué
de quoi que ce soit, mais ils n'ont pu surmonter leurs difficultés financières qu'au
prix d'une vie modeste. Par exemple, le sabotage de la terre et la perte du matériel
d'enfournement de la troisième cuisson se sont élevés au total considérable de sept
cents francs, selon le calcul de Joseph ; la location d'une vitrine pour un Salon leur
revient à trois cents francs ; vers 1904, une très belle pièce nécessitant environ cinquante heures de travail se vend mille francs.

Pour les gros travaux, ils ont tout de même les moyens de faire intervenir des entreprises, comme pour la construction du premier four (manufacturé chez Muller à
Ivry, grande maison) ou du second édifié par des spécialistes. Toutes ne sont pas
recommandables, ils se font voler jusqu'à leurs vêtements !

De nombreuses tâches manuelles restent à accomplir, ils s'en acquittent personnellement ; mais aussi avec l'aide de manœuvres loués à la journée. Nous avons
précédemment évoqué l'ignorance relative qu'avait Joseph de la céramique, mais
n'oublions pas que son premier apprentissage se passe chez un artisan céramiste en
œuvres religieuses, Arthur Pierron, qui le fait participer à la fabrication de statues
monumentales en terra cotta. Certes on n'y pratique pas l'émaillage, ni le grand
feu, mais le moulage et l'estampage y sont des activités courantes, et d'une grande
qualification de par la taille des pièces. Joseph sait donc que ce n'est pas à l'artiste
de procéder à toutes les opérations techniques, que son rôle est surtout de créer.
C'est dans cet esprit qu'il organise son atelier, engageant plusieurs personnes plus

ou moins au fait du travail. Il y a Ovide, l'homme de peine, un bûcheron des Ardennes ; Jean-Baptiste Giordan, un spécialiste très compétent de Sèvres (actif de 1894 à 1911), *un ouvrier d'élite, un artiste dans ce beau métier de tourneur*, il est payé quinze francs par journée et nourri ; Louis Wurtz, un jeune cousin de 13 ou 14 ans, est employé pendant deux ans au moulage et à la décoration ; D..., le neveu de B..., est un émailleur qu'il a fallu mettre à la porte à la suite de ses indélicatesses. Il y a aussi un bon mouleur et un très bon estampeur. Pierre est initié à la préparation de la terre, il faut peser les mélanges, malaxer la pâte ; progressivement, il apprend tous les tours de main du métier et devient un praticien remarquable, notamment pour l'émaillage, mais il n'est pas tenté par la création. Aucune œuvre plastique signée de lui n'est connue. Pour la préparation du bois qui doit être coupé à la taille précise des alandiers, il est fait appel à un bûcheron qui en fend pour les boulangers, il travaille en équipe avec un aide et sa femme.

Giordan ne vient que le dimanche, il ne peut tourner plus de trois ou quatre grands vases à la fois, ce qui occupe Joseph pendant une semaine au moins pour la partie modelée, ajoutée en cru. Mais l'atelier se fait une réputation, auprès de nombreux amateurs, de petits et très petits vases tournés et joliment émaillés, *car on n'en voyait pas dans le commerce* ; le grès est à la mode, le Lorrain tourne luimême ces miniatures et le jeune Louis les patine à l'émail, chaque cuisson en livre au moins trente.

Prouvé, l'ami des temps difficiles

Que représentait Victor Prouvé pour Joseph ? Certes un ami, mais aussi un artiste dont la carrière atteignait une dimension nationale. Le critique Georges Ducrocq, dans *Art et Décoration* de février 1897, lui consacre un article de huit pages, présentant ses principales œuvres, dont la reliure *Salammbô*, le bronze *La Nuit*, le coffret *La Parure*. Prouvé, doué d'une extraordinaire ouverture d'esprit et d'une fureur créatrice peu commune, s'exprime avec bonheur dans le dessin, la gravure, la peinture, la sculpture et les arts décoratifs. Il rencontre Mougin en 1892, alors qu'il travaille à une importante commande, le monument *Carnot* ; il modèle son œuvre dans une salle de l'atelier de peinture de l'École des Beaux-Arts de Nancy et accepte l'aide d'un jeune élève pour réaliser de petites tâches, notamment après le moulage de la sculpture. Il s'agit pour Joseph de récupérer la précieuse plastiline enrobant l'armature et le treillis de fer. Prouvé est installé à Paris, impasse Boissonnade sur le boulevard Raspail ; amis, collaborateurs, connaissances et personnalités du monde des arts se côtoient dans son atelier, des Lorrains comme Ernest Wittmann et son fils, Charles, Alfred Finot, mais aussi des sculpteurs comme Pierre Roche et Dampt, des artisans d'art comme l'orfèvre Charles Rivaud, le peintre Perrandeau, Roger Marx qui deviendra Inspecteur général des musées. Il rencontre Joseph Mougin un matin, par hasard, vers 1899-1900. Curieux de tout (il a donné des modèles de faïence à

Vase *Vigne décor raisins*
Édition Mougin, premier atelier de Nancy
Modèle de Joseph Mougin (95.J)
Grès émaillé, cristallisation
au cobalt/zinc
Marques sous la pièce
- à la pointe : *Mougin*
- en relief de moulage : *95 J*
Hauteur 270 mm
Musée Saint Jean l'Aigle

Paris, vers 1902. Joseph, à l'établi, muni d'un burin et d'un marteau d'orfèvre, cisèle une statuette en bronze, fixée dans un étau. À droite, son tour de potier à roue. Au fond, dans le meuble, de nombreuses céramiques connues dont le pichet daté de 1904.
Collection privée

Émile Gallé), il se rend à Montrouge et s'enthousiasme devant le dynamisme du Nancéien, il s'emballe devant son four capricieux. Il l'invite et lui fait faire la connaissance de nombreux artistes. Sa présence est vraisemblablement une grande chance pour les Mougin, tant par son amitié sans faille, que par ses relations dont il les fait bénéficier. Il leur obtient *des travaux d'architecture à franche sculpture* (à modelage direct) *qui leur permettent de cuire avec quelques rapports*, relate Roussellot (*L'Est Républicain*, 29 mai 1926). Serait-ce les sculptures de Pierre Roche pour Sarah Bernhardt, dont nous allons parler prochainement ? De ce foisonnement d'accointances qu'entretenait Prouvé, la plus importante et la plus attentionnée est celle d'Ernest Wittmann, venu à Paris avec son fils Charles lorsque celui-ci réussit le concours d'entrée aux Beaux-Arts en 1896. En présentant Ernest chez les Mougin, Prouvé a donné aux Lorrains l'occasion de réaliser les plus beaux fleurons de leur céramique.

Lors d'un dîner, il propose à Joseph et Pierre d'exposer ; son ami Rivaud, bijoutier, leur concède une petite vitrine dans son magasin de la rue Truffaut pour présenter quelques vases. Rivaud collaborait depuis quelque temps avec Prouvé, pour éditer des bijoux. Avec la construction du nouveau four de la rue La Quintinie, Prouvé s'engage encore plus en leur confiant l'édition de plusieurs de ses œuvres, dans un grès très fin ; il y a *Maternité* que Rivaud tire aussi en argent et le buste *Petite Mie* ; le succès est immédiat et les Mougin doivent faire face à plusieurs commandes qui remplissent leur four. Toutes ces œuvres ont-elles été créées directement pour l'édition céramique ? Joseph le prétend pour certaines, mais précise que *Femme-fleur* (*Floramye*) a été modelée pour le bronze. En revanche, Prouvé a conçu des modèles spécifiques pour les Mougin, le vase *La Rose* de Joseph possède un pendant très proche signé par Prouvé.

Le retour de ce dernier en Lorraine, en 1902, a-t-il motivé les Mougin, entre 1905 et 1906, à venir s'installer à Nancy ? Ont-ils reçu de lui, une assurance que la capitale lorraine, alors en réelle effervescence économique, serait en mesure de les faire vivre ? La réponse à ces deux questions doit être nuancée. Bien que Prouvé reste toujours un grand ami et que ses œuvres figurent encore au catalogue de 1914, il ne semble plus leur donner de modèles à éditer, après 1906. Mais il sera, en 1926, le grand ordonnateur de la cérémonie de remise de la Légion d'honneur à Joseph.

Vase "Aux épis de blé"
Édition Grès Mougin Nancy
Modèle de Joseph Mougin
Grès blanc émaillé
Marque sous la pièce
- à la pointe : *Grès Mougin Nancy*
Hauteur 290 mm
Collection privée

Vase
Édition Grès Mougin Nancy, tirage de
l'atelier de Lunéville d'après un modèle
Art Nouveau
Modèle de Joseph Mougin
Grès blanc émaillé
Marque sous la pièce
-au poinçon ovale : *Grès Mougin Nancy*
Marque sur la pièce
- au poinçon ovale : *Grès Mougin Nancy*
Hauteur 245 mm
Collection privée

Vase *Au gui l'an neuf*
Atelier Mougin
Modèle de J. Mougin (17.J)
Grès porcelanique émaillé
Marque sous la pièce :
- à la pointe : *Mougin Céram. - 3721*
Marque sur la terrasse
- à la pointe : *J. Mougin*
Hauteur 410 mm
Musée de l'École de Nancy

Paris, une œuvre méconnue

Le four de la rue Dareau a certainement livré des œuvres intéressantes, *La Lorraine artiste*, dans le numéro du 1er novembre 1900, présente un grès émaillé, *La Vérité*, encrier à thème symbolique orné d'un corps féminin, qui est l'une des plus anciennes pièces connues. En septembre 1901, le chroniqueur de la même revue, dit *nous avons eu maintes fois l'occasion de parler des grès charmants de M. Mougin* et décrit quelques articles exposés à la Maison d'art lorraine de Nancy (Établissement fondé en 1900 par Charles Fridrich, négociant en tissus d'art), *une cruche avec une anse qui épouse la forme d'un torse de femme renversée et dont les bras se métamorphosent en attaches végétales.*

Une fabrication plus importante commence, dans l'atelier de Vaugirard, vraisemblablement en 1902 ; les deux frères oublient les temps plus insouciants, il n'y a plus de dimanches et les journées commencent à quatre heures du matin pour se terminer à huit heures du soir. Il n'y a plus ni sorties, ni théâtre, Joseph n'a qu'un seul costume, il porte la tenue d'artiste, pantalon de velours vert foncé à grosses côtes, veste noire, béret ou chapeau mou.

Nancy vers 1910. Joseph, protégé par un tablier de cuir, débraise un des alandiers du four. Collection privée

La devise "À cœur vaillant rien d'impossible" est inscrite sur la grande poutre de l'atelier, c'est une terrible et simple vérité, vécue quotidiennement. Avec les investissements réalisés, il n'est plus question de faire marche arrière. Mais comment apprécier, par défaut d'exemples connus, la part qu'accordent Joseph et Pierre à la recherche esthétique ou à la production commerciale. Cette période est vécue par le premier comme un sacerdoce, avec sa part de sacrifices, de contritions et de béatitudes ; il ne voit à ses débuts qu'une scène dans laquelle il interprète le rôle de l'artiste, mais que devient ce rôle dans les coulisses ? Sa volonté est décuplée par la lutte contre l'adversité qui l'accable, ses fours qui ne fonctionnent pas ou mal, ses émaux dont il ne domine pas la fusion, les expositions où il subit des revers avant d'obtenir une première reconnaissance tant attendue avec une mention honorable au Salon des artistes français de 1905.

Grande lampe montée sur une base
de bronze
Sculpture de Joseph Mougin
Grès gris
Marque sous la pièce
- gravé dans le bronze : *J. Mougin 1913*
Hauteur 790 mm avec bronze
Le thème végétal, admirablement
composé, rappelle les baies de sorbier,
comme sur le vase 49.J
Collection privée

Cette œuvre demeure méconnue et reste à découvrir ; peu de pièces portant la mention "Paris" sont recensées à ce jour. Le cahier d'atelier cite deux vases à émail *bleu persan craquelé*, le 1976 et le 2370, *cuits dans le four de la rue La Quintinie, par conséquent en cuissons très longues.* Le jeune Joseph se voue spontanément à l'Art Nouveau qu'il conçoit comme l'expression de sa sensibilité et non de sa culture, ses thèmes expriment l'osmose entre des structures végétales aux belles résonances d'harmonies sourdes et des matières sauvages ; c'est souvent du Muséum d'Histoire naturelle qu'il retire ses audacieuses arborescences où l'on ne discerne plus la réalité architectonique de l'invention plastique, écailles imbriquées, feuilles vagabondes, grappes de baies, émail plus moussu que les écorces. Le souvenir des "métallescences" artificielles de Bussière est estompé, l'émail n'est plus décoratif, il se fond dans les corps d'argile. La faune et la flore marine s'exposent quelquefois, souvenirs d'un voyage à Tatihou dans le Cotentin, une annexe du Muséum. Est-ce de ses sorties en mer en compagnie de pêcheurs qu'il ramena l'envie de réaliser au naturel ses tourteaux, ou en puisa-t-il l'idée au Muséum dont les murs venaient d'être ornés d'animaux en rondes bosses très réalistes ?

L'atelier, en acquérant de l'expérience, intéresse des artistes souhaitant la collaboration de praticiens pour faire exécuter des travaux à façon. Les sculptures de plusieurs d'entre eux sont, dès les années 1903-1906, l'objet d'une édition confirmée par le projet de document publicitaire que concocte Victor Prouvé, *Mougin Frères Grès d'art* et qui précise l'*Édition de modèles de Castex, Finot, Ganuchaud, Grosjean, Guénot, Mougin, Prouvé, Tarrit, Wittmann, etc.* Le sculpteur et céramiste Pierre Roche (1855-1922, dit Fernand Massignon) ancien élève de Rodin et de Dalou, médaille d'argent de l'Exposition de 1900, est un ami de Victor Prouvé. Il vient en curieux chez les Mougin, puis leur fait cuire ses sculptures en terre émaillée, *les Grands Saints de Bretagne*, destinés à l'ornementation du castel de Sarah Bernhardt (M.J. 5/7 p. 457 et M.J. 8, p. 28). Ces travaux sont menés à bonne fin, mais les jeunes locataires de la rue La Quintinie ne trouvent pas leur compte dans l'opération, *même pas de quoi faire les frais*, constate amèrement Joseph. Subsister dans le concept parisien de l'art, sans accepter ses règles et sans se glisser dans la société est une gageure impossible, à cette époque comme aujourd'hui d'ailleurs. Encore faut-il en avoir le temps et celui des années faciles des Beaux-Arts est maintenant révolu ; Joseph sait qu'il lui faut être présent dans les Salons et les expositions et qu'il ne sera remarqué que par l'originalité de ses œuvres. Certes le grès est à la mode mais la concurrence est rude. Il lui faut briller par l'excellence de son travail et exprimer la quintessence de son art. Il est créateur, sculpteur et céramiste, il sait par instinct que sa force est dans la synthèse de ses dons, qu'il ne peut rien naître de fort sans un engagement total ; il écrira dans ses mémoires *c'est moi qui crée tout, qui émaille tout ce qui compte, je fais les essais et donne à mon frère les directives pour peindre les statuettes.* Pierre l'assiste vaillamment, car les tâches matérielles sont nombreuses dans un petit atelier. Alphonse Cytère, dont le buste avait été réalisé par Joseph en 1899, vient les visiter, en compagnie de M. L'Hospied, le fabricant d'émaux de Golfe-Juan. C'est à ce moment que l'on tente la fabrication de grès d'art à Rambervillers (1903), ce qui fera penser à Joseph devenu âgé, que son père, président du conseil d'administration jusqu'en 1912, de la Compagnie du chemin de fer de Rambervillers à Charmes dont les intérêts sont liés à l'usine de grès vosgiens, a favorisé cette concurrence pour lui faire abandonner la céramique (M.J. 5/7, p. 501). Xavier est effectivement, mais naturellement, engagé dans le commerce des arts de la table, il signe d'ailleurs en 1889 un accord avec les maisons

Paris, vers 1900. Joseph travaille sur une statuette féminine (modelage ou réparage). Des plâtres d'étude sont suspendus au mur.
Collection privée

Statuette *Au mur céramique* ou *Courtisane au mur*
Édition Mougin Nancy
Modèle de Joseph Mougin (1.J)
Porcelaine partiellement émaillée
Marque sous la pièce
- à la pointe : *Mougin Nancy 4530*
Marque sur la pièce
- à la pointe : *J. Mougin*
Hauteur 260 mm
Musée Saint Jean l'Aigle

Hache (fabricant de porcelaine à Vierzon) et Keller & Guérin (fabricants de faïence à Lunéville), pour ouvrir un cabinet d'échantillons à New York. En 1890, ce contrat est modifié et conduit à la création d'une société fictive résidente à New York, afin de *triompher de l'hostilité de la douane américaine* (M.J. 11).

Le succès des tirage des modèles de Prouvé attire des clients. L'un des plus notables, M. Masson des *Magasins réunis*, commande aux deux frères des grands vases et leur fait exécuter plusieurs épreuves, mais ne prétend payer que les pièces qu'il choisit, *c'était travailler sans même retirer ses frais, mais c'était une leçon*, dit Joseph.

Premières expositions, premiers Salons

La participation aux expositions et les envois aux Salons représentent un moment important pour se faire connaître dans le milieu parisien et obtenir des critiques ou des commentaires dans les revues. Certains artistes sont assidus et savent passer sous les Fourches Caudines des organisateurs, mais cela n'a pas été le cas de Joseph qui, blessé maintes fois dans son amour-propre, en tombera même malade.

C'est la capitale lorraine qui est choisie pour une première manifestation collective, au sein des artistes de l'École de Nancy ; placée sous la présidence d'Émile Gallé, elle se tient à la Maison d'art lorraine de Nancy, les exposants sont Lombard, Garnier, Daum, Prouvé, Mougin, Gauthier, Finot, Gruber (*La Lorraine artiste*, septembre 1901).

À Paris, en 1903, Joseph et Pierre Mougin se présentent ensemble pour la première

Statuette *ΚΟΧΛΙΣ*
Édition Mougin
Modèle de Joseph Mougin
Porcelaine et grès émaillé
Marque sous la pièce
- à la pointe de moulage : *J.P. Mougin céramistes J. Mougin sculpteur*
Hauteur 260 mm
Collection privée

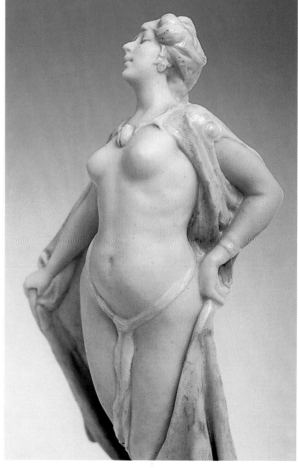

fois et, sur les conseils de Prouvé, proposent à la Société nationale des Beaux-Arts une vitrine avec quatre gourdes, trois petits pots, un cendrier et deux bocks. Aucune récompense ne vient couronner leur envoi (n° 196). Mais ils sont aussi aux côtés de Wittmann, notamment par un grès dont les frères viennent d'assurer l'édition, *l'Homme des champs*.

La notice du catalogue stipule, dans la section sculpture : *Wittmann (Ernest), né à Sarre-Union (Alsace) ; 11, rue Boissonnade, Paris XVIe (membre associé)* :

n° 260 : *Miséreux (bronze)*
n° 261 : *Ouvrier (bronze)*
n° 262 : *Homme des champs (grès de Mugen frères)* (sic)
n° 263 : *La sieste (plâtre)*

Il n'y avait donc qu'une seule pièce en grès, de Wittmann, au Salon de 1903, ce qui contredit l'anecdote du "Cahier Wittmann" (M.J. 8 : p. 28), selon laquelle le sculpteur ignorait que ses œuvres (toutes dites en grès Mougin) étaient là grâce à l'instigation de Victor Prouvé et de Pierre Roche, sans sa permission et où on lit aussi qu'il n'avait réalisé, jusque là, que des terres cuites. Or Wittmann avait déjà tiré au moins un grès, en 1902, chez Bigot, céramiste très connu ; le cahier "Wittmann" tait ce détail.

Joseph relate, lui aussi, dans ses mémoires (il s'agit

certainement de la même source) que Victor Prouvé et Pierre Roche ont organisé l'envoi des œuvres d'Ernest Wittmann, qui avait abandonné la peinture depuis quelques années pour se consacrer à la sculpture. L'anecdote suivante, vraisemblablement arrangée et plusieurs fois racontée avec des variantes, évoque la visite de Rodin, de Dalou et d'Injalbert au Salon et leur admiration devant les personnages *si touchants et si vrais* que modelait Wittmann. Découvrant son œuvre statuaire révélée pour la première fois, les trois artistes demandent à faire la connaissance de cet inconnu ; ces circonstances flatteuses ont donné lieu à de plaisantes historiettes sur la peur qu'avait le solide Lorrain de rencontrer des "maîtres" et sur sa modestie bourrue et ses colères simulées ; ce fut donc Joseph qui *fut obligé de s'avancer pour fournir quelques explications à Rodin qui avait en main un des bonshommes et semblait s'y intéresser énormément. Après ces explications, Rodin, prenant en main l'éplucheuse de pommes de terre et l'élevant pour faire apparaître la silhouette… Pas artiste… Pas sculpteur ? Non mais ? et montrant d'un geste large sans rien préciser les statues énormes disposées dans le salon… De l'art… De la vie… Mais il y en a plus dans ces bonshommes que dans nombre des œuvres qui nous entourent. Véritables, émouvantes, ces statuettes comptent parmi les plus parfaites du Salon, n'est-ce pas votre avis Dalou ?* (M.J. 8 : p. 28). Une rédaction quelque peu différente est donnée dans la notice biographique dédiée à Wittmann, évoquée dans les pages qui suivent. Est-ce à l'époque de ses premiers modelages que le "Tintoret", surnom donné à Ernest en raison de ses attaches familiales avec l'art de la teinturerie,

s'est amusé à modeler une terra cotta enlevée à la manière d'une esquisse, en hommage à Rodin et à son œuvre célèbre l'*Homme qui marche* ? La même année, l'Exposition de l'École de Nancy, qui s'est tenue à Paris au pavillon de Marsan sous l'égide de l'Union centrale des arts décoratifs, n'offre pas d'œuvres des frères Mougin.

De la Nationale des Beaux-Arts au Salon des Artistes français

Comme tous les jeunes prétendants au succès, Joseph connaît l'angoisse de l'accès aux Salons. Il prépare celui de la Société nationale des Beaux-Arts. Il relate que *pour exposer trois ou quatre vases, il faut forcer la porte : il y a là un type puissant "Delaherche", le grand maître, tout est à lui, il est président de la section des arts décoratifs, il est formidable de bagout, les artistes sont médusés… son tour de torse et ses biceps de Gargantua, c'est un tonneau. Il sait manier la presse et la réclame le porte aux nues* (M.J. 5/7 : p. 440). Lorsque l'envoi de 1904 est refusé, alors qu'ils avaient déjà loué une belle vitrine, *de deux mètres par un mètre, montée sur une table sculptée*, toute la confiance des frères Mougin est anéantie et c'est Prouvé qui vient leur annoncer la désastreuse nouvelle. Nous avons souligné plus haut que Prouvé collaborait avec l'orfèvre Rivaud, mais celui-ci est en relation également avec Delaherche qui lui cuit des bijoux (*Groupe de recherches et d'études de la céramique du Beauvaisis*, n° 2, 1999 : p. 179). Faut-il voir ici un problème de rivalité entre

artistes ? Cette décision fait suite à une différence d'appréciation de l'art céramique entre Auguste Delaherche, alors au faîte de sa notoriété, et Joseph, qui se voit notifier que *la céramique c'est de la forme et de l'émail, mais pas de décoration ; on ne décore pas ou on ne modèle pas des vases !* Joseph s'emporte et refuse de déposer d'autres œuvres. Prouvé, Friant et Dampt tentent d'intervenir, mais Delaherche est intransigeant alors que les céramistes Decœur, Lenoble et Doat (autres membres du jury ?) sont décrits par Joseph *comme des artistes de valeur énorme qui sont simples… bons, accueillants car ils savent beaucoup et peuvent juger.*

Le coût de la vitrine atteignait trois cents francs pour le mois, et tout aurait été perdu sans l'idée astucieuse d'un ancien ami des Beaux-Arts, Guétant. Celui-ci lui leur suggère de se présenter au Salon des Artistes français qui se tient quinze jours après la Nationale et il introduit Joseph auprès du gardien chef, chargé de gérer les exposants. Toutes les places sont déjà occupées et le responsable des lieux propose de placer la vitrine sous un escalier, assurant qu'il la sortira au dernier moment, pendant le passage du jury, et la disposera à la place de celle d'un concurrent recalé. Après l'épreuve réussie des cachets de cire bleu, blanc, rouge, sorte de vote éliminatoire pour les artistes qui ne sont pas encore médaillés ou hors-concours, les œuvres de Joseph sont sélectionnées et se retrouvent dans *la salle officielle des commandes de l'État, où ne figuraient que quatre vitrines : Thesmar, cloisonnés d'or ; Tiffany, le célèbre verrier américain ; Levasseur, statuettes d'or, d'argent et d'ivoire, travail mer-*

Statuette *Byzance Messaline*
Édition Grès Mougin Nancy
Modèle de Joseph Mougin (3.J), tirage atelier de Lunéville
Porcelaine émaillée
Marques sous la pièce
- au poinçon ovale : *Grès Mougin Nancy*
- au poinçon : *France*
Hauteur 240 mm
Collection privée

Couvercle de boîte
Édition Mougin
Modèle de Joseph Mougin ?
Porcelaine émaillée
Sans marque
Longueur 175 mm
Collection privée

Surtout ou vide-poches "Ondines"
Édition Mougin Nancy
Modèle de Joseph Mougin,
hors catalogue
Grès porcelanique émaillé
Marque sous la pièce
- à la pointe : *Mougin Frères Nancy*
Marque sur la pièce
- sur le socle, à la pointe : *J. Mougin*
Hauteur 170 mm
Collection privée

veilleux ; et enfin la nôtre qui "tenait bien le coup" (M.J. 5/7 : p. 464 et 503). La médaille est assurée… mais n'est pas obtenue car les pièces portent la mention J. & P. Mougin, et il n'est pas possible au président, un architecte, de déroger à la règle du Salon. Il fait appeler Joseph et lui explique qu'il ne peut accorder la médaille qu'au créateur et lui conseille à l'avenir de n'exposer que sous son seul nom. Joseph n'accepte pas cette contrainte et refuse de ne pas citer le prénom de son frère, il préfère se passer de récompense, geste rare que salue le président en les honorant d'une *première mention* (M.J. 5/7 : p. 464). C'est Pierre qui se rend à la cérémonie officielle, Joseph ne souffrant pas les mondanités.

Vide-poches avec statuette
Édition Mougin Frères Nancy
Modèle de Joseph Mougin,
non référencé
Porcelaine
Hauteur 170 mm
Collection privée

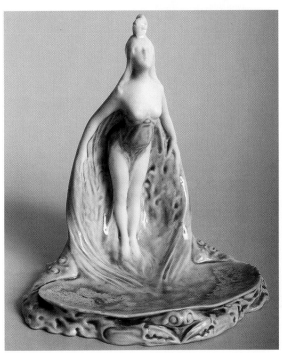

Vide-poches avec statuette féminine
Édition Mougin Frères
Modèle de Joseph Mougin,
non référencé
Porcelaine
Marque sous la pièce
- à la pointe : *Mougin Fres Nancy 5121*
Hauteur 170 mm
Collection privée

Le Salon de la consécration

En 1905, il se présente avec Pierre au Salon des Artistes français, dans la sous-section des arts décoratifs. La description de leur vitrine (envoi n° 4961) porte laconiquement ; *Des grès de grand feu*. La notice indique *Mougin (Joseph) en collaboration avec Mougin Pierre et Mougin (Pierre), en collaboration avec Mougin (Joseph)* (sic).

Une "mention honorable" récompense leur participation. Ce succès semble motiver les premiers achats d'importance par des collectionneurs célèbres (Vanderbilt, Gould, Salmson) ainsi que par des institutions et des musées. Anna Gould, fille du "roi des chemins de fer américains", épouse du comte Boniface de Castellane, avait fait construire, en 1896, l'immense Palais rose situé à proximité du Bois de Boulogne et s'entourait de nombreux artistes, dont le sculpteur-céramiste Paul Aubé, auteur de quatre vastes bas-reliefs. De ce sculpteur lorrain né à Longwy, Joseph signale que son *Gambetta* de la place du Carrousel est souvent comparé au *Carnot* de Prouvé. L'architecte du Palais rose, Paul Ernest Sanson est peut-être le Salmson cité ci-dessus, l'orthographe des noms propres est souvent erronée dans les écrits de Joseph. Néanmoins les désenchantements de la capitale et de ses artifices, Salons et expositions, se font pénibles à supporter et justifient la prophétie de leur père : s'ils sont parvenus à dominer l'art et la technique, ils n'ont pas atteint de véritable réussite commerciale, même si quelques espérances viennent leur faire entrevoir un avenir meilleur ; Louis Majorelle, à ce moment, accepte leurs œuvres dans son nouveau magasin parisien, l'un des plus célèbres de la capitale (ancienne maison Bing).

Courtisanes, danseuses et princesses : le symbolisme théâtral de Joseph

Une profonde dualité marque l'inspiration de Joseph à ses débuts. Le céramiste affronte le sculpteur et les deux domaines ne se fondent jamais, laissant le grès traduire le naturalisme végétal et la porcelaine mettre en valeur la préciosité des thèmes symboliques. Cette dichotomie au sein d'une même œuvre est d'autant plus irritante qu'elle est affirmée avec force par l'artiste et que l'on sent qu'il l'a voulue ainsi, sans jamais se compromettre à doter l'une de l'argumentation de l'autre. Quelques influences sont

Statuette *Dame à l'éventail*
Édition Mougin Nancy
Modèle de Joseph Mougin (66.J)
Grès porcelanique à couverte colorée
Marque sur le socle
- à la pointe : *J. Mougin*
Marque sous le socle
- à la pointe : *Mougin Nancy*
Hauteur 380 mm
Collection Laurence Serre

Statuette *Jeunesse*
Édition Mougin Frères
Modèle de Joseph Mougin (57.J)
Porcelaine émaillée
Marque sous la pièce
- *Mougin Fres*
Hauteur 330 mm
Collection privée

Statuette *Princesse Irène*
Édition Mougin Nancy
Modèle de Joseph Mougin (13.J)
Porcelaine émaillée
Marque sous la pièce
- à la pointe : *Mougin Fres Nancy*
Marque sur la pièce
- à la pointe : *J. Mougin*
Hauteur 204 mm
Collection privée

Statuette *la Dame au missel*
Édition Mougin Nancy
Modèle de Joseph Mougin (65.J)
Porcelaine partiellement émaillée
Marque sous la pièce
- à la pointe : *Mougin Nancy*
Marque sur la pièce
- à la pointe : *J. Mougin*
Hauteur 340 mm
Musée Saint Jean l'Aigle

Buste *Le secret*
Édition Mougin, premier atelier de Nancy
Modèle de Joseph Mougin (9.J)
Porcelaine émaillée (visage et mains
au naturel)
Marque sous la pièce
- à la pointe : *Mougin sculpteur Mougin*
Frères Nancy 5707
Marque sur la pièce
- *J. Mougin*
Inscription sur le coffret
- en relief de moulage : *ΚΡΥΦΛ*
Hauteur 240 mm
Musée de l'École de Nancy

Encrier
Édition Mougin, Nancy
Modèle de Joseph Mougin
Grès émaillé
Marque sous la pièce
- à la pointe :
J. Mougin sc - J P céram Nancy 4241
Marque sur la pièce
- à la pointe : *J. Mougin*
Longueur 180 mm
Collection privée

perceptibles, dans le détail pour certaines ou dans l'esprit pour d'autres ; elles se dégagent de la sculpture de la fin du XIXᵉ siècle. Déjà, entre 1876 et 1882, le sculpteur longovicien Paul Aubé, ami de Rodin et de Dalou, s'était attaché à orner de figurines féminines, en terre cuite délicatement engobée, des vases en barbotine de l'Atelier d'Auteuil (Haviland) que l'on qualifie aujourd'hui d'impressionnistes.

Il est possible de déceler chez Joseph des réminiscences de tel ou tel artiste reconnu, comme Injalbert ou Max Blondat mais aussi, dans une mesure que pourrait mettre en évidence une confrontation, de retrouver des accents communs avec certains de ses camarades d'atelier ; nous pensons particulièrement à Alfred Finot et à l'agréable évanescence de ses ondines. Cependant c'est peut-être sur Victor Prouvé, *l'homme aux cent métiers* et le théoricien d'un art décoratif dont l'ouvrier d'art est le maître d'œuvre, que Joseph s'appuie pour construire ses premières formes d'expression. Il en suit pleinement les propositions théoriques et devient le praticien de ses créations, affirmant tout l'intérêt qu'il y a de donner à l'auteur, par un apprentissage spécifique, les moyens de réaliser lui-même son projet. D'une manière moins formelle, car il ne semblait pas s'y intéresser, la peinture a peut-être contribué à fixer son attention sur certains thèmes, comme la toile de Levy-Dhurmer, *Il était une fois une princesse* (Exposition décennale de 1900), titre que l'on retrouve pour l'une de ses sculptures très marquées par le symbolisme (référence 2. J).

Le grand vase *Danseuses*, orné de sept nymphes drapées à l'antique et de trois visages de faunes, est une rémanence de la manière dont fut abordé le décor en bas-relief évanescent, notamment par Rodin à Sèvres ; les sujets sont modelés en très faible relief (anaglyphe) et semblent estompés par la lumière qui glisse sur la peau satinée et opaque du grès, sans créer les jeux faciles d'ombres que proposent les glaçures colorées, comme dans les céladons gravés ou les faïences dites "majolica".

Aucune allusion, dans les écrits que nous avons pu

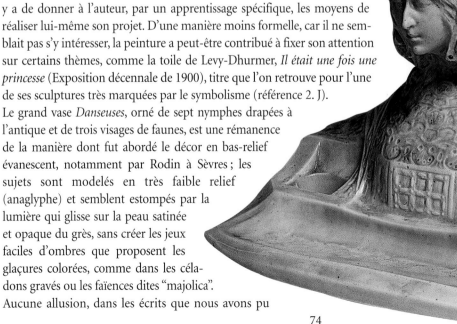

Buste *Printemps*
Atelier Mougin
Modèle de J. Mougin (7.J)
Porcelaine
Marque sous la pièce :
- poinçon ovale *Grès Mougin Nancy*
Marque sur la terrasse
J. Mougin
Hauteur 215 mm
Collection privée

Buste *Hélain*
Atelier Mougin
Modèle de J. Mougin
Porcelaine non vitrifiée
Marque sous la pièce :
- à la pointe : *Grès Mougin - 58.J*
Marque sur la terrasse
- à la pointe : *J. Mougin*
Hauteur 280 mm
Collection privée

étudier, ne permet de situer à quel moment Joseph Mougin crée ses premières statuettes féminines, très décoratives et alors parfaitement à la mode. L'encrier *La Vérité*, présenté au Salon de 1900, est le témoin de ses débuts (*La Lorraine*, novembre 1900 : *cette petite vérité toute nue, qui se mire dans la mare d'encre*). Le pichet, que montre la même revue dans le numéro de septembre 1901, s'orne d'une anse en torse de femme ailée. Plusieurs autres exemples existent de pièces à détails ou ensembles anthropomorphes, comme des vases suggérant de jolies cariatides. La boutique ouverte par les frères Mougin à Nancy (rue Saint-Jean ?), en 1907, comporte de *délicieuses statuettes de porcelaine adornées de gemmes, de pierreries, et revêtues de patines et de tons multicolores, œuvres à la fois de l'art et du feu*. La façade de cet établissement est connue grâce à une photographie ancienne (collection privée).

La Belle Otéro, Cléo de Mérode, Sarah Berhnard, Réjane sont autant de célébrités dont l'actualité diffuse l'image, notamment par la photographie, la carte postale et les cartes à jouer, telles celles du photographe Reutlinger. Celui-ci est aussi l'auteur de nombreux photomontages jouant de la répétition, procédé utilisé également par Joseph et Pierre dans leurs autoportraits.

Plusieurs influences se dessinent dans cette vision théâtrale, où se mêlent des souvenirs byzantins avec *Messaline* et des évocations du symbolisme édulcoré de Gustave Moreau (1826-1898) ou de Marcel Béronneau (1869-1937), à l'érotisme sulfureux de Félicien Rops (1833-1898), ou même à la sensualité froide des raphaélistes anglais. La sculpture de Dampt, Larche, Ledru, Desbois ou Injalbert ne lui est pas étrangère et se révèle par quelques accents ; les regards énigmatiques et solennels de Fernand Knopff (1858-1921) sont indéniables dans *Il était une fois une Princesse* ou *Le secret*, également titre d'une toile du peintre bruxellois.

Autre thème majeur, le Moyen Âge historique de Viollet-le-Duc avec ses "princesses", telle sa *Dame à l'éventail*, dont les riches atours sont quelquefois parés de verroteries enchâssées dans la porcelaine et celui, romantique, de Théodore de Banville dont Joseph illustre la pièce *Gringoire* (1866), dans laquelle le poète et la jolie Loyse sont aux prises avec le roi Louis XI. Mme Tamara Préaud, à qui nous devons la belle préface de cet ouvrage, a relevé que, peu de temps auparavant, Léo Laporte-Blairzy (ou Laporte-Blairsin, 1865-1923), un autre élève de Falguière et de Mercié, donnait à Sèvres entre 1902 et 1912 une série de modèles de figurines intitulées *Pierres précieuses*, dont l'inspiration est voisine de celle de Joseph. D'Albert Ernest Carrier-Belleuse (1824-1887), sculpteur et directeur des travaux d'art à Sèvres, Joseph conserve le souvenir de *La liseuse*, notamment dans la version chryséléphantine ; sa "princesse au livre", par la douce patine polychrome de ses vêtements raffinés contrastant avec le

Paris, vers 1905. L'atelier de Vaugirard et son alcôve. À gauche sur une sellette, le vase *Fleur éclose* (25.J) cache en partie un buste par Finot (un exemplaire se trouve aujourd'hui au musée de l'École de Nancy). À droite, sur une autre sellette, une statuette qui, comme celle de la photographie précédente, n'est pas identifiée (bronze ou céramique ?). Au fond, un tanagra (Vénus attachant son voile, 60.J) et un Wittmann. Suspendu au mur, tout à droite, un crabe qui rappelle ceux réalisés par Joseph et Lemarquier.
Collection privée

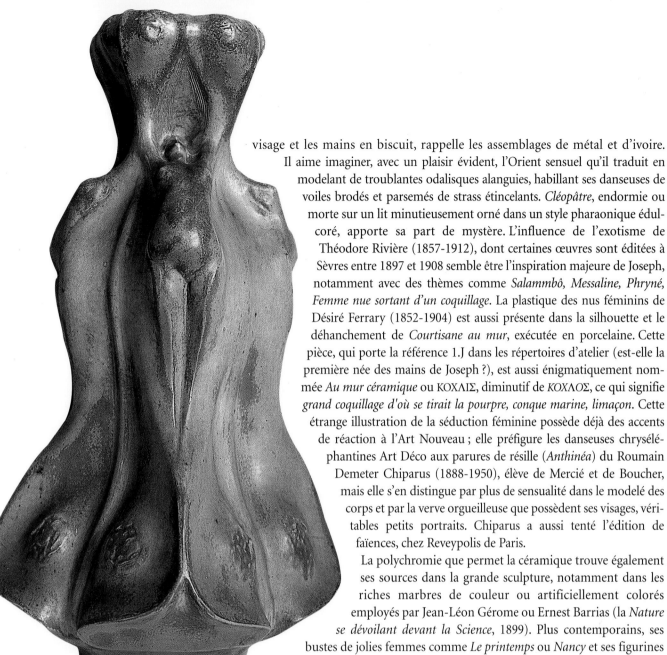

Vase *Femme-fleur*
Édition Mougin, atelier de Paris
Modèle de Joseph Mougin
Grès blanc émaillé
Marques sous la pièce
- au poinçon : *Mougin Frères Paris*
- porte une étiquette de papier : *très beau vase de Mougin Paris. La femme-fleur. Pièce rare. Il n'y a que trois épreuves. L'une chez Mr Corbin, collectionneur, l'autre chez Mr Belliéni de Nancy, le 3ᵉ exemplaire est celui-ci. Émaux mats sertis ; 650 F en 1917.*
Marque sur la pièce
- en creux de moulage : *J. Mougin*
Hauteur 665 mm
Une autre version (25.J), quelque peu différente et de taille inférieure, existe sous le nom de *Fleur éclose*
Collection privée

visage et les mains en biscuit, rappelle les assemblages de métal et d'ivoire. Il aime imaginer, avec un plaisir évident, l'Orient sensuel qu'il traduit en modelant de troublantes odalisques alanguies, habillant ses danseuses de voiles brodés et parsemés de strass étincelants. *Cléopâtre*, endormie ou morte sur un lit minutieusement orné dans un style pharaonique édulcoré, apporte sa part de mystère. L'influence de l'exotisme de Théodore Rivière (1857-1912), dont certaines œuvres sont éditées à Sèvres entre 1897 et 1908 semble être l'inspiration majeure de Joseph, notamment avec des thèmes comme *Salammbô, Messaline, Phryné, Femme nue sortant d'un coquillage*. La plastique des nus féminins de Désiré Ferrary (1852-1904) est aussi présente dans la silhouette et le déhanchement de *Courtisane au mur*, exécutée en porcelaine. Cette pièce, qui porte la référence 1.J dans les répertoires d'atelier (est-elle la première née des mains de Joseph ?), est aussi énigmatiquement nommée *Au mur céramique* ou ΚΟΧΛΙΣ, diminutif de ΚΟΧΛΟΣ, ce qui signifie *grand coquillage d'où se tirait la pourpre, conque marine, limaçon*. Cette étrange illustration de la séduction féminine possède déjà des accents de réaction à l'Art Nouveau ; elle préfigure les danseuses chryséléphantines Art Déco aux parures de résille (*Anthinéa*) du Roumain Demeter Chiparus (1888-1950), élève de Mercié et de Boucher, mais elle s'en distingue par plus de sensualité dans le modelé des corps et par la verve orgueilleuse que possèdent ses visages, véritables petits portraits. Chiparus a aussi tenté l'édition de faïences, chez Reveypolis de Paris.

La polychromie que permet la céramique trouve également ses sources dans la grande sculpture, notamment dans les riches marbres de couleur ou artificiellement colorés employés par Jean-Léon Gérome ou Ernest Barrias (la *Nature se dévoilant devant la Science*, 1899). Plus contemporains, ses bustes de jolies femmes comme *Le printemps* ou *Nancy* et ses figurines élégantes comme *Jeunesse* se rattachent à l'Art Nouveau de Grasset ou de Mucha. Témoin d'une époque et d'une société frivole, cette expression plastique est totalement en rupture avec celle qu'il mène parallèlement dans ses vases aux purs accents naturalistes.

L'intérêt que manifeste son frère Pierre pour le théâtre et la littérature, comme l'influence de son ami Grégoire Calvet dont la sœur est actrice à l'Opéra, peuvent également être à l'origine de ses visions oniriques.

Une curieuse pâte de verre

Joseph s'est-il un moment laissé séduire par l'édition en pâte de verre ? La figurine *Jeunesse* pose ce problème, car une version signée ou attribuée à Daum, est passée en vente publique récemment (*Gazette de l'Hôtel Drouot*, octobre 2000). Pourtant aucune relation entre cette célèbre firme nancéienne et Joseph Mougin ne semble exister, si ce n'est qu'Aline, veuve de Joseph, parle dans une lettre tardive, vers 1965 (Archives Musée de l'École de Nancy), de leur vieil ami Amalric Walter (1870-1959). Celui-ci entre chez Daum en 1905 pour mettre au point la pâte de verre et collabore avec un autre grand artiste employé par Daum, Henri Bergé (1870-1937) ; or des créations de Walter et de Bergé sont éditées par les frères Mougin. *Jeunesse*, signée par Joseph, est une statuette qui ne soulève guère de difficultés de moulage, et l'on peut aussi songer à un tirage de Walter ou encore à une reproduction apocryphe, l'histoire de la pâte de verre nous a maintes fois enseigné la méfiance. Des exemples de tirages en différents matériaux sont connus ; Victor Prouvé modèle *Floramye* et la tire tant en bronze qu'en porcelaine chez les Mougin ; cette œuvre que l'on dit inspirée par la célèbre danseuse au voile, Loïe Fuller (Musée des Beaux-Arts de Nancy, s.d., *Daum, cent ans de verre et de cristal* : n° 71) fait aussi l'objet d'une édition chez Daum, en 1912, d'après le catalogue cité. D'éventuelles connexions entre Joseph et la pâte de verre ne sont pas à exclure, mais demeurent méconnues car elles n'ont pas eu de suites.

Le premier retour à Nancy

Associé depuis l'année 1900 avec son frère Pierre, Joseph ne semble pas obtenir à Paris un succès suffisant pour assurer la subsistance financière de l'atelier. Celui-ci ne survit que grâce à l'aide obligée, mais malgré tout bienveillante, de Xavier Mougin et de Julienne Guyon. Toutefois, l'Exposition de 1903, tout en démontrant la difficulté de se placer, donne un espoir au jeune sculpteur céramiste, les années qui suivent lui laissent prévoir une percée sur la scène parisienne. Joseph ne s'explique guère sur une décision qu'il semble déplorer au crépuscule de sa vie, écrivant en 1958 que le céramiste Lachenal lui avait dit qu'il *se suicidait en quittant Paris alors qu'il tenait la première place au point de vue décoratif et grand feu* (M.J. 5/7 : p. 302). Il se souvient aussi que son père ne souhaitait pas qu'il fît parler de lui, et menaçait de supprimer l'allocation qu'il versait aux deux frères.

Leur retour à Nancy est-il une conséquence, plus ou moins directe, de cette situation ? Est-il lié au départ de Prouvé qui, dès 1902, quitte Paris pour Nancy où il prend la succession de Gallé, en 1904, à la présidence de l'École de Nancy ? Ce point a été indiqué comme essentiel dans leur résolution, mais semble peu vraisemblable, Joseph lui-même n'en parlant jamais, précisant simplement qu'*il n'était pas fait pour lutter contre toutes les jalousies et méchancetés* des Salons (M.J. 5/7 : p. 464). Ce qui est plus probant, c'est le support médiatique et l'émulation commerciale que propose l'École de Nancy par ses grandes manifestations, à Turin, Strasbourg et Nancy. Cette option pèsera lourdement sur l'avenir des Grès Mougin, qui, à partir de cet instant, s'établissent totalement en Lorraine.

Joseph, dans ses vieux jours, exprime ses regrets d'avoir quitté Paris et, amer, écrit : *il aurait fallu rester sur la brèche, lutter pour les médailles. Je n'ai pas pu me décider à me mettre sur mon trente-et-un et tirer les sonnettes de ces messieurs du Jury, c'est une grosse faute… un suicide comme me l'a dit Lachenal* (M.J. 5/7 : p. 466). À nous, Lorrains d'aujourd'hui ou amateurs de leurs œuvres, de leur montrer que la terre de Lorraine s'est prêtée à merveille à l'interprétation de leurs chefs-d'œuvre et qu'elle leur est reconnaissante de ce choix crucial.

Capitale de la province depuis l'annexion de la Moselle et de Metz par l'Allemagne, Nancy s'affirme comme une grande métropole régionale de l'Est de la France, influente sur le plan économique. Son rayonnement artistique est d'ailleurs dirigé en ce sens. Les industries régionales des arts de la terre et du verre se portent bien, Daum et Majorelle à Nancy, les importantes faïenceries de Longwy, Lunéville, Rambervillers, Saint-Clément, soutiennent la Lorraine française face à d'autres firmes également de grand renom, Villeroy & Boch à Septfontaines et Mettlach, Sarreguemines et Niderviller, toutes proches de la nouvelle frontière. Notre terroir recèle de nombreuses autres activités qui renforcent son tissu économique, notamment la sidérurgie, le sel gemme, le textile, le vin ou la bière. Est-ce pour profiter

Statuette "Jeune fille et chaton"
Édition Mougin, premier atelier de Nancy
Modèle de Joseph Mougin
Grès porcelanique partiellement émaillé
Marque sous la pièce
- à la pointe : *Mougin Céram Nancy 5503*
Marque sur la pièce
- semble signée *J. Mougin* (noyé sous l'émail)
Hauteur 440 mm
Cette pièce atypique n'est pas répertoriée.
Musée de l'École de Nancy

Statuette "Femme assise"
Édition Mougin Nancy
Modèle de Joseph Mougin,
non répertorié
Grès porcelanique émaillé
Marque sous la pièce
- en creux de moulage : *16 F* (code
erroné : correspond à la "Vieille au
fagot" de Finot)
Marque sur la terrasse
- à la pointe : *Jh. Mougin*
Hauteur 162 mm
Collection privée

de cette explosion qui embourgeoise la Meurthe-et-Moselle et les Vosges que les céramistes de la rue de La Quintinie ont pris la décision de revenir au pays, comptant y trouver une clientèle à leur mesure ? Peut-être, mais aussi peut-on évoquer une raison toute différente car ce retour coûteux contraste avec la modeste condition sociale dans laquelle vivent alors les deux jeunes frères, toujours soutenus pécuniairement par leurs père et mère. Une rencontre entre Joseph et le mécène nancéien Eugène Corbin (dont l'habitation constitue aujourd'hui le Musée de l'École de Nancy) est relatée pour expliquer cette subite attirance pour une installation en Lorraine. Joseph avait vendu à Corbin, vers 1904, une pièce de fabrication exceptionnelle exigeant trente heures de façonnage ; une coupole tournée à l'envers et assemblée à cru sur une bague qu'il perce à jour, il en dessine l'esquisse dans l'un de ses cahiers d'atelier (M.J. 5/7 : p. 431). Cette œuvre, payée trois mille francs, a été vendue lors de la vente Corbin, après guerre, mille francs alors qu'un tableau de Friant acheté dix-neuf mille francs, n'y dépassait pas cinq cents francs. Joseph mentionne que M. et Mme Corbin leur achètent un certain nombre d'objets, ce qui déclenche l'intérêt d'autres clients (M.J. 5/7 : p. 466).

Jean Mougin, le fils aîné de Joseph, dans un article écrit pour *Terre Lorraine* (janvier 1982), rapporte les souvenirs de son père à qui Corbin, après un déjeuner, propose de s'installer dans l'un des trois ateliers qu'il veut faire construire rue Félix Faure, l'un d'eux serait pour Prouvé et l'autre pour Gruber. Joseph repousse cette offre, souhaitant conserver son indépendance. Il achète un terrain rue de Montreville

Plaquette par Émile Badel, vers 1910. Nancy, l'atelier de la rue de Montreville : sur les étagères, de nombreuses œuvres peuvent s'identifier : *Il était une fois, une princesse*, plusieurs *ΚΟΧΛΙΣ*, deux grands vases par Grosjean, *Le poète Gringoire*, le vase *Danseuses*, le *Buste d'enfant* de Della Robbia.
Au fond, déjà aperçu sur des photographies de l'atelier de Paris, un tour à roue, un bras de squelette et des modèles d'étude en plâtre.
Collection privée

(n° 23 de la rue, porté sur une carte commerciale d'avant 1914, n° 35 sur du papier à lettre de 1921) et fait construire une habitation (n° 33) et un atelier (n° 35) par un jeune architecte de son âge, Alexandre Mienville (1876-?), cousin de Lucien Weissenburger (1860-1929) célèbre pour son implication dans la réalisation des plans de la Villa Majorelle ; tous deux collaborent, en 1910 et 1911, au projet de la brasserie Excelsior pour laquelle Joseph livrera plusieurs vasques décoratives.

La création de cet atelier à Nancy est inespérée pour Joseph et Pierre. Mais il est nécessaire de disposer de capitaux importants. Ceux-ci proviennent vraisemblablement de leur père qui, au terme de sa carrière et venant de céder la direction de la verrerie de Portieux, souhaite fixer ses deux fils en Lorraine, à l'abri des tentations de la capitale. Le retour des Mougin à Nancy, d'après Jean Mougin, a lieu en janvier 1906 et leur installation définitive le 13 octobre de la même année (in *Terre Lorraine*, 1982 : p. 15-16). Francine Bertrand les situe en 1905 et précise que la première cuisson se déroule le 13 avril (Bertrand, 2000 : p. 17).

Le bâtiment à deux niveaux et trois corps est d'une architecture modeste, sans ornementation autre que l'appareillage "rustique" des pierres naturelles. Il se compose d'une maison d'habitation de huit pièces et d'un atelier séparés par une cour par laquelle est convoyé le bois nécessaire aux cuissons. Le four vertical, un "formidable outil" dont la haute cheminée domine les toits voisins est construit dans un bâtiment contigu à l'atelier d'artiste éclairé par deux verrières apportant une lumière zénithale. Pierre loge vraisemblablement avec Joseph jusqu'à son mariage puis s'installe, à peu de distance, dans une maison bourgeoise de la rue Isabey. Les ateliers Majorelle avaient réalisé, pour l'atelier, un grand meuble de rangement sur mesure que l'on peut deviner sur quelques photographies. Peu avant 1914, l'espace vide de la cour est occupé par une construction qui unit les deux ailes. Pendant la guerre et dans les années qui suivent, la maison (n° 33) est louée pour aider à la subsistance du ménage qui prend alors ses quartiers au second étage de l'atelier.

Le four de Montreville : "il faut endurer pour durer"

Le nouveau four est un magnifique appareil de cuisson qui bénéficie des dix années d'expérience de Paris.

François Mougin, qui a mené de nombreuses cuissons avec ce four, et notamment la dernière en 1956, a eu la gentillesse d'en dresser le plan, Serge Dalibard,

Plaquette d'Émile Badel, vers 1910.
Nancy, le grand four vertical à flammes renversées, Joseph et Pierre près d'un alandier à bois.
Collection privée

Plaquette d'Émile Badel, vers 1910.
Nancy, le laboratoire de la rue de Montreville et sa balance de précision.
Sur les étagères, quelques œuvres identifiables de Finot et Wittmann et, à peine visibles sur la tablette du bas, deux "masques" dont aucun exemplaire n'est connu.
Collection privée

conservateur-adjoint au Musée Saint-Jean l'Aigle, en a assuré la reconstitution infographique. Nous ne disposons pas de document concernant le four de la rue La Quintinie, mais sa description laisse supposer qu'il a servi de base pour calculer celui de Nancy.

Le principe retenu par Joseph est d'abriter la structure en brique entre l'habitation et l'atelier, permettant ainsi de le surveiller plus facilement, même en dehors des heures de travail. C'est une énorme tour cylindrique bardée de cerces de fer, d'environ trois mètres et demi de diamètre et d'une hauteur égale pour le moins à ce diamètre. Le volume intérieur atteint douze mètres cubes et le volume utile est voisin de huit mètres cubes, ce qui est considérable pour un four d'artiste céramiste. Le tirage est à flammes renversées, la puissance calorifique est fournie par deux alandiers fonctionnant au bois. Une forte cheminée à section carrée évacue les fumées, bien au dessus du toit.

Après avoir étudié de nombreux dessins et reçu l'avis de M. Antoine d'Albis, directeur à Sèvres, nos recherches ont confirmé que ce four était semblable, en de multiples points, au modèle de Taxile Doat, publié dans *Art et Décoration* (novembre 1906), c'est-à-dire au moment même de la construction du four de Nancy. Doat, que Joseph connaissait depuis le Salon de 1903, ou qu'il avait rencontré à Sèvres, utilisait ce fourneau depuis 1898. Les principales différences tiennent d'une part au volume qui est quatre fois supérieur pour le four de Montreville, et d'autre part à la forme du mur pare-feu, droit dans un cas, circulaire dans l'autre.

Joseph, toujours attaché aux manifestations de l'esprit, orne son entablement d'une devise bien choisie : *il faut endurer pour durer* ; mots cruels mais parfaitement réels, car Joseph aura peu de répit auprès de ce monstre qu'il aime et surveille comme un enfant.

Émile Badel assiste au baptême du nouveau four et relate, dans l'opuscule de quatre pages qu'il dédie aux céramistes du vallon fleuri de Boudonville, que près de cinquante pièces sont sorties indemnes de ce baptême. Ce chiffre peut paraître dérisoire lorsqu'on le compare à une fournée industrielle de plusieurs milliers d'assiettes, mais chacune d'elles est négociée à un prix élevé, le prix de l'art dans lequel on admet les pertes énormes nécessaires à la réussite et indispensables à leur rareté. Huit mètre cubes pour cinquante pièces réussies ? Il faut voir là un véritable affrontement avec le feu, un engagement qui joue une carrière sur vingt heures de combat, où les dernières minutes risquent la victoire sur quelques degrés ; les yeux sont brûlés à observer les pyramides pyroscopiques noyées dans le maelström des flammes. Cinquante pièces précieusement enfermées dans des cerces réfractaires, véritables armures contre l'incendie dont elles ne laissent passer que la chaleur. Ce sont ces cerces encore appelées gazettes qui occupent une place considérable dans le laboratoire du four.

Joseph Mougin et l'École de Nancy

L'Alliance provinciale des industries d'art, dite *École de Nancy,* est une structure privée que l'on qualifierait aujourd'hui d'économico-sociale. Née de la *Société des arts décoratifs,* ses buts sont à la fois progressistes, puisque l'on y envisage un enseignement aux métiers d'arts appliqués, des *cours ouvriers,* et économique car il s'agit bien, en finalité, de renforcer la qualité du potentiel productif des industries œuvrant dans le domaine des arts. Il ne s'agit pas, comme le précisent précautionneusement les statuts, de remplacer les Écoles de Beaux-Arts, mais de permettre la formation de bons ouvriers d'art qui font défaut aux industriels. De nombreux adhérents sont des chefs d'entreprises, le président est Émile Gallé ; Daum, Majorelle et Vallin composent le premier Comité d'initiative. Leur volonté est autant de remplacer le pastiche médiocre des styles antérieurs, devenu commun et que savent produire une multitude de fabricants sans ambition que de prendre place sur un marché mondial très concurrentiel. Sur le plan de l'esthétisme, la nouveauté est toujours une marque de dynamisme, l'Angleterre, la Belgique, l'Allemagne, l'Autriche sont autant de foyers de modernisme qui comptent s'imposer.

Joseph et Pierre Mougin, au moment de la fondation de l'École de Nancy, en 1901, sont à Paris et tentent vainement de faire fonctionner leur four de la rue Dareau, ils entreprennent ensuite la construction d'un second four à Vaugirard dont la production est exposée à Nancy, en septembre, à la Maison d'art Lorraine, commerce d'objets d'art tenu par Charles Fridrich, membre fondateur de l'Alliance. Une liste des membres de cette association, tenue par Gallé, porte la mention "Mougin, rue Darreau", mention barrée puis remplacée par "Mougin, rue de la Quintinie" ; Pierre Mougin y figure également (renseignements aimablement communiqués par Francine Bertrand). Les Mougin sont donc affiliés à l'École de Nancy, dès les premiers temps de sa fondation. Bien que leur participation soit limitée, par manque de moyens financiers, ils sont les seuls à produire eux-mêmes, à la fois comme créateurs et comme praticiens, une céramique exprimant l'esprit de l'École. Certes Émile Gallé est justement cité, mais il est essentiellement un donneur d'ordres, auprès de sous-traitants dans un premier temps puis dans son propre atelier, comme Louis Majorelle d'ailleurs ou comme la Société des produits céramiques de Rambervillers qui réussit une heureuse collaboration avec les jeunes artistes pressentis pour le concours d'art

Vase *Calice vigne*
Édition Mougin Nancy, atelier de Lunéville
Modèle de Joseph Mougin (118.J)
Grès blanc émaillé
Marques sous la pièce
- au poinçon ovale :
Grès Mougin Nancy 118 J
- à la pointe : *786*
Hauteur 330 mm
Ce modèle existe en trois tailles différentes
Collection privée

Vase
Édition Mougin, premier atelier de Nancy
Modèle de Joseph Mougin
Grès émaillé sang de bœuf et turquoise
Marque sous la pièce
- à la pointe : *Mougin Nancy esquisse unique 7701*
Marque sur la pièce
- à la pointe : *J. Mougin*
Hauteur 335 mm
Collection privée

Corps de lampe *Nénuphar*
Premier atelier de Nancy
Modèle de J. Mougin (151.J)
Grès émaillé
Marque sur le bronze : *J. P. Mougin
céramiste - Nancy - Pièce unique de
J. Mougin - 1913*
Hauteur 635 mm
Collection privée

de 1906 (Vautrin, Herman et Horel, Bergé, Gatelet, Suhner, Serrurier, Héringer, Pauly, Schneider, Nicolas) et par l'arrivée de sculpteurs tels Jeandelle, Claudin ou Virion ; les ambitions de ces chefs d'entreprises sont nécessairement orientées vers un développement commercial. Même si les collaborations de Prouvé chez Gallé, de Bussière à Lunéville, de Majorelle à Rambervillers ont donné d'extraordinaires résultats ; il s'agit, là encore, de plaquer un style sur une technique. Aussi une question revient-elle souvent, tant son évidence est réelle : y eut-il des relations, des accords ou une concurrence entre ces grands entrepreneurs et le modeste atelier Mougin ?

Lorsque Gallé est au faîte de sa notoriété, Joseph est encore à l'École des Beaux-Arts de Nancy qu'il quitte en 1894 pour n'y revenir définitivement qu'après la mort de Gallé. Aucune allusion au fondateur de l'École de Nancy n'apparaît dans les écrits de Joseph et pourtant il est difficile d'imaginer qu'il n'y eut aucune influence, même secondaire. Si l'on considère que Joseph est artistiquement présent dès 1900 à Nancy et qu'Émile Gallé ne disparaît qu'en 1904, n'y eut-il rien pendant ces quelques années qui puisse évoquer une quelconque rencontre ? Il semble que non, malgré quelques points d'incidence comme la participation de Joseph à l'Exposition de la Maison d'art lorraine, en 1901. Gallé est très influent dans le milieu culturel de Paris, il est aussi particulièrement lié avec Victor Prouvé et tous deux portent l'École de Nancy sur les fonds baptismaux ; Gallé apprécie le grès, celui de Chaplet en particulier. Prouvé connaît Joseph Mougin depuis 1893. Mais ces quelques éléments n'ont pas été suffisants pour mettre ces deux hommes du feu en rapport créatif ; tout les éloignait l'un de l'autre. Il est vrai que la céramique de Gallé était une faïence entièrement vouée au décor qui, après avoir encore figuré à l'Exposition de 1889, est abandonnée peu après au profit de la verrerie, plus rentable. De celle-ci, il sera toujours possible de lire un souvenir dans l'un ou l'autre des vases de Joseph, à travers un galbe, un détail végétal ou un volume, mais la démarche plastique des deux Lorrains est très différente. En revanche, quelques thèmes récurrents de Gallé peuvent se découvrir sur des vases de Joseph, comme le blé et l'orge. Les verreries parlantes de Gallé ont laissé plus de traces certaines, comme dans les grands vases à sujet symbolique *Aimer, rêver, souffrir* et *Ars Longa vita brevis*.

Les rapports avec Louis Majorelle sont à la fois amicaux et commerciaux. Dans ses magasins, à Nancy, rue Saint-Georges et à Paris, rue de Paradis puis rue de Provence à partir de 1906, Majorelle expose et vend des œuvres de Joseph, ce qui est la fonction même de son commerce puisqu'il propose également des porcelaines d'Autriche et de Copenhague ainsi que des grès de Rambervillers pour lesquels il est, comme Gruber, le créateur de plusieurs modèles apparaissant dans le catalogue de 1905. Louis connaît bien la céramique, car son père la pratiquait à Toul et sa firme faisait réaliser depuis les années 1880 des faïences à son nom par la manufacture de Lunéville. À quelle date surgissent les premières œuvres de Majorelle éditées par les frères Mougin ? Lors de la construction de sa somptueuse habitation nancéienne, la villa Jika, achevée en 1902, il confie l'ornementation de grès émaillé visible sur la façade et la grande cheminée centrale à un céramiste réputé dont la fabrique dispose de moyens puissants, Alexandre Bigot. Il donnera d'ailleurs à ce dernier quelques modèles de carreaux pour son catalogue. La même année, le carton publicitaire composé par Prouvé pour les Grès Mougin ne fait pas état de Majorelle, mais il n'est pas exhaustif. Par ailleurs, une annonce publicitaire de 1906 présentant *quelques bibelots d'étrennes chez Majorelle* (*Revue lorraine*

illustrée) ne mentionne pas d'œuvres des frères Mougin. Le répertoire Mougin de 1914 cite des créations de Majorelle, ce sont des objets modestes conçus pour être d'un prix abordable et accompagner la décoration domestique.

Plus éloignée de Nancy, la Société anonyme des produits céramiques de Rambervillers, ainsi nommée à partir de 1891, est une manufacture de produits utilitaires pour le bâtiment, notamment des tuyaux en grès vernissés, créée en 1885. Afin d'ajouter une fabrication qui pourrait diversifier l'activité de l'usine, son directeur, Alphonse Cytère, entreprend l'élaboration de grès décoratifs et sort, en 1903, ses premières réalisations à l'Exposition de la Société lorraine des amis des arts, salle Poirel. Il ne peut être question pour son établissement de vendre des choses coûteuses, mais bien d'intégrer les théories de l'École de Nancy en recherchant des partenaires pour la création et pour la diffusion d'articles industrialisés, démarche commerciale qui n'était pas alors de son ressort. Comme plusieurs membres de la famille Majorelle sont actionnaires dans l'entreprise, c'est très naturellement qu'une coopération s'installe avec la célèbre firme nancéienne (Bertrand, 1997 : p. 25). Des liens avec l'Alliance provinciale sont également noués, lors de l'organisation, en 1906, d'un concours d'art destiné à encourager les jeunes talents lorrains à créer des modèles pour le grès cérame. Henry Gutton, membre de l'Alliance, est aussi un administrateur de l'usine de Rambervillers. Ce qui aurait pu arriver n'a pas eu lieu : bien que Joseph Mougin ait réussi, en 1899, le buste en terre flammée d'Alphonse Cytère, aucune collaboration ne s'est établie entre ces protagonistes du grès lorrain, bien que Cytère soit retourné visiter Joseph dans son atelier de Paris, en 1902 ou 1903. Lorsque l'on décide, en 1903, à Rambervillers, de développer une production artistique de masse, c'est à un ancien élève de l'École de Sèvres que l'on fait appel, et non aux frères Mougin dont la voie est différente, plus orientée dans la recherche plastique expérimentale que dans l'application industrielle. Pour trouver un spécialiste, Cytère ne s'est pas plus rapproché de Lunéville, à ce moment, alors que le baron Maurice de Ravinel inventait de

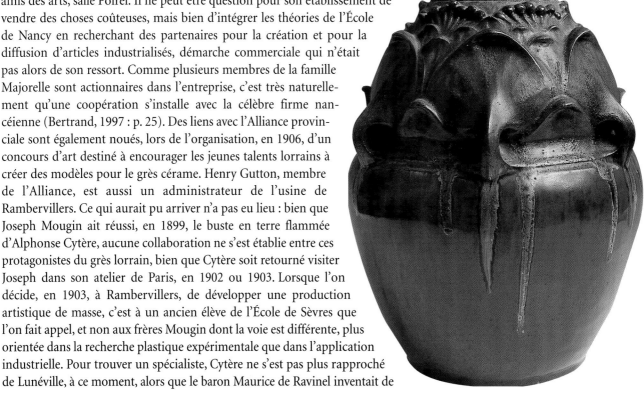

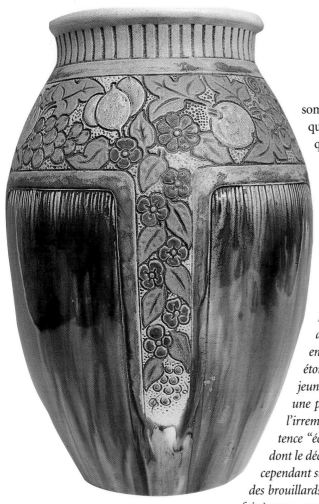

Vase *Raisins*
Édition Mougin Nancy
Modèle de Joseph Mougin (198.J)
Grès blanc émaillé
Marques sous la pièce
- en creux de moulage : *Mougin Nancy
198 J/L - J. Mougin dc*
- en noir vitrifié : *C 70*
Hauteur 382 mm
Collection privée

sompteux émaux irisés d'un rare modernisme. Mais il n'existe que quelques points communs entre ce que souhaitait Rambervillers et ce qu'exprimaient les Mougin. Parmi les créations des artistes travaillant pour la manufacture, celles de Jeandelle comportent le plus d'affinités avec le travail de nos artisans, toutefois la démarche en est toute différente. Il ne peut y avoir ni la même unité ni la même subtilité car l'on ressent une simplification du modelage pour faciliter le façonnage industriel.

Lors du décès de Joseph, Gabriel Bichet, avec sa coutumière aisance, tente d'expliquer à ses lecteurs la formidable présence des Mougin à Nancy : *De nos jours, les Mougin seraient demeurés à Paris, où la fortune leur souriait. Mais il en était alors tout autrement. L'École de Nancy brillant à cette époque de tout son éclat, exerçait une attraction telle que les céramistes lorrains, abandonnant la capitale engluée dans l'académisme officiel, prirent le chemin de Nancy où une étoile nouvelle se levait au firmament des arts. Nancy où une équipe de jeunes, bousculant tous les conformismes, élaborait dans l'enthousiasme une plastique enfin neuve. Hélas, nous l'avons vu, l'École de Nancy, selon l'irremplaçable formule de Maurice Garçot, ne devait connaître qu'une existence "éclatante et brève" et les Mougin lièrent leur sort à celui d'une équipe dont le déclin s'inscrivait dans les plus proches conjonctures. Que Joseph Mougin, cependant survivant à la débâcle de l'équipe, ait continué tout seul, en son château des brouillards, chercheur solitaire et obstiné, voilà qui donne la mesure de sa foi et fait à son nom un impérissable honneur* (L'Est républicain, 13 novembre 1961).

Le naturalisme des Mougin, héritage de l'École de Nancy ?

Dès ses premières créations, Joseph apporte une réponse personnelle à l'Art Nouveau. Si ses œuvres symbolistes sont fortement marquées par un parisianisme commercial, ses évocations du monde végétal portent en elles la spécificité de l'esprit lorrain et un goût original pour la précision du détail. L'étude scientifique de la plante est incontournable au XIXe siècle, toutes les écoles d'art la pratiquent ; la formation de Joseph, à Nancy, s'appuie comme ailleurs sur le dessin documentaire au crayon, à la plume et à la gouache, le modelage même y est associé. Il n'a pu bénéficier, lors de ses études à l'école municipale des Beaux-Arts de Nancy, de la section "d'art appliqué à l'industrie", dont la création est demandée en 1897 (mais fondée plus tard) par les chefs d'entreprises. Toutefois, le succès artistique et la réussite économique de Daum, Gallé ou Majorelle, ne pouvaient qu'engendrer une dynamique et une motivation pressante pour l'art qui rompait alors avec l'académisme. Son passage nancéien, donc, avec Bussière (à l'École des Beaux-Arts) et peut-être Bergé (à l'École professionnelle de l'Est) comme professeurs, ne devait que le guider vers des propositions ouvertes depuis une dizaine d'années par l'Art Nouveau et affirmées à l'École de Nancy, notamment grâce à ses affinités avec l'horticulture et la botanique.

Les titres des œuvres recensées dans les répertoires évoquent largement la nature : *Bouton d'or, Chardon, Cyclamen, Fougère, Gui, Houblon, Houx, Lotus, Nénuphar, Pignes, Pin, Ricin, Roseau, Seigle, Sorbier, Sureau, Trèfle, Vigne vierge*. La manière dont il aborde la transcription de ces éléments est bien celle d'un fin observateur, la structure générale comme le détail de l'œuvre sont soumis à la rigueur de la composition.

Il ne s'attache jamais à l'aspect réaliste, privilégiant le lyrisme des lignes et recouvrant ses volumes par de subtils émaux. Il cède aussi à quelques expériences et tours de force, comme le grand vase *Pteris aquilina* (variété de fougère), aux incroyables excroissances baroques. Quelquefois, des corps féminins évanescents se glissent dans le monde végétal et démontrent une autre facette de l'art de Joseph.

La mer, évoquée avec les vases *Algues, La mer, Méduse*, la jardinière *Argonautes*, rappelle le séjour enthousiaste que fit Joseph à Tahihou, un îlot de la Manche dont l'ancienne forteresse de Vauban a été déclassée et transformée au XIXe siècle en centre d'étude marine et en laboratoire de zoologie.

L'art de Gallé et de ses émules est certes présent dans l'esthétisme de Joseph, mais il est lointain ; il n'est que la première marche sur laquelle il prend appui, la seconde est gravie à Paris, dans l'émergence du symbolisme.

1907, un succès très flatteur

Un envoi au Salon de la Société des Artistes français est une dernière participation parisienne, seul Joseph, élève de Barrias, est mentionné dans la notice qui indique simplement *des grès de grand feu.* Le musée Galliéra fait l'acquisition, le 20 juillet 1907, du magnifique vase *Chardon* que nous n'avons pu retrouver dans les collections du musée du Petit Palais ; il s'agit vraisemblablement d'une création de Guétant, un vase ovoïde recouvert d'un feuillage épineux figurant sur le répertoire de 1914 (3.E). Le même musée, en 1911, *lors de l'Exposition des grès, faïences, terres cuites et leurs applications,* se procure le groupe de Wittmann, *Les Résignés* (ou *Les réfugiés*) pour la somme de 150 francs (valeur au catalogue : trois cents francs avant 1914 et six cents francs en 1921). D'autres pièces sont vendues, comme les vases 5667 à émail "peau de crapaud" craquelée dont les notes de fabrication stipulent qu'il a été cuit deux fois, 3740 à coulures et le 3798 enrobé d'une barbotine de porcelaine. Plusieurs vases émaillés sur la forme 11.N sont cédés, notamment les numéros 3740 et 3798, ce dernier bénéficiant d'une particularité : son corps en grès est recouvert sur cru d'une couche porcelanique (M.J. 5/7). Un article de journal, conservé collé dans un cahier de Joseph (M.J. 9 ; sans date ni titre), mentionne *nous avons plaisir à enregistrer un succès très flatteur pour les excellents artistes que sont les frères Mougin. À l'exposition des grès, au musée Galliéra, leurs productions si fines, aux colorations si richement délicates, ont été remarquées par la commission chargée des achats pour les musées nationaux. Plusieurs acquisitions ont été faites à MM. Mougin. C'est un résultat qu'apprendront tous ceux qui s'intéressent à ces sympathiques et distingués artistes.*

L'atelier expose régulièrement à Nancy dans les salons de la salle Poirel, mais cela ne suffit pas pour écouler les œuvres. *L'Est Républicain* informe ses lecteurs, le 17 novembre, que les frères Mougin *viennent d'ouvrir une exposition complète de leurs charmantes productions… que les amateurs de ces objets si précieux et si exquis de forme,*

Vase *Palmettes*
Édition Mougin atelier de Lunéville
Modèle de Joseph Mougin (153.J)
Grès blanc émaillé
Marques sous la pièce
- au poinçon ovale : *Grès Mougin Nancy*
- en creux de moulage : *153 J*
- en noir vitrifié : *0303*
Marques sur la pièce
- en creux de moulage : *J. Mougin*
- au poinçon ovale : *Grès Mougin Nancy*
Hauteur 392 mm
Collection privée

retrouveront là, presque tous à des prix incroyables de bon marché, les chefs-d'œuvre de Wittmann, de Joseph Mougin, les vases aux formes étranges, les vases aux cristallisations splendides et aux rarissimes métallisations, pendant que d'autres visiteurs seront éblouis par les délicieuses statuettes de porcelaine adornées de gemmes, de pierreries, et revêtues de patines et de tons multicolores, œuvres à la fois de l'art et du feu.

L'Exposition de Strasbourg, 1908

Bien que l'Alsace et une partie de la Lorraine soient annexées depuis les événements tragiques de 1870, des liens solides sont maintenus avec la France, véritables cordons ombilicaux par lesquels transite le souffle patriotique de nombreux Alsaciens et Lorrains. Invitée par la Société des amis des arts de Strasbourg, l'École de Nancy monte une Exposition d'Art décoratif dans le magnifique cadre du palais Rohan, du 27 mars au 26 avril 1908. L'affiche en est créée par Victor Prouvé. Les frères Mougin sont représentés avec une collection de pièces uniques (J. Mougin, sculpteur) et une de pièces éditées (V. Prouvé, E. Wittmann, A. Tenot, J. Mougin).

L'Exposition internationale de l'Est de la France à Nancy en 1909

La volonté d'une grande exposition commerciale et culturelle qui démontrerait le rôle économique de l'Est de la France, est une opportunité pour les responsables de l'École de Nancy. Ils décident d'une participation collective de leurs membres et négocient avec les administrateurs de l'Exposition pour obtenir une forte représentativité des arts ; leur souhaits se matérialisent par l'affectation d'un pavillon spécial à l'entrée d'honneur. Dès 1907, le bureau de l'École de Nancy ressent la nécessité de remémorer publiquement son concept, afin d'éviter tout malentendu avec des exposants potentiels dont les fabrications et les créations ne seraient pas en harmonie avec ses statuts. Un long communiqué de presse du comité directeur, signé par Victor Prouvé, Antonin Daum, Louis Majorelle et Eugène Vallin, paraît dans *L'Est Républicain* du 4 décembre et précise les orientations et la "doctrine artistique" du bureau de l'Alliance provinciale des Industries d'art : le pavillon, construit sur ses "propres plans", avec ses "données architecturales", doit être un "ensemble décoratif d'une seule tenue et présenter tout d'abord le caractère d'unité des productions de l'art local". L'article insiste sur les valeurs collectives "non encore réalisées jusqu'ici dans les arts décoratifs français".

Lampe *Epi*
Édition Mougin Nancy
Modèle de Joseph Mougin (127.J)
Grès blanc émaillé
Marques sous la pièce
- en creux : *147J*
- en noir vitrifié : *0817*
Marque sur la pièce
- au poinçon à la base :
Grès Mougin Nancy
Hauteur 460 mm
Collection privée

Si cet avis est un appel à participation pour l'aménagement décoratif du pavillon, il signale aussi qu'une commission assurera la sélection des œuvres. Le principe retenu est d'édifier une habitation réelle, *plus ou moins luxueuse, meublée, aménagée et décorée dans tous ses détails par les œuvres personnelles des divers exposants.* Tout en convenant de ne pas sacrifier la note originale de chaque participant, les rédacteurs redisent leur préférence pour *les plus représentatives des aspirations communes.*

Cette sélection effectuée, les exposants qui ne répondent pas aux critères retenus disposent de surfaces dans d'autres galeries de l'Exposition. Voici trois années que l'atelier de Montreville a pris la succession du four parisien et les frères sont parfaitement intégrés dans le mouvement nancéien. L'Exposition de 1909 est l'occasion de faire découvrir leur production, une belle vitrine leur est accordée dans le pavillon des membres de l'École de Nancy. Cette participation fait l'objet, dans le *Rapport général*, d'une photographie et d'un texte élogieux : *Les vitrines recèlent des trésors : voici les pièces de grès flammés des frères Mougin, aux galbes purs et aux cristallisations étranges. Leurs recherches si laborieuses et souvent ingrates ont été couronnées des succès les plus décisifs et aujourd'hui ils se plaisent à réaliser des productions qui peuvent rivaliser avec les plus rares et les plus*

Vase *Pin d'Afrique*
Édition Mougin Nancy
Modèle de Joseph Mougin (155.J)
Grès blanc émaillé
Marques sous la pièce
- en relief de moulage : *Mougin Nancy*
J. Mougin dc
- en creux de moulage : *155 J*
- en noir vitrifié : *882*
Hauteur 290 mm
Collection privée

Statuette "Alsacienne"
Premier atelier de Nancy
Modèle de J. Mougin
Grès porcelanique émaillé
Marque sous le socle :
- à la pointe : *Nancy 5514*
Marque sur le socle :
- de moulage : *Nancy 1909*
Hauteur 430 mm
Collection privée

précieuses. Le rapporteur met l'accent sur les cristallisations dont les Mougin se sont fait une spécialité, ce qu'avait déjà apprécié un journaliste de *L'Est républicain* l'année précédente en signalant à ses lecteurs *d'étonnantes trouvailles de teintes et de cristallisations.*

Parmi les nombreuses manifestations proposées aux visiteurs de la foire, une fête alsacienne est organisée à l'instigation d'Eugène Corbin, elle se conclut de manière protocolaire par la remise de cadeaux, notamment un vase de Daum et des chaînes de montres agrémentées d'une médaille commémorative signée Prouvé (Dusart, Moulin, 1998 : p. 125). Peut-être inspirés par la situation, les Mougin réalisent en grès émaillé une œuvre de circonstance, atypique dans leurs éditions. C'est une petite Alsacienne pensive perdue dans une ruine gothique, allusion à l'annexion tragique de l'Alsace. Est-ce là une commande spéciale, expression d'une nostalgie douloureuse ? Il n'est fait aucune allusion à cette allégorie dans les répertoires Mougin, bien que ce groupe ait fait l'objet d'un moule. Située sur la terrasse "Nancy 1909", mais non signée (sur l'exemplaire connu) il se pourrait que cette pièce soit l'un des cadeaux de cette journée d'amitié dédiée à l'Alsace. Peut-on associer cette œuvre à la collaboration avec Louise Aline Lauth-Bossert, sculpteur des œuvres consacrées à l'Alsace qu'éditaient par ailleurs les Mougin ? Rien ne vient étayer cette hypothèse qu'il convient toutefois de mentionner. À la suite de diverses présentations, les ventes à l'étranger confirment l'intérêt que le monde de l'art porte aux Mougin ; précisons qu'une publicité de 1909 cite des dépôts à Berlin, Copenhague, Varsovie, San Francisco.

Au banquet donné lors de la remise de la Légion d'honneur à Eugène Vallin, Joseph est le dernier du fer à cheval formé par la table, à côté de Victor Guillaume et de Louis Marchal. Il laisse de cet événement une narration qui tente d'expliquer un problème déjà soulevé à Paris, l'attribution conjointe à lui-même et à Pierre d'une récompense honorifique. Prouvé vient le chercher et s'adresse à l'architecte Charles Bourgon qui préside la cérémonie : *Maintenant pour la prochaine promotion, qui voyez-vous ? Mais notre grand céramiste Joseph Mougin,* répond le président. Joseph se récuse net, souhaitant que l'on honore de même son frère, *car ils sont inséparables ayant déjà beaucoup peiné ensemble.* Ce que ne peuvent accepter des confrères présents qui attendent également la rosette et n'apprécient pas qu'elle puisse être attribuée à Pierre (M.J. 5/7 : p. 496).

Galliéra, 1911

Les grandes exposition parisiennes sont des repères pour les artistes. Les frères Mougin, qui donnent comme domiciliation 78, rue Stanislas à Nancy (en 1909, ils disposent d'un autre négoce, rue Saint-Jean), figurent à l'*Exposition des grès, faïences, terres cuites et leurs applications* qui se tient au musée Galliéra, avec une importante participation d'œuvres personnelles et de statuettes de Wittmann (Catalogue, 1911 : AMNS G 456) :

> *Vase esquisse, pièce unique*
> *Grande bouteille bleue*
> *Grande bouteille céladon*
> *Boule à piques*
> *Bouteilles bleus cristallisés* (sic)
> *Boule esquisse*
> *Vase pansu mat*
> *Boule rose cristallisés verts* (sic)
> *Vase rugosités vertes*
> *Vase masse de cristallisés jaunes*
> *Vase saumon et grès*
> *Vase violet coulées jaunes*
> *Vase petits cristaux noirs*
> *Vase reflets argentés*
> *Vase noir, taches rouges*
> *Lieur de fagot* (Wittmann, sculpteur)
> *Les résignés* (Wittmann, sculpteur)
> *Chiffonnière* (Wittmann, sculpteur)
> *Homme des champs* (Wittmann, sculpteur)

Le musée Galliéra achète *Les résignés* de Wittmann. Un questionnaire est même adressé aux exposants afin de connaître leur avis sur deux sujets : *1° Quelle doit être l'orientation de la production des grès, faïences et terres cuites à l'heure actuelle ? 2° Quels seraient les progrès à réaliser dans une exposition de ce genre ?*

Artistes de l'après-guerre

Pendant la Grande Guerre, lors des affrontements sur le front de l'Est, Nancy est bombardée (1916-1918). Pierre est mobilisé comme infirmier et Joseph, malade et réformé, demeure rue de Montreville. Les hostilités terminées, les temps sont peu favorables à leur activité artistique, l'atelier ne peut retrouver une stabilité économique. Il nous a été rapporté que Joseph vivait alors de prestations photographiques pour les dossiers de dommages de guerre ; son ami René Mercier, directeur de *L'Est Républicain*, lui avait également fait faire des prises de vues des ruines de Nancy. De cette époque certainement difficile, le musée de l'École de Nancy conserve une lettre de Joseph à la municipalité (21 décembre 1921), dans laquelle est évoqué l'achat, pour deux mille cinq cents ou mille cinq cents francs, d'un ou deux vases pour le musée. Ces pièces sont déclarées comme uniques par Joseph : *Émaillées avec une couverte au cuivre composée de pegmatite (argile feldspathique), de sable quartzeux, d'oxyde de zinc (pour les cristallisations), de carbonate de baryum, de borax fondu et de carbonate de sodium (trois agents de vitrification) que l'on fait fondre, on obtient ainsi un verre que l'on broie et colore avec l'oxalate de cuivre et l'oxyde d'étain.* Le céramiste insiste sur la qualité artistique de ses œuvres : *Nous sommes loin des couleurs de moufle* (à basse

Calice décor carrés (sic)
Édition Mougin, atelier de Lunéville
Modèle de Joseph Mougin (309.J)
Grès blanc émaillé
Marque sous la pièce
- en relief de moulage :
Mougin Nancy 309 J
Hauteur 230 mm
Collection privée

Vase *Grappe et vignes*
Édition Mougin Nancy, atelier de Lunéville
Modèle de Joseph Mougin (305.J)
Grès blanc, émail cristallisé
Marque sous la pièce
- en creux de moulage : *Mougin Nancy France 305 J/L - J. Mougin dc*
Hauteur 345 mm
Collection privée

température) *qui se trouvent dans le commerce, ce sont de véritables émaux formés à même le vase* (par fusion au grand feu, l'émail est intimement lié à l'argile du corps). *Leur cuisson a demandé dix stères de charmilles fendues menu, elle a duré vingt-six heures… L'intérêt de ces deux pièces est dans leur rendu* (car elles sont) *composées chacune de la même couverte. L'une a donné rouge parce qu'ayant cuit en allure réductrice* (en présence de gaz carbonique), *c'est le sang de bœuf des Japonais, l'autre vert jaspé de cuivre, également très rare, a cuit en allure oxydante* (en atmosphère plus riche en oxygène). Malgré les difficultés financières, Joseph recherche toujours de nouvelles matières pour ses créations ; en 1922, il s'adresse à un ami, chimiste aux établissements L'Hospied, pour obtenir des renseignements sur le wolfram, un minéral composé de tungstate de fer et de manganèse, ainsi que sur le rutile ou titane oxydé rouge. Son correspondant lui transmet des données recueillies dans des ouvrages spécialisés et termine en le saluant *cordialement des deux mains*.

De cette époque, il demeure un témoignage rare d'une intervention dans le domaine colossal, un projet de monument élevé à la mémoire des trois premiers soldats américains tombés sur le sol français (Bouvier, 1991 : p. 48). Édifié à Bathelémont-lès-Bauzémont (Meurthe-et-Moselle), ce mémorial a été détruit par les troupes allemandes en 1940. Dessiné par Louis Majorelle, comportant une haute croix de Lorraine saillante sur un volume prismatique,

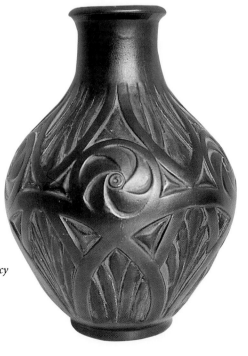

Vase *Pomme de pin*
Édition Grès Mougin Nancy, atelier
de Lunéville
Modèle de Joseph Mougin (167 J)
Grès blanc émaillé
Marque sous la pièce
- en creux de moulage : *Grès Mougin
Nancy 167.J/L*
Marque sur la pièce
- en creux de moulage : *J. Mougin*
Hauteur 225 mm
Collection privée

Vase *Flammes*
Édition Mougin, atelier de Lunéville
Modèle de Condé (210.J)
Grès blanc émaillé
Marque sous la pièce
- en creux de moulage :
Grès Mougin Nancy 210 J/L
- en noir vitrifiable : *03852*
Hauteur 310 mm
Collection privée

Vase *Cotes* (sic)
Édition Mougin Nancy
Modèle de Joseph Mougin (307.J)
Grès blanc émaillé
Marque sous la pièce
- en creux de moulage : *Mougin Nancy
France - J. Mougin dc 307 J*
Hauteur 210 mm
Collection privée

Lampe *Bouquet d'aubépine*
Édition Mougin Nancy
Modèle de Joseph Mougin (158.J)
Grès blanc émaillé
Marque sous la pièce
- au poinçon ovale :
Grès Mougin Nancy 158 J
Marques sur la pièce
- au poinçon ovale : *Grès Mougin Nancy*
- à la base : *J. Mougin*
Hauteur 490 mm
Collection privée

Vase *Rond pointillé*
Édition Mougin Nancy, atelier
de Lunéville
Modèle de Joseph Mougin (170.J)
Grès blanc émaillé
Marque sous la pièce
- en creux de moulage :
Mougin Nancy 170 J/L
Marque sur la pièce
- en creux de moulage : *J Mougin*
Hauteur 340 mm
Collection privée

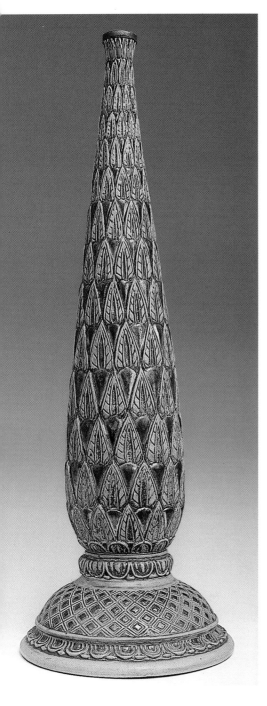

Lampe *If*
Édition Mougin Nancy
Modèle Joseph Mougin (152.J)
Grès blanc émaillé
Marques sous la pièce
- en relief de moulage : *Mougin Nancy*
152 J 2 - J. Mougin dc
Hauteur 735 mm
Collection privée

Bouteille *Boutons d'or* (d'une paire)
Édition Mougin Nancy
Modèle de J. Mougin (159.J)
Grès blanc émaillé
Marque sous la pièce
- en relief de moulage :
Mougin Nancy 159 J
Marque sur la pièce
- à la base : *J. Mougin*
Hauteur 490 mm
Collection privée

Bouteille *Boutons d'or*
Édition Mougin Nancy
Modèle de Joseph Mougin (159.J)
Grès blanc émaillé
Marques sous la pièce
- en relief de moulage : *Mougin Nancy*
- en creux de moulage : *159 J*
Marque sur la pièce
Hauteur 490 mm
Collection privée

soutenue par deux chardons, sa maquette en grès est réalisée par les frères Mougin ; une photographie en est conservée aux Archives municipales de Nancy. Il est vraisemblable que leur magasin de la rue Saint-Jean n'a pu être rouvert et, malgré l'inauguration de la galerie Mosser en janvier 1923 qui offre une importante exposition de leurs œuvres, les frères Mougin ne peuvent plus assurer la survie de leur atelier, même en développant les tirages en série permettant une modicité relative du prix, comme pour les reproductions de musée (un tanagra coûte le prix d'un abonnement d'un an à *La Lorraine artiste*). Il est probable que la progression nationale de la presse d'art modifie la perception que les provinciaux ont de la mode et que des produits meilleur marché et mieux médiatisés s'imposent dans le commerce car leurs œuvres personnelles sont presque toutes d'un prix très élevé.

Grand vase
Édition Grès Mougin Nancy, atelier de Lunéville
Modèle de Joseph Mougin (157.J)
Grès blanc
Marques sous la pièce
- au poinçon ovale : *Grès Mougin Nancy*
- de moulage : *157 J*
Marque sur la pièce
- au poinçon, lettre par lettre : *J. Mougin*
(le "n" poinçonné à l'envers)
Hauteur 460 mm
Musée de Lunéville

Vase *Géométrie*
Édition Mougin Nancy, atelier de Lunéville
Modèle de Joseph Mougin (306.J)
Grès blanc émaillé
Marques sous la pièce
- en creux de moulage : *Mougin Nancy France 306 J/L - J Mougin dc*
- en noir vitrifié : *882*
Hauteur 265 mm
Collection privée

Cache-pot
Édition Mougin Nancy, atelier
de Lunéville
Modèle de Joseph Mougin, d'après
le répertoire de 1921 (350.J)
Grès porcelanique émaillé
Marque sous la pièce
- en relief de moulage :
Mougin Nancy 350 J
Hauteur 360 mm
Par son numéro de référence, cette
pièce serait la dernière créée à
Lunéville par Joseph, elle donne la
mesure atteinte par l'artiste dans la
recherche de l'abstraction géo-
métrique, en réaction contre le
décor figuratif Art Déco.
Collection privée

Vase *Louqsor*
Édition Mougin Nancy
Modèle de Goor (275.J)
Grès blanc émaillé
Marque sous la pièce
- en creux de moulage :
Mougin Nancy 275 J
Hauteur 240 mm.
Collection privée

Le temps du synthétisme

Amorcée dès leur retour en Lorraine, en 1906, la réaction contre le naturalisme Art
Nouveau s'amplifie vers 1910. Il ne s'agit pas de rompre avec l'École de Nancy, mais
d'évoluer vers un synthétisme structurel. Le nouveau style réagit d'abord contre les
courbes évanescentes et les modelages qui recouvrent les formes au point d'en
cacher totalement l'évidence plastique. Le travail porte sur l'épuration des lignes et
la simplification des volumes. C'est à ce moment que naissent les vases jouant du
contraste entre une panse unie à décor de cristallisations et des cols ornés de reliefs
à sujets végétaux. Puis, tendant toujours vers plus de raffinement, les surfaces sont
animées en défonçant le plan principal, sans ajout de matière, les creux deviennent
des pièges à patine, procédé qui sera largement exploité par la suite à Lunéville.
Dans un deuxième temps, apparaît une grande rigueur dans la composition ;
l'ornementation n'est plus confiée uniquement au recouvrement par l'émail et la

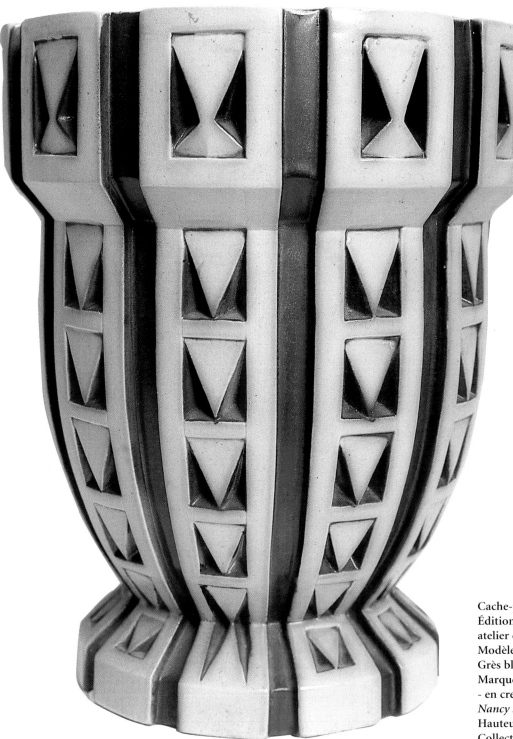

Cache-pot
Édition Mougin,
atelier de Lunéville ?
Modèle de Joseph Mougin
Grès blanc émaillé
Marque sous la pièce
- en creux de moulage : *Mougin
Nancy 346.J*
Hauteur 320 mm
Collection privée

notion de décor graphique se fait de plus en plus insistante. Les motifs gravés en
"intarsia" cachent totalement les surfaces, s'adaptant avec une virtuosité consom-
mée aux galbes de la pièce. Ce décor suit une organisation architectonique rigoureuse, dont la subtilité réside dans le calcul complexe des rétrécissements : le motif
principal est établi sur le plus grand diamètre et se réduit en collant aux courbes :
feuillages spiralés, écailles, imbrications et rosaces déterminent une élégance
froide. Les Mougin, nous l'avons dit, ne s'impliquent guère dans le milieu culturel,
au point d'être oubliés ou ignorés par un auteur comme Marcel Valotaire dans sa
Céramique française moderne (1930), même dans son analyse de l'Exposition des

Vase *Triangles*
Édition Mougin atelier, de Lunéville ?
Modèle de J. Mougin, d'après le
répertoire de 1921.
Grès blanc émaillé
Marque sous la pièce
- en creux de moulage :
Mougin Nancy 325.J
Hauteur 295 mm
Très épurée, déliée de tout élément
décoratif, l'œuvre trouve son
esthétique dans le rapport entre les
volumes et les lignes de sa
composition.
Collection privée

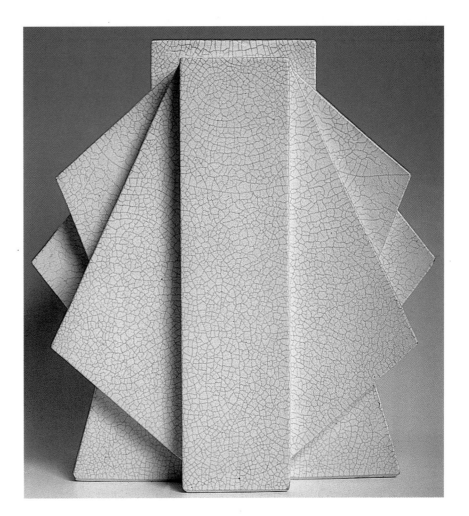

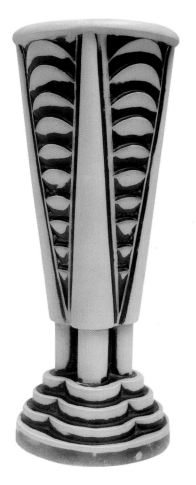

Vase *Calice*
Édition Mougin Nancy, atelier
de Lunéville ?
Modèle de Joseph Mougin (349.J)
Grès blanc émaillé
Marque sous la pièce
- en relief de moulage :
Mougin Nancy 349.J
Hauteur 400 mm
Collection privée

Art déco. En fait, les Mougin sont réticents aux étiquettes et aux mouvements péremptoires, ils ignorent le cubisme en tant que tel et jouent avec virtuosité de la géométrie constructive, mais pas constructiviste. Ils ne ressentent pas la nécessité de se plier à des formules, leur seule maîtresse demeure l'argile et c'est en elle qu'ils puisent toujours leurs arguments que peuvent ignorer des critiques peu sensibles à son attachante simplicité.

En se reportant à cette période, nous ne pouvons que souligner le déploiement de ces nouvelles recherches toujours personnelles et perfectionnistes, fortement orientées vers le travail de la terre même, alors que d'autres grands artistes de la céramique tels René Buthaud (1886-1986) ou Jean Mayodon (1893-1967) se préoccupent principalement d'ornementation picturale. Joseph et Pierre conservent intact l'esprit de leurs premières inspirations : l'émail de grand feu et le goût des matières magmatiques. En cela ils s'inscrivent dans une démarche qu'explorent également les potiers Émile Decœur, Émile Lenoble, Louis Lorioux, P. Jacquet, Georges Serré ou Jean Besnard.

Les expositions qui se tiennent à Nancy chez Mosser en 1923, et surtout en 1925, sont révélatrices des bouleversements accomplis ; Guillaume, dans son commentaire, salue *ces belles pièces* (qui) *sont le fruit des recherches remontant aux derniers temps de leur séjour à Nancy et qu'ils ont mises au point à Lunéville* (*L'Est illustré*, 4 janvier 1925).

LUNÉVILLE

UNE EXPÉRIENCE IDÉALE ET TRAGIQUE

La proposition d'Édouard Fenal

Les années de l'après-guerre n'ont pas permis une marche normale de l'atelier Mougin et une solution s'envisage grâce à l'opportunité d'une collaboration avec la faïencerie de Lunéville. Cette grande entreprise de cinq cents ouvriers (mille avant 1914), dont les anciens propriétaires, âgés, cherchaient un repreneur susceptible de faire renaître la prospérité d'avant-guerre, est administrée depuis le 30 décembre 1921 par Édouard Fenal, actionnaire majoritaire et déjà possesseur de la faïencerie de Badonviller. Dans le nouveau conseil d'administration, on relève les noms du baron André de Ravinel et du baron Fernand d'Huart, copropriétaire de la faïencerie de Longwy (Hery, 1999 : p. 19).

Vers 1900, les faïences Art Nouveau de cette manufacture, sous l'impulsion du baron Maurice de Ravinel, atteignent un haut degré de raffinement et d'originalité : ornées de glaçures *"métallescentes"* à peau réfractaire, réalisées d'après des modèles de Bussière, ou revêtues d'émaux gravés à l'acide, mais elles sont trop onéreuses pour une production industrielle.

Joseph Mougin et Édouard Fenal sont mis en relation par un ami commun, Bertrand Hauser (Bernard Mougin). La renommée des intervenants de l'atelier Mougin est grande, leur compétence comme artistes et praticiens est solidement établie. Fenal, réputé pour son dynamisme commercial et son sens des affaires,

Vase *Soleils*
Édition Mougin, Nancy, atelier de Lunéville
Modèle de Joseph Mougin (160.J)
Grès émaillé
Marque sous la pièce
- en relief de moulage : *Mougin Nancy France J. Mougin dc 160 J/L*
Marque sur la pièce
- à la pointe : *J. Mougin*
Hauteur 345 mm
Collection privée

voit là les meilleurs collaborateurs qui soient pour donner un caractère moderniste à la production de Lunéville, tout en maîtrisant les coûts de production.

Un accord intervient le 22 février 1923, portant sur une période de dix années ; négocié de gré à gré, il ne fait peut-être pas alors l'objet d'un document écrit. Les frères Mougin quittent aussitôt Nancy pour Lunéville. En octobre 1924, la situation entre les parties semble suffisamment imprécise pour nécessiter l'établissement d'un contrat. Celui-ci est établi entre Édouard Fenal et Joseph Mougin et et il fixe les conditions financières de la collaboration de ce dernier : il entre à la faïencerie de Lunéville en qualité de *directeur d'un atelier d'art à installer dans ladite faïencerie*, reçoit un traitement annuel fixe de douze mille francs, jouit d'un logement d'une valeur locative de trois mille sept cents francs par an et il lui est alloué quinze pour cent des bénéfices nets de son atelier.

Mais ce contrat comporte également des clauses propres au nom des Mougin, l'offre de Fenal porte sur le rachat de la marque "Mougin Frères Nancy", sur l'usage de leur signature et des droits d'auteurs qu'ils détiennent, de leurs modèles et moules, ainsi que sur le matériel et les matières premières apportés à Lunéville (M.J. 10). C'est donc l'ensemble de l'atelier de Nancy qui est transféré, aucun retour ne semble alors à l'ordre du jour.

Nous ne savons pas si un second contrat est signé avec Pierre, lui attribuant un titre ou une fonction différente. Toutefois les quittances des versements de la Société anonyme des faïenceries Keller & Guérin concernent une somme globale versée aux soussignés Joseph Mougin et Pierre Mougin.

Un atelier aux grands moyens

L'installation dans la manufacture se fait dans de bonnes conditions et avec de grands moyens. *L'Est illustré* du 4 avril 1926, sous la plume de Fernand Rousselot, décrit *neuf salles, pourvues d'un outillage ultra-moderne : malaxeurs pour broyer les terres, vaporisateurs d'émail avec aspiration d'air, rendant facile la création de patines nouvelles, tours électriques, moufles pour fixer les décors.* C'est dans cette optique de conditions "idéales" que les frères imaginent un avenir enfin serein, de nouvelles possibilités de recherche, des assistants pour les tâches répétitives et un circuit de distribution bien plus performant que ce que permettait leur petite production de Nancy. Joseph dit, en 1926, avec *Monsieur Fenal, tout est possible ; je dois lui rendre cet hommage que je suis, chez lui, le maître de mon effort.*

Deux compagnons et un apprenti sont présents dans les premiers temps (entretien avec son épouse par R.B., archives MEN), mais il est probable que l'atelier ait fonctionné par la suite avec plus de personnel, notamment ponctuel lors des opérations tels que l'enfournement et le défournement. Quoique en principe autonome, l'atelier Mougin est en relation avec d'autres services de la faïencerie, avec le laboratoire en particulier pour la mise au point des terres et des émaux, et les services d'approvisionnement des matières premières. Ce qui n'a pas manqué de créer des tensions, l'indépendance d'esprit de Joseph et de Pierre se prêtant mal à une intégration dans une structure collective, ils ne tenaient guère à livrer leurs secrets. Malgré des dysfonctionnements fréquents et l'insatisfaction des parties, la production de Lunéville est rapidement opérationnelle, en qualité et en quantité. Joseph se souvient que l'un des plus grands magasins de New York avait fait *une commande d'un wagon complet d'œuvres d'art* (M.J. 12)

Vase
Édition Mougin Nancy, atelier
de Lunéville
Modèle de Joseph Mougin (317.J)
Grès blanc, émail à cristallisations
Marque sous la pièce
- en creux de moulage :
Mougin Nancy 317 J/L
Hauteur 390 mm
Collection privée

Vase chinois *La pagode*
Édition Grès Mougin Nancy
Modèle de A. Goor (230.J)
Grès gris
Marque sous la pièce
- dans la pâte : *Grès Mougin Nancy 230.J*
- *A. Goor dc*
Hauteur 370 mm
Collection privée

Praticiens et plasticiens

Alors que les Mougin sont à pied d'œuvre depuis deux ans et que leurs nouvelles collections fourmillent déjà de créations originales, ils s'investissent pleinement auprès des jeunes plasticiens dont ils doivent traduire les idées en leur proposant des techniques et des matières fiables ; ils mettent à leur disposition une forme d'expression réellement neuve dont l'une des qualités est la grande unité esthétique.

Un parallèle est à établir avec ce qui est entrepris à la même époque, à la faïencerie de Longwy où les frères d'Huart attirent deux décorateurs de talent, Raymond Chevallier en 1920, et son cousin Maurice Chevallier en 1925, pour mettre *de la géométrie et du cubisme* dans la mode. Le premier, n'acceptant pas de s'occuper de tâches pratiques, quitte l'usine et entame une carrière de créateur, le second se plie et devient un praticien rompu à tous les rouages de la décoration. L'enjeu de l'après-guerre est d'importance pour les manufactures, il consiste à se placer au cœur des circuits de diffusion parisiens.

Les décideurs financiers sont à même d'analyser, de suivre et d'interférer sur les orientations de la production. Édouard Fenal, en chef d'entreprise et en homme de terrain compétent, recherche-t-il des artistes capables de lui faire des propositions esthétiques inédites ou des techniciens sachant réaliser une ligne de produits dont il possède déjà le concept ? Les artistes qui seront les intervenants de l'Art déco à Lunéville sont-ils déjà pressentis avant l'arrivée des deux frères ou ont-ils été choisis grâce à eux ? Nous n'avons pas de réponses véritablement complètes à ces questions.

Peut-on penser que l'on confie à Joseph et Pierre le rôle de trait d'union entre des plasticiens chargés de créer les modèles et des ouvriers d'exécution ? En 1926, parmi les invités de la remise de la Légion d'honneur à Joseph, se trouvent les artistes Condé, Guillaume, Legrand et Ventrillon. Dans l'arrangement global, les frères ont aussi une mission de création, leurs pièces en témoignent et l'on sent qu'ils ont d'ailleurs tenu à se différencier des sujets figuratifs à thèmes de la jeune garde, en adoptant une expression géométrique rigoureuse. Joseph est un artiste, très imprégné d'une haute idée de l'art et détaché des considérations matérielles, ses

Vase *Rubans*
Édition Mougin Nancy
Modèle de Joseph Mougin (308.J)
Grès blanc, émail à cristallisation
Marque sous la pièce
- en creux de moulage :
Mougin Nancy 308 J
Hauteur 315 mm
Collection privée

Vase *Rubans*
Édition Mougin Nancy
Modèle de Joseph Mougin (308.J)
Grès blanc, émail à coulures
Marque sous la pièce
- en creux de moulage : *Mougin Nancy 308 J*
Hauteur 320 mm
Collection privée

recherches ne sont pas au niveau du style, mais de l'esprit de cet art. Il n'est pas décorateur, styliste, designer selon un néologisme de notre temps, ni même directeur artistique. En revanche, c'est un praticien émérite doué d'une grande sensibilité naturelle et cet aspect a été retenu par Édouard Fenal. Le grès n'est pas l'affaire de Lunéville qui tient sa culture d'entreprise de la faïence et de la terre de pipe ; les frères Mougin sont donc chargés d'implanter une technologie novatrice et d'y former le personnel.

L'objet de leur intervention porte-t-elle aussi sur le choix des artistes à éditer et sur les modèles ? Les contrats sont muets sur ces points. Joseph dit avoir *chambardé toute la fabrication en arrivant à l'usine*, il avait refusé plus de cent projets sur papier et donné aux artistes des biscuits réels sur lesquels il demandait que soient peints directement les décors à la gouache.

Ce qu'ils proposent à Lunéville est révolutionnaire, ce n'est donc pas le transfert de leur style précédent, mais ils insufflent un véritable modernisme qui n'aurait pu exister par la seule présence des jeunes participant à la recherche plastique. Cette synthèse entre le praticien et l'artiste est une exceptionnelle réussite.

Coq
Édition Mougin Frères Nancy
Auteur non identifié au répertoire
(168.S)
Faïence émaillée
Marque sous la pièce
- en creux de moulage :
Mougin Nancy 168 S
Hauteur 170 mm
Collection privée

Vase "*3 côtes*"
Édition Grés Mougin Nancy, atelier
de Lunéville ?
Modèle pour les Galeries Lafayettes
(14.M), auteur non identifié
Terre de pipe émaillée
Marque sous la pièce
- en relief de moulage :
Grès Mougin Nancy
- en creux de moulage : *14 M*
Hauteur 315 mm
Collection privée

Four et cuisson

Édouard Fenal met à leur disposition un grand four à trois alandiers, du modèle de Sèvres, mais à un seul étage. Ce four a-t-il été construit à leur intention ou existait-il précédemment ? Joseph se plaint que le modèle donné n'a pas été suivi scrupuleusement, et que l'on a fait l'économie du globe (chambre de cuisson placée au-dessus de la chambre principale ou enfer). De ce fait, il dénonce l'impossibilité de régler correctement le tirage car il faut intervenir sur un registre placé au sommet des cheminées. La cuisson est rapide et pose quelques problèmes pour la vitrification de certaines pâtes à grès, mais le refroidissement étant lent, les cristallisations sont toujours réussies. La responsabilité de l'enfournement des pièces puis la direction du feu incombent aux Mougin. À l'ouverture du four, les accidents de cuisson font l'objet de controverses avec le personnel mis à leur disposition.

L'épouse de Pierre, dans une lettre adressée à un parent, informe celui-ci que Pierre est malade et qu'il est inquiet quant à la marche du four : *ils vont encore cuire un four qu'il n'a pas fait, gare à la casse !* (remerciements à Madame Simone Lutringer pour ce document).

L'Exposition des Arts déco et la Légion d'honneur

Joseph n'est pas en bonne santé, il est malade en 1924 (entretien avec son épouse, en 1977, par R.B., archives MEN), ce qui semble être consécutif à un accident grave dont fait mention le contrat cité plus haut, Édouard Fenal y atteste que Joseph s'est trouvé hors d'état de travailler pendant deux mois, à la veille de l'exposition dont les pièces doivent être déposées au 15 janvier. Il s'agit d'un accident de voiture dans lequel une partie de la famille est blessée, Joseph pour sa part a la jambe brisée. Le document note *un préjudice des plus considérables et l'incapacité physique dont il reste affecté, mais que l'atelier de monsieur Joseph Mougin, après des essais longs et laborieux pour mettre au point, en vue de l'Exposition internationale des Arts décoratifs de 1925, de nouvelles techniques très intéressantes, vient d'entrer dans sa période productive et que son rendement ne manquera pas d'être très important* (M.J. 10). Sous cette forme, inexprimée par les mots mais suffisamment explicite, l'administrateur de la faïencerie souligne la situation tout en informant qu'elle n'est pas de nature à entraver la productivité. Ce premier affrontement est lourd de conséquence, la confiance entre les deux hommes est ébranlée.

Une phrase incluse dans l'acte éclaire un point des relations entre Joseph et Édouard Fenal, notamment au sujet de la participation à l'Exposition de 1925, ses termes désignent clairement *Joseph Mougin comme artiste et exposant admis à l'Exposition par le premier examen*. Le fait que cette précision forme un paragraphe particulier montre l'intérêt que portait la manufacture à être engagée, à travers la participation de Joseph, dans la course aux médailles. Par ailleurs, Joseph indique que toutes les pièces exposées sont créées et émaillées par lui, personne d'autre n'y ayant mis la main. Cette avalanche de détails révèle l'insidieuse malveillance qu'il convient de contrer.

L'Exposition des Arts décoratifs consacre le travail créatif de Joseph qui reçoit le Grand prix de la céramique qui lui a été voté en majorité par des céramistes étrangers (M.J. 5/7 : p. 498) et qui lui est décerné nommément ainsi qu'il est d'usage pour les récompenses artistiques. Les journaux et revues d'art en font peu de cas en Lorraine, ce que regrette Victor Prouvé dans *L'Est Républicain* du 15 juin 1926.

Ce succès l'a conduit a être proposé pour la Légion d'honneur, la seconde fois depuis 1909. Il réaffirme qu'il ne la souhaite pas, Édouard Fenal et Prouvé insistent, annonçant que Monsieur le directeur de la Manufacture nationale de Sèvres serait son parrain.

La cérémonie se tient en grande pompe à Lunéville, au château du prince Charles, demeure de la famille Fenal, et la croix lui est remise par Victor Prouvé lui-même, alors directeur de l'École des Beaux-Arts de Nancy. De nombreuses personnalités y assistent et applaudissent le formidable discours de Prouvé, dans lequel, en fin diplomate, il prodigue non seulement ses compliments à Joseph, mais à Pierre et à Édouard Fenal, tentant de désamorcer une situation en passe de s'envenimer entre les protagonistes.

Il avait fait précéder son discours, quinze jours plus tôt, dans *L'Est Républicain*, par un article de deux longues colonnes dans lesquelles il rendait hommage à Joseph et à Pierre, tout en saluant l'intérêt manifesté par Édouard Fenal : *Pour les Mougin, en vieille amitié et grande estime.* Prouvé souhaitait qu'une même considération soit apportée aux deux frères dans cette célébration : *qu'ils sont beaux et valeureux ces deux frères qu'un lien de profonde affection unit dans un sentiment d'entraide si absolu et si touchant, que l'on regrette qu'en leur dualité, l'art n'ait pu, en la circonstance, n'en faire qu'un.*

L'orage de 1933

En quelques années, l'harmonie entre les frères Mougin et la direction de l'usine se dégrade. D'une part ils se sentent incompris ou trahis, voire exploités et, d'autre part, la direction ne se rend pas compte de l'implication et de la fidélité qu'elle exige des cadres dirigeants. Or ils ne sont pas taillés pour se plier à un monde régi par la concurrence ; ils avaient déjà quitté Paris pour cette même raison vingt-cinq ans plus tôt. L'usine n'est ni un laboratoire de recherche ni une œuvre philanthropique, mais ils ne veulent pas être concernés par cet aspect de la situation et se retranchent derrière les projets ambitieux de 1923 où l'on parlait de rénover l'art et d'aller vers de nouvelles expériences plastiques. Face aux sang de bœuf purpurins et aux cristallisations neigeuses apparaît la réalité des faits : il n'y a pas d'art sans commerce, et de commerce sans clients.

Les Mougin ne sont plus indépendants, ils n'avaient certainement pas idée de ce qu'est une collectivité de travail dans laquelle l'individualité s'efface pour permettre l'émergence d'une entité abstraite qui répartit ensuite ses bienfaits à l'ensemble. Cette vision paternaliste n'est pas dans leur parcours et de nombreuses divergences surgissent, il ne leur est plus possible de s'entendre avec Édouard Fenal. Les propositions esthétiques des Mougin ont de l'audace, ils sont d'ailleurs persuadés que là se trouve leur véritable fonction ; mais la réalisation des œuvres telles qu'ils les conçoivent est très coûteuse, car elle nécessite de faire appel à des décorateurs spécialisés qu'il faudrait même former, alors que la direction imagine qu'il est possible, à partir d'un bon modèle, d'obtenir des tirages par des ouvriers non qualifiés. Au-delà de la phase des prototypes dont ils assurent eux-mêmes l'exécution, ils ne trouvent pas dans la manufacture le personnel adapté à les traduire, Pierre dit qu'il aurait fallu,

Vase
Pâte blanchâtre poreuse, biscuit de la faïencerie de Lunéville
Émail sang de bœuf ponctué de cobalt et de cuivre
Pierre Mougin ?
Marque sous la pièce
- en noir vitrifié : *9 B^c*
Hauteur 200 mm
Collection privée

pour obtenir le concours d'artistes professionnels, *que la direction de la faïencerie ouvre des crédits relativement importants.* Cette vision est hélas ! utopique, les usines n'ont pas pour vocation de produire des pièces uniques, d'ailleurs le service commercial ne suit pas : *les personnes chargées de la vente des produits de nos ateliers n'étaient pas à la page pour présenter nos grès et n'avaient pas la clientèle susceptible d'acheter des pièces uniques, nous avons donc dû nous borner à quelques essais, exécutés uniquement par amour de l'art, pour notre plaisir personnel et pour marquer un point de plus à notre actif,* ce qui n'était évidemment pas ce qu'attendait Édouard Fenal. Toutes ces oppositions de concept étaient justifiées de part et d'autre mais l'entente n'était guère possible, peut-être ne s'était-on pas expliqué suffisamment, avant la signature du contrat, sur les attentes des uns et des autres.

Joseph, impétueux comme à l'accoutumée, entre dans une violente colère chaque fois que la qualité du travail ne lui paraît pas satisfaisante, alors qu'elle semble correcte pour les responsables de production ; Pierre se plaint aussi que tous les produits *ne sont pas sortis du four avec le caractère vraiment artistique*

Vase à couverte sang de bœuf
Œuvre de Pierre Mougin
Grès porcelanique, biscuit de la
faïencerie de Lunéville
Marque sous la pièce :
- au poinçon : *Lunéville (en creux droit)*
- caché par un trait en noir vitrifié :
P. Mougin
Hauteur 180 mm
Collection privée

que nous aurions voulu leur donner (M.P. 1 : p. 26) mais, d'un tempérament plus souple et craignant d'avoir à subir de nouvelles mésaventures, entraîné par son aîné, il s'accommode en silence de cette situation. Plusieurs de leurs propositions sont ajournées ou abandonnées, comme la constitution d'un fonds de collection réuni en prélevant un exemplaire de chaque modèle ; Pierre raconte que *ce projet, dont l'élaboration était en voie d'exécution très avancée, a été abandonné à la fermeture de l'atelier, c'est vraiment regrettable car cela aurait été une belle page de l'histoire de l'art en Lorraine.*

Pierre, lors de la remise de la Légion d'honneur à son frère et malgré toutes les preuves d'amitié que leur prodigue Victor Prouvé, a ressenti comme une injustice de ne pas être distingué aussi. La tension devient lourde à supporter, et les deux frères finissent par s'opposer ; l'unité vaillante de leurs débuts puis la cohésion devant des difficultés sans nombre s'émoussent puis éclatent sous la pression des événements.

Dans une dernière fureur, Joseph brise ses moules, puis rien ne pouvant ébranler sa détermination, il quitte la faïencerie en 1933 et Lunéville en 1934, en abandonnant une situation confortable. En livrant sa famille au désespoir et à un avenir improbable, imagine-t-il aussitôt qu'il peut à nouveau réussir ? Son four ne l'attend-t-il pas à Nancy ?

Pierre continue à assurer la direction de l'atelier, mais, séparé de ce frère avec qui il avait pendant plus de trente ans partagé une folle aventure, il perd lentement la foi. Confronté aux mouvements sociaux de 1936, engagé dans une voie qui ne convenait pas à la direction, affligé par la mort de sa mère, il cesse son activité à l'âge de cinquante-six ans, laissant, en 1944, un mémoire de trente-cinq pages dans lequel il résume, à l'intention de ses enfants, ses connaissances techniques, parsemant ce texte de quelques souvenirs personnels sur ses conditions de travail à Lunéville.

Implication des artistes édités dans la création des formes à Lunéville

La mise au point des œuvres d'édition pose le problème de la collaboration entre des praticiens chevronnés et des plasticiens vraisemblablement peu informés des contraintes de la terre. Comme nous l'avons dit, nous ne possédons que peu d'éléments écrits pour éclairer ces relations. Furent-elles d'ordre commercial, comme cela est souvent le cas, ou firent-elles l'objet d'un réel travail en commun ? Quelle était l'importance de l'intervention des stylistes ? Créaient-ils leurs formes eux-mêmes où se limitaient-ils à la recherche des sujets et à la fourniture d'un carton gouaché qu'interprétaient ensuite des ouvriers sur des volumes conçus par Joseph et Pierre ? Y avait-il une immixtion de leur part dans la recherche des couleurs ?

Pierre Mougin, dans ses notes (M.P. 1 : p. 24) évoque de manière succincte la façon dont se passaient les opérations. Des prototypes de formes étaient tournés en terre (par Joseph ou sous sa responsabilité). Ils étaient confiés aux artistes qui étudiaient directement leur décor sur le volume, mais Pierre ne précise pas s'ils dessinaient et peignaient une esquisse ou s'ils en assuraient déjà la gravure, quoiqu'il dise que les parois étaient épaisses. Qui grave l'intaille qui caractérise la presque totalité de ces œuvres ? Pierre est muet sur ce sujet. À ce stade, les pièces étaient présentées au client qui donnait son accord par un "bon à tirer" *qui n'était pas toujours un bon pour un modèle artistique* (M.P. 1 : p. 24). Dès l'accord, un moule à creux perdu était établi sur le

Médaillon Napoléon, reproduction Pierre Mougin, atelier de Lunéville, daté 1936
Porcelaine
Marque sous la pièce
- à la pointe : *"Souvenir de ma dernière cuisson ...1936"*
Diamètre 90 mm
Collection privée

Vase *Boules et fleurs*
Édition Mougin Nancy
Modèle de Joseph Mougin (302.J)
Grès blanc, émail à cristallisations
Marque sous la pièce
- en creux de moulage : *Mougin Nancy*
France J Mougin dc 302.J
Hauteur 375 mm
Collection privée

Corps de lampe sur monture fer
Édition Mougin
Grès porcelanique émaillé
Marque sous la pièce non lisible
Hauteur 290 mm
Collection privée

prototype et l'on tirait un modèle en plâtre qui, retouché, devenait le chef modèle. Enfin le moule de tirage était fabriqué, directement ou par un jeu de moules mères, lorsque la commande était conséquente.

Un exemple de cet aspect du concept consiste en deux grands vases (233.J et 235.J) qui sont de forme identique, mais portent chacun un décor gravé différent, signé l'un par Legrand et l'autre par A. Goor. Leur examen montre qu'ils sont reportés sur un même volume de base (matrice) obtenu par tirage en moule d'après une forme modelée au tour horizontal, procédé qu'affectionnait Joseph et que l'on retrouve toujours employé aujourd'hui dans les ateliers de la faïencerie Saint-Jean l'Aigle à Longwy. D'autres pièces (130.J et 227.J ; décors de A. Goor) confirment l'emploi de cette solution originale.

Une certaine unité, due à une technique analogue appliquée à tous les artistes, caractérise les œuvres de Lunéville. Néanmoins quelques essais de motifs en aplats sont tentés avec bonheur d'après des sujets au pochoir. Pour des raisons inexpliquées à ce jour, quelques rares pièces sont réalisées soit en grès, soit en terre de pipe, comme le *Couple de pigeons* de Guingot.

NANCY
LE DERNIER REFUGE

Le second retour

Un grand ami, le docteur Marcel Verain, ne se résout pas à laisser Joseph dans la situation épouvantable qui le mine plus qu'une maladie (*Exposition rétrospective des grès Mougin*, 1963). Il l'aide à se réinstaller et à financer un nouveau départ, certainement le plus pénible de sa déjà longue carrière car le céramiste, à cinquante-sept ans, est brisé par l'éprouvante affaire de Lunéville. Il retrouve, intacte, l'estime du monde culturel. Victor Guillaume, dans *L'Est républicain*, écrit un bel article pour annoncer son retour et informer de la cuisson et de l'Exposition de décembre 1936, rappelant : *cette foi qu'il a dans son art et dont il est animé jusqu'à la passion, se subordonne chez lui à la foi qui transporte les montagnes, elle s'inféode à son âpre créance de chrétien*. Il compare Joseph au phénix, *cet être de légende qui se consumait à un feu ardent et, enseveli longtemps dans l'oubli, renaissait un jour de ses cendres*. Les dix années passées à Lunéville avaient laissé la maison et l'atelier de la rue de Montreville à l'abandon. Tout est à refaire, il faut reconstituer les stocks de matières pour les pâtes et pour l'émaillage, retrouver des fournisseurs car ceux qui alimentent Lunéville, Poulenc et Wengers, ne veulent pas se priver des commandes de la manufacture Fenal, et refusent de servir Joseph. Le matériel réfractaire n'est plus en état, les gazettes sont brisées alors on les répare comme l'on peut, à l'aide de cordes spéciales que l'on retire après l'enfournement. Les premières cuissons sont pénibles et Joseph, qui n'a plus la force physique pour cuire au bois, décide, en 1936, d'installer un système de combustion à mazout, calculé par son ami, le professeur Louis Longchambon, directeur de l'Institut de Minéralogie de Nancy, que Guillaume présente comme un *jeune ingénieur, silencieux, intéressé par la marche de la combustion et qui consulte sans émotion apparente l'état de fusion des montres pyroscopiques*. Les alandiers sont modifiés, un compresseur dont le bruit est insupportable assure la propulsion de l'air et du mazout dans deux brûleurs, *il hurle, sinistre comme une sirène d'alarme* dit Guillaume. Cinq cents litres de combustible sont nécessaires à chaque cuisson, après une première trempe (petit feu) menée au bois jusqu'à 850 degrés. Le modèle est relevé dans un article de P. Brémond paru dans la *Revue de l'ingénieur*, ce n'est guère compliqué et l'on peut toujours cuire, au choix, en

Joseph, vers 1936.
Collection privée

Vase
Joseph Mougin, dernier atelier de Nancy
Grès gris
Marque sous la pièce
- en noir vitrifié : *Jh Mougin Nancy 363*
Hauteur 240 mm
Collection privée

Vase
Édition Mougin, Nancy
Grès émaillé
Marque sous la pièce
- à la pointe : *Mougin céramiste Nancy 810*
Hauteur 330 mm
Collection privée

Vase
Joseph Mougin, second atelier de Nancy
Grès émaillé à concrétions
Marque sous la pièce
- à la pointe :
Jh. Mougin céramiste Nancy
- en noir vitrifié : *832*
- au poinçon : *120*
Hauteur 420 mm
Collection privée

atmosphère réductrice, neutre ou oxydante, comme pour les cristallisés. Sèvres d'ailleurs en fait également l'essai en 1922. Joseph est aussi assisté par un ami, Édouard Fonck, mouleur de profession (Bertrand, 2000 : p. 34).

En 1937, Joseph soumet plusieurs œuvres à la commission d'achat du musée qui décide de l'acquisition, pour deux mille cinq cents francs, d'un grand vase céladon et d'un vase noir métallisé (MEN, Archives municipales 202.R2.16 bis). Odile, à l'ouvrage dans l'atelier paternel depuis un an, voit alors l'une de ses pièces achetée par l'État. Joseph souligne la collaboration de ses enfants chaque fois que l'occasion lui en est donnée, les journalistes s'en font très amicalement l'écho : *Joseph et Odile Mougin chez eux* (Douel ou Durban), *Odile Mougin céramiste* (Durban), *Joseph Mougin et sa fille* (Victor Prouvé), *François Mougin a rallumé le four paternel* (Bichet).

L'après-guerre est une nouvelle épreuve qu'affronte Joseph, que rien ne fait plier : *Je me fais vieux* (il a presque soixante-dix ans)*, la terrible épreuve de Lunéville m'a*

Vase "émail rouge de chine"
Édition Mougin, Nancy
Modèle de Joseph Mougin
Grès émaillé
Marque sous la pièce
- à la pointe : *Mougin Nancy*
- en noir vitrifié : *R 220*
Hauteur 385 mm
Collection privée

Vase forme bouteille
Joseph Mougin, second atelier de Nancy
Grès émaillé
Marque sous la pièce
- en noir vitrifié : *Jh. Mougin 451*
Hauteur 320 mm
Collection privée

Vase
Joseph Mougin, second atelier de Nancy
Grès émaillé à concrétions
Marque sous la pièce
- en noir vitrifié : *Jh Mougin céramiste Nancy 886*
Hauteur 450 mm
Collection privée

Vase
Joseph Mougin, second atelier de Nancy
Grès émaillé
Marque sous la pièce
- en noir vitrifié : *Mougin 697*
Marque sur la pièce : *J. Mougin*
Hauteur 285 mm
Collection privée

tué, puis les privations de la guerre, j'ai perdu presque toute ma résistance, dit-il en s'adressant à un confrère pour lui demander des gazettes neuves que ne peut lui procurer l'usine de Liverdun, surchargée par des commandes pour l'industrie lourde. Il achète de l'émail en Angleterre, s'excusant de n'avoir pu payer sa dernière livraison en août 1939, par suite de l'Occupation allemande.

Travailleur infatigable, Joseph en est à sa seizième cuisson, en 1947, depuis son retour de Lunéville ; à chacune d'elles, il y a la "part du Bon Dieu", des vases d'autel attribués en remerciement à différentes chapelles et églises, puis toujours une multitude de vases minuscules qu'il offre à ses visiteurs (la plupart ne sont pas signés).

Vase
Édition Mougin Frères Nancy
Modèle de Joseph Mougin (140 P)
Grès émaillé
Marque sous la pièce
- en noir vitrifié : *Jh. Mougin 185*
- en relief de moulage :
140 P Mougin Frères Nancy
Marque sur la pièce
- à la pointe : *J. Mougin*
Hauteur 295 mm
Collection privée

L'odyssée de l'émail, rien que l'émail

Joseph est tout à son art, il est sans grands moyens mais il n'est plus attaché aux problèmes de rentabilité. Il peut enfin s'enfermer dans sa tour d'ivoire et demander au feu de lui donner des émaux de plus en plus exceptionnels. Et le grand œuvre se produit, sans que cela se sache ailleurs que dans le petit cercle de ses fidèles amis : il fouille l'argile, le sable, les laves, les minerais et demande aux flammes d'en extraire les plus précieux émaux, de les transformer en gemmes scintillantes ou en

Vase présenté au Salon des Tuileries en 1947
Forme de Joseph Mougin émaillée par
Odile Mougin
Grès émaillé
Marque sous la pièce
- en noir vitrifié : *Jh. O. Mougin*
Céramistes Nancy 112
Hauteur 320 mm
Collection privée

Vase
Joseph Mougin, second atelier de Nancy
Grès émaillé
Marque sous la pièce
- en noir vitrifié : *Mougin Nancy 661*
- en creux : *158*
Hauteur 230 mm
Collection privée

Vase
Joseph Mougin, dernier atelier
de Nancy
Grès émaillé
Marque sous la pièce
- en creux : 168
- *Jh Mougin Nancy 858*
Hauteur 380 mm
Collection privée

Vase
Édition Mougin, Nancy, second atelier
de Nancy
Modèle de Joseph Mougin
Grès émaillé
Marque sous la pièce
- en noir vitrifié : JM - *Mougin Nancy*
Hauteur 180 mm
Collection privée

écorces rugueuses. Les recherches portent alors exclusivement sur des essais de minéralisation de la peau vitreuse, jouant avec des matériaux rares et insolites, obtenant des effets spectaculaires de concrétions, de bouillonnements et même d'expansion gazeuse dans la masse de la couverte. Il n'est plus sculpteur ni céramiste, ni même peintre, son âme vibre uniquement lorsqu'une tension esthétique nouvelle naît de ses expérimentations. Ses relations avec l'art confinent à l'expressionnisme abstrait, car aucun sujet figuratif n'est plus susceptible de l'intéresser ni d'être traduit par ses découvertes.

Nancy, vers 1947,
Joseph démoule un vase.
Quelques outils s'identifient :
la cuve à barbotine avec
sa grosse vanne, des brocs
de coulée, une girelle
portant un biscuit et
le compresseur pour le
vaporisateur d'émaillage.
Collection privée

Nancy, vers 1947, Joseph travaille
au tour horizontal et tient son ciseau
en appui sur le porte-outil, le modèle
en plâtre est fixé "entre-pointes".
Collection privée

Nancy, vers 1947 :
Joseph dans son atelier.
Collection privée

La cuisson du demi-siècle

Pour la dernière fois, Odile et François entourent Joseph pour préparer ensemble une cuisson, les pièces réalisées dans les mois précédents sont endormies dans leurs gazettes et attendent la mise à feu. La "cuisson du demi-siècle" a lieu en décembre. Le professeur Longchambon est là. Mille trois cents degrés s'échappent des alandiers : les flammes sifflent et jaillissent des brûleurs, elles réveillent l'émail qui n'attendait que cet instant pour ruisseler et recouvrir d'une peau de cristal l'argile sommeillant, lentement portée au rouge étincelant. Après la frénésie de cet ultime grand feu, un lourd silence marque le temps du refroidissement, si lent qu'aucun empressement ne doit le rompre sous peine de briser les pièces sous un choc thermique funeste. Inquiétant, le moindre craquement qui pourrait signaler l'éclatement d'une œuvre est guetté pendant plusieurs jours. Le défournement se déroule *dans une atmosphère tantôt d'exaltation joyeuse, tantôt de recueillement religieux,*

Vase
Joseph Mougin, second atelier de Nancy
Grès émaillé
Marque sous la pièce
- en noir vitrifié : *Jh. Mougin 714*
Hauteur 140 mm
Collection privée

Vase à peau d'émail éruptif
Joseph Mougin, second atelier de Nancy
Grès émaillé
Marque sous la pièce
- en noir vitrifié : *J. Mougin Nancy 777*
Hauteur 420 mm
Musée de l'École de Nancy

Vase
Joseph Mougin, second atelier de Nancy
Grès émaillé
Marque sous la pièce
- en noir vitrifié : *J. Mougin Nancy 773*
- à la pointe : *211 P*
Hauteur 530 mm
Collection privée

relate Gabriel Bichet dans le *Républicain Lorrain*. Des amis et des personnalités assistent à l'événement, M. le préfet Samama et son épouse, Mlle Griffon, chef de cabinet, le docteur Jacson, adjoint au maire et délégué aux Beaux-Arts.

La curiosité devient à ce moment un beau défaut : il faut encore tout expliquer, une argile irréversiblement devenue grès, dur et sonore, une autre argile transformée en verre, qui recouvre la première et qu'on nomme maintenant émail, un carbonate de cuivre bleu turquoise qu'une flamme capricieuse transforme en merveilleux rouge cardinal, la fantaisie si hasardeuse des cristallisés, les expansions en cratères virulents, les concrétions minérales. Selon une tradition qu'avait instaurée Mougin, les œuvres sont exposées pendant le mois de décembre et en janvier, sous son regard absent. Il s'est donné une dernière tâche : transmettre sa foi en terminant la rédaction de ses mémoires d'outre-flammes. En 1950 François part à l'École nationale de Rouen compléter sa formation de céramiste.

Vase
Joseph Mougin, second atelier de Nancy
Grès émaillé
Marque sous la pièce
- en noir vitrifié : *Jh. Mougin 338*
Hauteur 340 mm
Collection privée

Nancy, vers 1947, Joseph près de son
four transformé : la cuisson de petit feu
se fait toujours au bois, mais un brûleur
au fuel, installé sur l'alandier,
assure le grand feu.
Collection privée

Vase
Joseph Mougin, second atelier de Nancy
Grès émaillé
Marque sous la pièce
- en noir vitrifié : *Jh. Mougin 711*
- à la pointe : *174*
Hauteur 335 mm
Collection privée

LES DERNIERS FEUX DE MONTREVILLE

L'atelier, après Joseph

Après son retour de Lunéville, Joseph trouve de nouvelles joies auprès de ses enfants en qui il découvre une grande sensibilité pour l'art : Jean dont les brillantes études se terminent, Odile qui entre à l'École des Beaux-Arts suivie par Bernard puis par François, encore bien jeune, mais déjà passionné par le feu.

Odile Mougin

Évoquer Odile, qu'en dire ? Sinon s'émerveiller devant sa céramique, une céramique qui vous projette dans les entrailles de la terre, si proche de ce feu auquel ne résiste aucune matière. Ici il n'y a plus de sujet, il n'y a plus ni forme ni composition, mais un émail magmatique, déchirant et tendre à la fois, l'épicentre de la création. avec ses cratères, ses coulées, ses strates, ses plissements, ses crevasses, son érosion. Une écorce vitrifiée marquée de l'empreinte d'un feu divin, aux tons arrachés aux métaux

Vase *Hommage à mon père*
Odile Mougin, second atelier de Nancy
Grès, forme coulée avec l'aide de
François, décor de pigments purs.
Marque sous la pièce
-en noir vitrifié :
Odile Mougin - 1945 juin - 22
Marque sur la pièce
- en émail noir relief :
"Hommage à mon père"
Hauteur 595 mm
Collection privée

Plat "manège"
Odile Mougin, second atelier de Nancy
Grès émaillé et peint
Marque sous la pièce
- en noir vitrifié : *Odile Mougin 25
fin avril 1949 Nancy*
Diamètre 455 mm
Collection privée

Vase
Odile Mougin, second atelier de Nancy
Grès émaillé blanc laiteux à
pigmentations noires
Marque sous la pièce
- en noir vitrifié : *Odile Mougin Nancy 48*
Hauteur 330 mm
Collection privée

Vase
Odile Mougin, second atelier de Nancy
Grès blanc émaillé et peint
Marque sous la pièce
- en noir vitrifié : *O. M. A 021*
Hauteur 110 mm
Collection privée

oxydés. Odile Mougin ne s'est jamais ménagée et n'a jamais cédé à la facilité ; incorruptible, on lui doit l'un des plus vibrants hommages que l'on ait rendu à la terre.

Odile reste dans un expressionnisme abstrait qui fait que la céramique figure entre ses mains sous la forme extrêmement élevée d'un langage intellectuel écrit Gabriel Bichet, en 1950, *elle s'apparente en cela très étroitement à l'école moderne la plus avancée ; elle place ainsi l'atelier Mougin en vedette (ce terme étant pris dans son sens aussi de sentinelle) de l'art du temps présent.*

Née en 1915 à Nancy, elle entre à l'âge de treize ans à l'École des Beaux-Arts de la ville, avec une dispense de son directeur Victor Prouvé ; elle y demeure quatre années, notamment dans l'atelier de marqueterie de Descombes. Elle séjourne quelque temps en Alsace, à Guebwiller, ville qui vit la naissance du célèbre faïencier Théodore Deck. Dès 1936, elle est auprès de Joseph et elle décore de nombreuses pièces uniques qu'elle signe en toutes lettres et qu'elle accompagne d'un monogramme personnel. Elle soumet ses œuvres à l'Exposition internationale de 1937 à Paris, où elle obtient une médaille d'argent ; l'État, en la personne du directeur des Beaux-Arts, M. Huysman, fait l'acquisition d'un vase, succès merveilleux car l'artiste n'a pas encore vingt-deux ans (Durban J., *L'Est Républicain*, 16 juin 1938).

Le 3 janvier 1940, elle donne suite au contrat que lui propose, ainsi qu'à Bernard, la Manufacture nationale de Sèvres. Ce contrat, établi pour une durée d'un an, a été retrouvé dans les archives de la Manufacture par Mᵐᵉ Tamara Préaud qui a eu l'amabilité de nous en communiquer les termes. Il est signé par le directeur de Sèvres, Louis Longchambon, ancien responsable de l'Institut de Minéralogie de Nancy, qui avait supervisé avec Joseph, à partir de 1936, les cuissons du four de Montreville. Louis Longchambon précise dans une lettre d'accompagnement que cette initiative est très favorable aux jeunes artistes et que c'est avec beaucoup de difficultés qu'il a réussi à obtenir ce nouveau mode de subvention (lettre du directeur de la manufacture du 30 janvier 1940 ; archives de la manufacture n° 30883). Odile entre à Sèvres en mars 1940, dans l'atelier de décoration géré par un homme expérimenté, Maurice Gensoli (actif de 1921 à 1958). Elle loge à ce moment à Paris dans le 15ᵉ arrondissement, 15, rue Henri Rochefort. En 1941, le statut de la Manufacture est modifié, elle redevient un établissement contrôlé et les accords particuliers de jeunes artistes, souhaités par Louis Longchambon, ne sont plus reconduits. Il est signifié à Odile que ses droits expirent le 31 décembre 1940. Un plat qu'elle a réalisé à Sèvres lui est cédé par l'administration pour la somme de huit cents francs. De retour à Nancy, elle crée jusqu'aux environs de 1956 de nombreuses pièces uniques, ne s'attachant qu'à l'expressivité des matières.

Vase "chimère"
Odile Mougin, second atelier de Nancy
Grès émaillé
Marque sous la pièce
- en noir vitrifié : *Odile Mougin Nancy -
7 juillet 1942 ; émaillé le 18 février 44*
Hauteur 610 mm
Collection privée

Plat
Odile Mougin, pièce réalisée à Sèvres
dans l'atelier de Gensoli
Porcelaine émaillée
Marque sous la pièce
- en noir vitrifié : *Odile Mougin*
Diamètre 467 mm
Collection privée

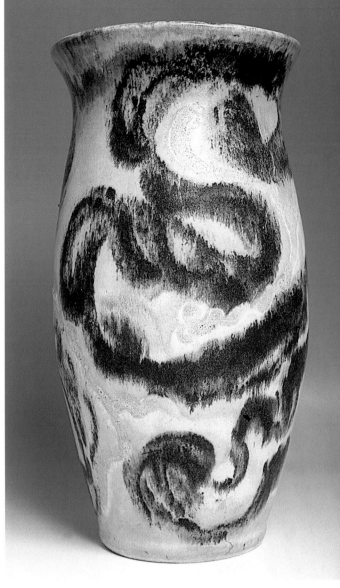

Vase
Odile Mougin, second atelier de Nancy
Porcelaine ?
Marque sous la pièce
- en noir vitrifié : *Odile Mougin mai Nancy 44*
Hauteur 250 mm
Collection privée

Vase
Odile Mougin, second atelier de Nancy
Grès émaillé mat
Marque sous la pièce
- en noir vitrifié : *Odile Mougin Nancy mars 44*
Hauteur 325 mm
Collection privée

Vase
Odile Mougin, second atelier de Nancy
Grès émaillé
Marque sous la pièce
- en noir vitrifié : *Odile Mougin Nancy mai 43*
Hauteur 515 mm
Collection privée

Vase
Odile Mougin, second atelier de Nancy
Grosse porcelaine émaillée et pigmentée
Marque sous la pièce
- *Odile Mougin octobre 45 Nancy*
Hauteur 295 mm
Collection privée

Bernard Mougin

Troisième enfant de Joseph et d'Aline, Bernard s'est aussi donné à la terre du modeleur, suivant les traces de son père. Premier second Grand Prix de Rome de sculpture, pensionnaire de la Casa Velázquez à Madrid, formé dans l'atelier de Henri Bouchard, il se distingue par une vision monumentale qui le conduit à créer des nus capiteux s'inscrivant dans l'épopée de Maillol.

Après une grave maladie et une longue convalescence, il rentre à Nancy en 1939. Il est alors présenté à la Manufacture de Sèvres qui lui propose, ainsi qu'à sa sœur Odile (comme dit plus haut), un contrat, spécialement mis au point pour les jeunes artistes, qu'il refuse.

Bernard, sculpteur puissant, a partagé un moment l'argile avec Joseph, réussissant de beaux sujets animaliers moulés et édités avec toute la joie d'un père qui voit son œuvre se perpétuer. Il apprécie particulièrement le *Lion couché* et note *l'épreuve 469 est une réussite remarquable, un émail dans les brun roux très chauds, d'une pâte comme je n'en n'ai que très rarement sorti du four, c'est une matité qui vit et une robe merveilleuse pour les animaux. Le Tigre* est tiré à 14 exemplaires, certains en noir

Ours noir
Édition Mougin, second atelier de Nancy
Modèle de Bernard Mougin, tirage de Joseph Mougin
Grès émaillé
Marque sous la pièce
- à la pointe : *B. Mougin sculpt -*
J. Mougin céramiste Nancy
- en creux de moulage : *24 F*
- en noir vitrifié : *956 3/25*
Hauteur 370 mm
Collection privée

Ours moucheté
Édition Mougin
Modèle de Bernard Mougin, tirage de Joseph Mougin
Grès blanc émaillé
Marque sous la pièce
- à la pointe : *B. Mougin sculpt*
F. Mougin céramiste Nancy
- en creux de moulage : *14 F*
- en noir vitrifié : *327*
Hauteur 225 mm
Collection privée

Tigre
Édition Mougin, second atelier de Nancy
Modèle de Bernard Mougin, tirage de
Joseph Mougin
Grès émaillé
Marque sous la pièce
- à la pointe : *B. Mougin sculpt -*
J. Mougin céramiste
- en creux de moulage : *25 P*
- en noir vitrifié : *377 13/25*
Hauteur 345 mm
Collection privée

mordoré, d'autres en blanc cassé, d'autres encore en bel émail brun (19ᵉ cuisson), comme celui acquis par la préfecture de Nancy.

Mais la grande statuaire s'installe dans l'œuvre de Bernard pour ne plus le quitter ; il excelle dans les volumes généreux qu'il anime de lumière et dont il rythme les surfaces de matières subtilement traitées à la gradine. Merveilleux évocateur du corps de la femme, il dessine au fusain jusqu'à l'ivresse ; la ligne ondulante et aérienne de ses nus puissants inspire un millier de croquis.

Bien que s'exprimant essentiellement par le bronze et le marbre, Bernard n'abandonne pas la céramique et conçoit, en 1957-1958, un vaste bas-relief en grès émaillé pour le Lycée de Longwy. La célèbre faïencerie de cette ville est sollicitée pour la fabrication, mais se désiste car sa technique ne se prête pas au grès de grand feu ; l'œuvre est alors réalisée avec la collaboration de Pierre Fouquet, céramiste parisien réputé.

Vase à décor figuratif
François Mougin, en stage à Rouen
Faïence blanche émaillée
Marque sous la pièce
- à la pointe : *F. Mougin 1952 Rouen*
Hauteur 408 mm
Collection privée

Vase
François Mougin, second atelier de Nancy
Grès blanc émaillé brun mat
Marque sous la pièce
- en noir vitrifié : *F. Mougin Nancy 123*
Hauteur 290 mm
Collection privée

Vase bouteille
François Mougin, second atelier
de Nancy
Grès émaillé mat
Marque sous la pièce
- en noir vitrifié : *F. Mougin VIII A 7 AV*
Hauteur 177 mm
Collection privée

François Mougin

Cadet des Mougin, né sous les murs de Lunéville puis élevé dans le spectacle du four de la rue de Montreville à Nancy, François apprend le métier en "jouant à l'arpète", selon sa propre expression, dans l'atelier. Il est âgé de neuf ans lorsque Joseph libère à nouveau les flammes de Montreville. Aidant son père et sa sœur, il s'initie sur le tas à tous les arcanes du grand feu. Adolescent, il entre au centre de formation des potiers à Fontcarrade près de Montpellier, s'initiant à la silencieuse patience du tourneur rivé au tour ; de 1950 à 1952, il se perfectionne à l'École nationale de céramique de Rouen, ensuite il poursuit ses études à Paris, à l'École des Métiers d'art de la rue de Thorigny. Il rejoint son frère Jean, professeur à Madrid, en 1942 et rentre à Nancy en 1945. Ses premières pièces importantes figurent, en 1946, dans l'exposition faisant suite à la cuisson de décembre qui se tient chaque année dans l'atelier de Montreville.

Sa personnalité s'accorde avec la terre pour donner une œuvre rare et discrète,

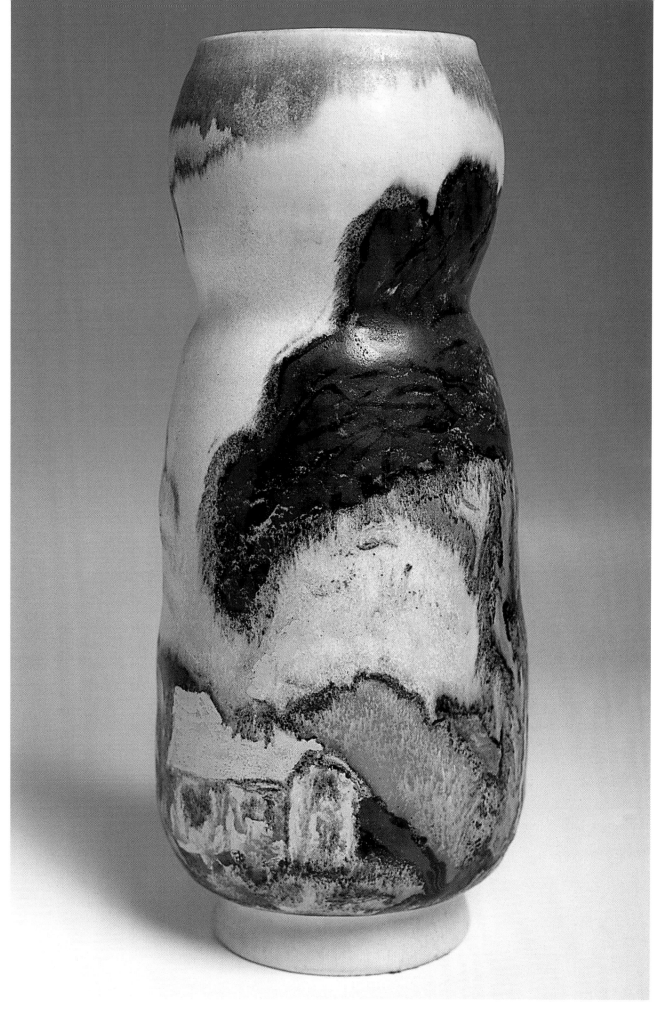

Vase "paysage"
François Mougin, second atelier de Nancy
Grès émaillé
Marque sous la pièce
- en noir vitrifié : *F. Mougin 49 Nancy 99*
- en relief de moulage : *206 P*
Hauteur 290 mm
Collection privée

Vase
François Mougin, second atelier de Nancy
Grès blanc émaillé mat
Marque sous la pièce
- en noir vitrifié : *F. Mougin 7 A février 47*
Hauteur 200 mm
Collection privée

aujourd'hui appréciée de plusieurs collectionneurs avertis. Plus que son père, François est attiré par le décor ornemental peint. Ses émaux mats portent des figurations ou des abstractions aux couleurs subtiles, dans lesquelles s'expriment un sentiment pictural et le sens de l'organisation des surfaces sur les volumes.

Vers 1950, un pharmacien conçoit l'idée originale de confier aux Mougin l'exécution d'un ensemble de pots canons pour son officine, dans une intention plus décorative que fonctionnelle. François reçoit ensuite la commande d'une seconde série qu'il effectue d'une manière très moderniste ; *ses pots n'en sont pas moins débordants de fantaisie et ne renieront jamais leur date de naissance* (Bichet G., *L'Est Républicain*, 28 décembre 1957).

Après avoir, une dernière fois, en 1956, embrasé les deux alandiers du grand fourneau paternel, François se retire lorsqu'il n'y a plus d'espoir à Nancy pour que vive un céramiste d'art.

Sa compétence et son expérience ont cependant trouvé un chemin évident, il devient professeur de céramique, fonction qu'il occupera, de 1954 jusqu'en 1987, au centre d'apprentissage de la faïencerie de Longchamp, devenu par la suite un Lycée céramique professionnel ; il y transmet sa flamme à plusieurs centaines de jeunes élèves. Combien d'entre eux savent-ils qu'ils possèdent dans leur cœur une parcelle d'histoire commencée en 1896 ?

Jean Mougin et la rétrospective de 1963

Jean, l'aîné, né en 1911, titulaire d'une licence d'archéologie et d'histoire de l'art, entre dans la fonction publique pour un poste de lecteur à l'Université de Cologne ; puis, de 1940 à 1943, il est professeur de lettres au Lycée français de Madrid et délégué de la Croix-Rouge au service des évadés de France (*Le Bien Public*, 9 mars 1984).

Attentif à donner une dimension poétique à l'œuvre de l'atelier Mougin, il écrit en 1938 une plaquette de seize pages, *Le mystère du grand feu,* dans laquelle il explique la naissance d'un grès. Il insuffle à ce texte une tournure littéraire, ponctuée de belles évocations sur l'âpreté du métier. Joseph n'est jamais cité, mais d'intéressantes photographies le montrent, au tour ou près de son four, comparé à un *donjon médiéval, profondément ancré dans la terre* ; ailleurs Odile est à la girelle, exécutant la décoration d'un vase monumental.

Jean devient chef du service des relations artistiques auprès de l'ambassade de France en Allemagne, puis rentre au pays pour occuper plusieurs fonctions importantes, notamment à Strasbourg où il crée la Conservation régionale des bâtiments de France. C'est à ce moment, en 1962, qu'il projette une rétrospective Joseph Mougin qui devait se tenir initialement à la galerie Corbin, mise à disposition par son directeur, Jean Renard. Mais c'est au musée des Beaux-Arts de Nancy qu'a lieu, en 1963, cet *hommage public que Nancy devait à l'artiste* (Gabriel Bichet) auquel assistent, lors du vernissage, de nombreuses personnalités citées exhaustivement par le chroniqueur assidu de l'aventure des Mougin, Gabriel Bichet, qui marque une déférence particulière à Auguste Vallin, *dont l'arrivée fut entourée de respect, c'est un contemporain de Joseph Mougin et, avec Alfred Lévy, le dernier survivant de l'École de Nancy.*

Le 30 janvier, l'exposition fait l'objet d'une visite commentée par Mlle Thérèse Charpentier professeur d'histoire de l'art et par Jean Mougin ;

Plat
François Mougin, second atelier de Nancy
Grès émaillé
Marque sous la pièce
- en noir vitrifié : *F. Mougin avril 49
Nancy X 1*
Diamètre 410 mm
Collection privée

Vase
François et Odile Mougin
Grès émaillé mat
Marque sous la pièce
- en noir vitrifié : *Fanfan novembre 45/7
décembre Odile*
- en creux : *118*
Hauteur 160 mm
Collection privée

Michel Daum le maître cristallier et Pierre Benoît le maître vitrailliste sont parmi les personnalités présentes. La plaquette d'accompagnement, qui se termine par la devise que Joseph aimait rappeler, *Il faut endurer pour durer*, est vraisemblablement de sa main.

Nommé un temps à Versailles, Jean Mougin termine sa carrière comme Conservateur régional des bâtiments de France à Dijon. Il est l'auteur de la première biographie des Grès Mougin, parue en 1982 dans *Terre lorraine*. Il est peut-être l'initiateur du "Cahier Wittmann", manuscrit de quatre-vingt-six pages d'une rédaction parfaite, qui semble prêt pour une édition sous le titre (provisoire ?) "*Les Wittmann, Édition de luxe réalisée aux ateliers d'art de Nancy les grès Mougin entre 1914 et 1940 - Texte d'analyse des personnages, types du terroir lorrain vosgien par René Normand*". Quelques corrections dans la marge sont de la main de Joseph Mougin. Le texte, qui semble recueilli à la même source que d'autres écrits étudiés, comporte des accommodements, comme la mention de l'Exposition de 1903 plaçant les œuvres de Wittmann dans la vitrine des frères Mougin (section des Arts décoratifs), ce qui est démenti par le catalogue officiel qui précise que Wittmann disposait de sa propre vitrine (section sculpture). Des contradictions de détails peuvent encore être relevées par souci historique, telle l'anecdote concernant les travaux de Pierre Roche pour le château de Sarah Bernhardt, situé soit à Boulogne soit à Belle-Isle (M.J. 5/7 p. 457 ; M.J. 8, p. 26 et 28).

Nancy, vers 1947, près du four de Montreville : Julienne Guyon, Louis Longchambon (qui était, en 1940, directeur de la Manufacture nationale de Sèvres), une personne non identifiée, Odile puis François Mougin.
Collection privée

L'ÉDITION D'ARTISTES

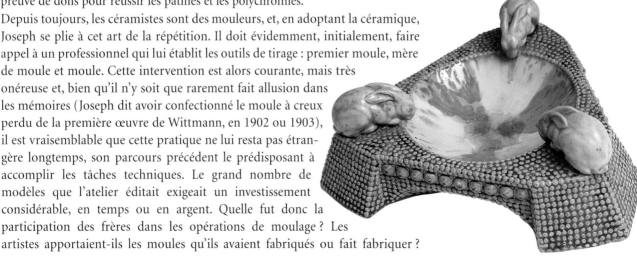

La terre plutôt que le bronze

Sculpteur confronté à la difficulté de commercialiser ses œuvres, Joseph perçoit l'intérêt de l'édition qui permet à l'artiste de les vendre à des coûts raisonnables. Mais il ne tombe pas dans le piège du tirage industriel, il veut conserver une image fidèle de la pièce unique. Cette opération passe par la répétition à l'aide d'un moule, et celui-ci n'est pas, dans la formation académique, le fait de l'artiste mais d'un praticien spécialisé. Le premier atelier de Paris en est encore à ses balbutiements lorsque Lemarquier, démoralisé par les échecs et une vie trop pénible, quitte l'association. Joseph persévère et note dans ses mémoires : *J'avais depuis le départ de Lemarquier accepté de montrer mon installation ; des camarades venaient et auraient voulu que je tire en grès de leurs œuvres mais il faudrait mouler et là s'arrêtaient mes moyens* (M. J 4/7 : p. 340). En reconnaissant, au début de sa carrière, qu'il n'est pas mouleur et qu'il ne maîtrise pas ce métier, Joseph montre les limites de ses compétences mais met en évidence tout l'intérêt que représentent les tirages en céramique pour les sculpteurs. Cette matière sait traduire, par la porcelaine, toutes les finesses des détails, ou respecter l'empreinte des doigts du modeleur dans le grès le plus viril. Moins coûteuse que le bronze et bien adaptée aux séries, la terre colore sa peau d'infinies variantes, de la patine oxydée aux revêtements vitrifiés les plus somptueux. Par exemple, la figurine *Tanagra Coup de vent* de Victor Prouvé existe en trois versions : en biscuit de grès gris ou sous couverte transparente légèrement colorée (Musée Saint-Jean l'Aigle, Longwy) ou encore revêtue d'un bel engobe vert bronze évoquant les patines florentines (Musée du Château, Lunéville). Ce travail, Joseph le destine à son frère qui fait preuve de dons pour réussir les patines et les polychromies.

Depuis toujours, les céramistes sont des mouleurs, et, en adoptant la céramique, Joseph se plie à cet art de la répétition. Il doit évidemment, initialement, faire appel à un professionnel qui lui établit les outils de tirage : premier moule, mère de moule et moule. Cette intervention est alors courante, mais très onéreuse et, bien qu'il n'y soit que rarement fait allusion dans les mémoires (Joseph dit avoir confectionné le moule à creux perdu de la première œuvre de Wittmann, en 1902 ou 1903), il est vraisemblable que cette pratique ne lui resta pas étrangère longtemps, son parcours précédent le prédisposant à accomplir les tâches techniques. Le grand nombre de modèles que l'atelier éditait exigeait un investissement considérable, en temps ou en argent. Quelle fut donc la participation des frères dans les opérations de moulage ? Les artistes apportaient-ils les moules qu'ils avaient fabriqués ou fait fabriquer ?

Cendrier
Atelier Mougin
Modèle créé par Alfred Finot
(1876-1947) (22.F)
Grès porcelanique
Marque sous la pièce :
- à la pointe : *Mougin J. P -
A. Finot - 2431*
Longueur : 125 mm
Collection privée

Vide-poches *Lapins*
Édition Grès Mougin Nancy, atelier
de Lunéville
Modèle de Paul Ganuchaud (1881-?) (4.A)
Grès blanc émaillé
Marque sous la pièce
- à la pointe : *Grès Mougin P.
Ganuchaud sc - 4 A/L*
Hauteur 260 mm
Collection privée

Tanagra coup de vent
Édition Grès Mougin Nancy, atelier
de Lunéville
Modèle de Victor Prouvé (1856-1943)
(9.S)
Grès grisâtre émaillé
Marque sous la pièce
- à la pointe : *Mougin*
Marque sur la pièce
- au poinçon ovale : *Grès Mougin Nancy*
Hauteur 225 mm
Musée Saint-Jean l'Aigle

Lorsque l'on connaît le soin et la rigueur qu'ils apportaient au tirage et au réparage, on ne peut que penser qu'ils ont souhaité maîtriser aussi la première phase dont dépend la qualité finale de l'œuvre. Une photographie a été prise, rue La Quintinie, au cours d'une opération de moulage ; Joseph, un ébauchoir à la main, semble nettoyer la coquille d'un très gros moule dans lequel se devine un instrument de mouleur, une spatule en fer ; Pierre savonne ou "désavonne" une autre partie de moule à l'aide d'un pinceau ; un aide saupoudre du plâtre dans une grande bassine à bec. De la filasse d'armature apparaît à la droite de l'image. Cette scène nous informe peu sur l'opération en cours : ce type de moule simple à parois fines n'est pas un matériel de céramiste, mais de sculpteur, quoiqu'il soit toujours possible d'y pratiquer un estampage sommaire à la croûte.

L'édition de sculptures contemporaines : une affaire d'amitié

Bien que Joseph se destine dans un premier temps à la seule production de pièces uniques, il se rend compte qu'il n'est guère possible d'en vivre ; il souligne, dans ses mémoires, que la nécessité d'éditer d'autres œuvres que les siennes lui permettait d'une part de partager les frais de fonctionnement de l'atelier et, d'autre part de donner de l'ouvrage à son frère qui, n'étant pas créateur, trouvait là à s'employer, mettant à profit la faculté qu'il avait de résoudre certaines opérations délicates comme les patines. Contrairement à l'industrie céramique qui ne se préoccupait que de sortir en grande série des œuvres couronnées par un succès commercial, les Mougin sont plus impliqués dans l'édition d'œuvres rares, qui n'auraient certainement jamais vu le jour sans leur collaboration. Dès 1902, vraisemblablement, Joseph accepte de partager ses compétences techniques et d'assurer à ses amis sculpteurs des tirages en grès, plus faciles à vendre que le bronze. Il évoque l'existence de contrats passés avec les artistes. Aucun de ces documents ne nous est parvenu, seule la question des droits d'auteurs est abordée : *nous donnons par contrat 15 % sur les ventes de leurs œuvres* (M.J. 5/7 : p. 492 et 493). Le coût le plus important est constitué par les frais d'outillage, c'est-à-dire du moule perdu qui sert à obtenir le modèle en plâtre, d'après l'original en terre crue, en plastiline ou en cire, puis les moules mères et enfin les moules de tirage. Ces opérations impliquent un lourd investissement, aussi était-il convenu que les modèles et les moules restaient la propriété de Joseph. Bien plus tard, lors de la rupture des accords de Lunéville, lorsqu'Édouard Fenal se propose d'acquérir les moules existants, Pierre exige de recevoir la moitié du paiement, ce qui est à l'origine d'une brouille familiale.

LES ARTISTES
ÉDITÉS PAR LES FRÈRES MOUGIN

Pour compléter les brèves notes qui suivent, il est utile de se référer à la liste de 1921 donnée en annexe, dans laquelle sont répertoriés les auteurs et leurs œuvres.

ARTISTES DE LA PÉRIODE 1900-1914

Les relations entre les frères Mougin et la plupart des artistes qu'ils ont édités sont remarquables par leur caractère personnel. Bussière et Barrias, les professeurs de Joseph ; Bouchard, Castex, Finot, Ganuchaud, Guétant, Laurent, ses camarades d'atelier, élèves de Barrias ; Prouvé, l'ami de toujours ; Wittmann qui leur confia son œuvre ; Majorelle qui les honora de sa confiance ; Guillaume et ses portraits de Joseph ; Bergé et Walter à qui l'on doit songer en évoquant la probabilité de l'édition, par Daum, d'une statuette de Joseph (*Jeunesse*), en sont les témoins irréfutables.

Louis Ernest Barrias (Paris, 1841-1905)

Barrias est un sculpteur renommé dont plusieurs œuvres sont éditées par la Manufacture nationale de Sèvres (1892-1902), notamment le célèbre *Mozart enfant,* du Salon de 1883. En entrant dans son atelier, Joseph Mougin a bénéficié d'un professeur ouvert, soucieux de ses aspirations et qui se rend compte qu'il n'est pas fait pour l'art monumental et encourage son choix pour la céramique : devant les difficultés techniques insurmontables que rencontre Joseph, il sollicite, en 1901, l'attention de Georges Vogt, directeur des travaux techniques de Sèvres et lui recommande le jeune homme à qui il offre ainsi le moyen d'acquérir ses premiers éléments sérieux de pratique.

Deux œuvres de Barrias figurent dans le répertoire des grès Mougin, *Bacchante* et *Printemps* qui sont des biscuits de grès porcelanique. Ont-elles été tirées du vivant de l'artiste ? Joseph ne laisse aucune information à ce sujet.

Henri Bouchard (Dijon, 1875-1960)

Ce sculpteur fait la connaissance de Joseph dans l'atelier de Barrias où il est également élève. Premier grand prix de Rome, il devient membre du comité artistique de Sèvres (1924-1937) et crée, vers 1929, des modèles pour Henriot à Quimper, dont le directeur est alors Mathurin Héheut.

Il est présent avec six sculptures dans le répertoire Mougin de 1914 et treize dans celui de 1921. Certaines changent de nom comme l'*Enfant au livre*, auparavant nommé *Paresseux,* mais peu d'œuvres tirées en Lorraine sont connues.

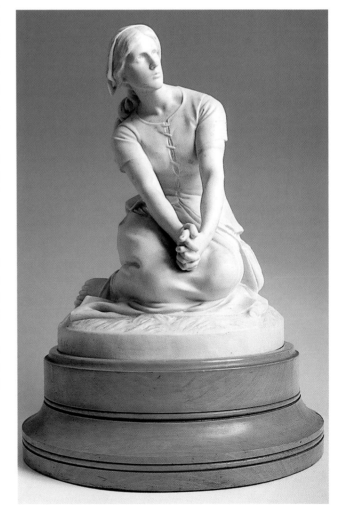

Vide-poches avec statuette féminine
Édition Mougin Frères
Modèle de Joseph Mougin,
non référencé
Porcelaine
Marque sous la pièce
- à la pointe : *Mougin Fres Nancy 5121*
Hauteur 170 mm
Collection privée

Le Rhône
Édition Mougin Nancy
Modèle d'Auguste Henri Carli
(1868-1930) (1.C)
Grès porcelanique
Marques sous la pièce
- à la pointe : *Mougin Nancy*
- en relief de moulage : *A 1907*
Hauteur 220 mm
Collection privée

Statuette *L'Hiver*
Édition Grès Mougin Nancy
Modèle de
Louis Castex (1868-1954) (1.L)
Grès blanc émaillé
Marque sous la pièce
- au poinçon ovale : *Grès Mougin Nancy*
1 L - Castex sc
Marque sur la pièce
- en relief : *L'Hiver*
Hauteur 420 mm
Collection privée

Auguste Henri Carli (Marseille, 1868-1930)

Carli est aussi un élève de l'atelier de Barrias, sa réussite le conduit à réaliser de nombreuses commandes monumentales. Nous ne connaissons pas ses relations avec Joseph, plus jeune de huit ans, qui choisit dans son répertoire deux œuvres allégoriques importantes, *La Durance* et *Le Rhône*, ainsi qu'un buste et deux statuettes d'artistes de cirque. Son frère, Louis-François, né en 1872, était également élève aux Beaux-Arts de Paris.

Louis Castex (Saumur, 1868-1954)

Louis Castex est massier (élève élu, représentant une classe) de l'atelier de sculpture, lorsque Joseph est admis chez Barrias. Tous deux deviennent de bons amis (M.J. 4/7 : p. 334). Les thèmes des sculptures de Castex sont souvent d'inspiration religieuse. Cinq œuvres seront éditées par les frères Mougin, dont la silhouette *l'Hiver*, dépouillée jusqu'à l'abstraction.

Henri Michel Antoine Chapu (Le Mée-sur-Mer, 1833-1891)

Les frères Mougin n'ont évidemment pas connu Chapu, premier Grand prix de Rome, membre de l'Institut, professeur aux Beaux-Arts et statuaire de renom. Sèvres édite Chapu, en 1888, en même temps que Barrias. Peut-être est-ce ce dernier qui a fait obtenir aux Mougin l'autorisation d'édition de la célèbre *Jeanne d'Arc agenouillée* (dite *Jeanne à Domrémy*) dont le marbre est au Louvre et qui a fait l'objet d'une multitude de reproductions dans toutes les matières ?

Guillaume Claude Henri Delaspre (Bordeaux, XIXᵉ-XXᵉ siècle)

Peu connu, même dans sa ville natale, ce sculpteur apparaît dans les ventes avec des sujets orientalisants chryséléphantins (*Danseuse berbère, Danseuse Ouled-Naïl*). Il donne trois sujets de caractère à l'atelier Mougin ; *Gamin, Gamine* et *Gamin et Gamine* qui sont des petites statuettes espiègles référencées dans le catalogue de 1914. Aucun document ne vient expliquer sa participation à l'œuvre des Mougin, vraisemblablement fait-il partie des artistes de l'entourage de Joseph à Paris. Il figure, en 1921, au Salon des Artistes français, mais ne semble plus être en rapport avec lui à ce moment.

Paul Ganuchaud (Paris, 1881- ?)

Ganuchaud est de toutes les fêtes étudiantes et devient un fidèle de l'atelier Mougin de Paris. Son apport consiste en de petits objets ornés d'un bestiaire traité avec vigueur et humour : cigales, crabes, crevettes, canards, souris surmontent boîtes, encriers, cendriers, porte-couteaux et plumiers. Le catalogue de 1914 montre onze modèles différents et celui de 1921, treize. Une "tête égyptienne", en grès émaillé et haut-relief, est apparue sur le marché de l'antiquité, mais sans précision du praticien.

Jules Aimé Grosjean (Vesoul, ?-1906)

Nous ne possédons aucun détail sur la participation de ce sculpteur, limitée à quelques belles œuvres. Mais les deux artistes devaient être suffisamment liés car Grosjean propose son sujet du concours "Chenavard", une superbe esquisse en plâtre de son *Christ sur la Montagne*. Le vase *Les Âges de la vie* (ou *La Vie*) au modelé délicat, se rattache à l'Art Nouveau ; traitée avec sobriété sous un engobe mat qui donne une grande douceur au jeu de la lumière, sa composition symboliste fait naître le sujet de la matière et du volume même de l'œuvre, liant en une seule lecture plastique le support et le décor.

Auguste Guénot (Toulouse, 1882-1966)

Les œuvres de ce sculpteur apparaissent de temps à autre sur le marché de l'art ; certaines sont des bronzes fondus par Susse, d'autres des marbres, d'autres encore des terres cuites ; ce qui témoigne du succès de son travail. Il ne figure ni au catalogue de 1914, ni à celui de 1921.

Vase *Crevettes*
Édition Mougin
Modèle de
Paul Ganuchaud (1881-?) (12.A)
Grès blanc émaillé
Marque sous la pièce
- en creux de moulage : *MF* enlacés
Hauteur 80 mm
Collection privée

Statue *Christ prêchant*
Édition Mougin Frères
Modèle de
Jules Aimé Grosjean (?-1906) (2.R)
Grès porcelanique émaillé
Marque sous la pièce
- en creux de moulage : *Mougin Frères*
Marques sur la pièce
- à la pointe : *J. Grosjean*
- au poinçon ovale : *Grès Mougin Nancy*
Hauteur 585 mm
Collection privée

Vase *Les âges de la vie*
Édition Mougin, Paris ou premier atelier
de Nancy
Modèle de
Jules Aimé Grosjean (?- 1906) (1.R)
Grès grisâtre à émail "cire"
Marque sous la pièce
- à la pointe : *J. Grosjean sc Mougin Frères Céram 1206*
Hauteur 425 mm
Musée de l'École de Nancy

Gustave Guétant (Marseille, 1873-?)

Guétant est, avec Finot, l'un des grands amis de Joseph et l'un de ses camarades chez Barrias. Les nombreuses œuvres éditées par l'atelier témoignent de leurs liens. Les petits bustes et les statuettes féminines sont modelés avec toute la grâce décorative de l'Art Nouveau.

Pierre-Antoine Laurent (Montluçon, 1868-?)

Sculpteur et ancien élève de Barrias, Pierre-Antoine (qui ne doit pas être confondu avec Sébastien, qui suit) ne figure pas dans les répertoires. L'une de ses œuvres aux accents Art Nouveau, éditée par les Mougin, une coupe formée d'une naïade portant une coquille d'huître, est conservée par le musée de l'École de Nancy.

Louise Aline Lauth-Bossert (Barr, 1869-1955)

Alsacienne, élève de Dampt et d'Icart, cette femme peintre et sculpteur devient membre de la Société des Artistes français en 1908 et expose au Salon l'année suivante. Elle donne aux Mougin des œuvres à connotation symbolique : le *Buste Alsacienne* (ou *Buste Alsace*) tiré en trois tailles, preuve de son succès, un *Médaillon Alsace-Lorraine*, et peut-être trois petites figurines de fillettes à coiffe traditionnelle

Statuette *Baigneuse*
Édition Mougin Nancy, premier atelier de Nancy
Modèle de
Gustave Guétant (1873-?) (4.E)
Porcelaine partiellement émaillée
Marque sous la pièce
- à la pointe : *Mougin Nancy - Guétant 5417*
Hauteur 180 mm
Musée Saint-Jean l'Aigle

Vide-poches
Édition Mougin, atelier de Paris ?
Modèle de
Pierre Antoine Laurent (1868-?)
Grès blanc émaillé, agrémenté d'oxydations cuivriques.
Marque non relevée
Hauteur 200 mm
Musée de l'École de Nancy, cliché MEN

(22. S). Cette collaboration fait suite à
l'Exposition de 1909 de Nancy, qui était marquée par une
forte manifestation économique et culturelle de l'Alsace.

Chat
Atelier Mougin. Modèle créé par Jean
Tarrit (1866-1950). Grès
Marque sous le socle :
- à la pointe : *Jean Tarrit sculpteur -
Mougin Frères céramistes - 1105*
Longueur 310 mm. Collection privée
Ce modèle ne figure pas dans
le catalogue de 1914.

Pierre Roche (dit Fernand Massignon ; Paris, 1855-1922)

Bien que n'apparaissant pas dans les éditions des frères Mougin, le statuaire et
céramiste Pierre Roche (élève de Dalou et de Rodin) est en rapport professionnel
avec eux, notamment par les travaux qu'il leur a confiés, comme la cuisson de ses
"grands saints de Bretagne" en céramique et des
chapiteaux de cheminée pour le castel de Sarah
Bernhardt (M.J. 5/7 p. 457 ; M.J. 8, p. 26 et 28).

Jean Tarrit (Châtillon-sur-Chalaronne, Ain, 1866-1950)

Sculpteur du sérail des Beaux-Arts, élève de
Thomas et de Moreau-Vauthier, il expose régulière-
ment au Salon et devient, en 1899, sociétaire des
Artistes français. Une seule œuvre apparaît au catalogue
Mougin de 1914, mais une autre est connue. Le groupe
Chatte et ses petits que conserve le musée de l'École de
Nancy est daté de 1902, Tarrit est donc l'un des
premiers artistes édités rue de La Quintinie.

Groupe *Chatte et ses petits* (1.T)
Édition Mougin
Modèle de Jean Tarrit (1866-1950)
Grès à émail patiné
Marque non relevée
Hauteur 300 mm
Musée de l'École de Nancy, cliché MEN

ARTISTES DE L'ÉCOLE DE NANCY

Henri Bergé (Diarville, 1870-1937)

Élève de l'École des Beaux-Arts de Nancy, Bergé trouve sa voie dans les arts graphiques. Professeur de dessin, il s'impose comme créateur et praticien de talent dans de nombreuses spécialités, les arts de la publicité, le vitrail mais aussi les pâtes de verre ; il donne des modèles à Almaric Walter, un céramiste converti à la recherche sur la fusion du verre, et devient un collaborateur important de Daum, à la suite de Gruber. Il est peut-être à l'origine du tirage en pâte de verre d'une œuvre de Joseph, la figurine *Printemps*. Pour les Mougin, il crée quelques modèles remarquables par leur esthétique École de Nancy ; une *Salière* et un *Encrier* figurent au catalogue de 1914. L'inscription de ces pièces au répertoire de 1914, sous la lettre "X", montre que le code alphabétique est bien chronologique car elles sont postérieures à celles de Paris.

Ernest Bussière (Ars-sur-Moselle, 1863-1913)

D'une solide culture artistique commencée à Nancy, le Lorrain Ernest Bussière est admis, en 1882, à l'École nationale des Beaux-Arts de Paris et expose pour la première fois au Salon de 1883. Ses céramiques végétales sont à l'Exposition des Beaux-Arts de Remiremont en 1895, puis à Nancy la même année. François Mougin se souvient que son père Joseph lui disait qu'il avait suivi l'enseignement de Bussière lors de sa formation à l'école des Beaux-Arts de Nancy, entre 1892 et 1894.

Le vase *Pied d'alouette*, que l'on peut reconnaître sur une photographie du catalogue Daum, pour l'Exposition de 1900, et sur une page de catalogue des Établissements Majorelle (Musée historique lorrain, Nancy) si caractéristique avec son excroissance élégante qui évoque le bec d'une buire (bien que sans usage fonctionnel), trouve un écho dans le pot à crème *Fenouil* de Kann tiré à Sèvres en 1906 (Lechevallier-Chevignard, 1908 : p. 74). Ce vase est l'une des pièces de terre de pipe à peau irisée et reflets métalliques éditée par la manufacture de Lunéville dans la technique si particulière que nous avons décrite voici quelque temps (*Céramiques végétales, Ernest Bussière et l'Art Nouveau*, Musée de l'École de Nancy, 2000 : p. 23-25). La collaboration avec cette firme s'arrête début 1904, mais, après la mort de Bussière, alors que les frères Mougin collaborent avec la faïencerie, quelques céramiques sont à nouveau reproduites, en grès ou en porcelaine ; elles portent la mention à la pointe "Bussière" et souvent le poinçon ovale "Grès Mougin Nancy". Le second répertoire des modèles Mougin, qui est supposé être rédigé en 1921, cite quinze œuvres de Bussière, dont très peu sont connues. Cette date laisse penser que l'édition a commencé avant Lunéville, mais comme l'écriture est différente de celle des autres pages, il pourrait bien s'agir d'un additif postérieur. Le catalogue de 1914 ne porte aucune mention de Bussière. L'influence certaine d'Ernest Bussière sur Joseph est peut-être plus déterminante que celle de Carriès, soulignée par Mougin dans ses mémoires. Comme en témoignent ses premières

Vase *Pied d'alouette*
Édition Grès Mougin
Modèle
d'Ernest Bussière (1863-1913) (4.)
Grès
Marque sous la pièce
- à la pointe : *Bussière Grès Mougin*
Hauteur 190 mm
Collection privée

Encrier
Édition Mougin, premier atelier de Nancy
Modèle de
Henri Bergé (1870-1937) (2.X)
Grès jaunâtre
Marque sous la pièce
- à la pointe : *Mougin Bergé 991*
Longueur 290 mm
Musée de l'École de Nancy

Vase *Nymphe et faune*
Édition Mougin, atelier de Lunéville
Modèle
d'Alfred Finot (1876-1947) (11.F)
Grès blanc émaillé
Marques sous la pièce
- en relief de moulage : *11 F*
- au poinçon ovale : *Grès Mougin Nancy*
Hauteur 295 mm
Collection privée

Vase *Pied d'alouette*
Édition Mougin Nancy
Modèle de Ernest Bussière
(1863.1913) (4.)
Grès brun
Marque sous la pièce
- à la pointe : *Bussière Mougin Nancy*
Hauteur 185 mm
Collection privée

créations, les formes végétales sont aussi à l'origine de la composition et de l'expression des volumes mais l'approche en est différente, plus structurelle et surtout plus liée à la matière. Plus tard, alors que l'Art déco prime, le jeu des feuilles imbriquées du vase *Artichaut* de Bussière se devine encore dans le vase *Pomme de pin* de Joseph, créé à Lunéville.

Alfred Finot (Nancy, 1876-1947)

Né à Nancy la même année que Joseph, Finot est l'un de ses grands amis. Il commence sa formation à l'École des Beaux-Arts de sa ville natale, puis la poursuit à Paris, dans l'atelier de Barrias. Il est l'un des premiers à proposer des modèles à Joseph, dès que celui-ci est en mesure de cuire. Certains d'entre eux, alors tirés en bronze et en étain, apparaissent sur une photographie publiée dans la *Lorraine artiste* du premier décembre 1901, notamment la gourde *La Soif* et *Nymphe & faune*. Certaines œuvres ont peut-être été créées directement pour la céramique.

Finot figure dans la liste du comité directeur de l'Alliance provinciale des industries d'art, lors de sa fondation en 1901.

Finot et Joseph sont très proches l'un de l'autre dans leur démarche esthétique, ce qui est cohérent par l'enseignement qu'ils ont reçu et dont ils ne se sont pas encore dégagés. Les modelés de leurs nus féminins présentent d'infimes variations dans l'interprétation anatomique, le premier est plus évanescent et le second plus incisif. La coupe *Trois femmes* est une très belle œuvre dont les différents exemplaires comportent de multiples et heureuses colorations de grand feu.

Vase *Trois femmes* ou *Trois têtes*
Édition Mougin Nancy
Modèle de Alfred Finot (1876-1947)
Porcelaine émaillée
Marque sous la pièce
- à la pointe : *Mougin Nancy*
Hauteur 215 mm
Collection privée

Jardinière *La vague*
Édition Mougin Nancy
Modèle de A. Finot (1876-1947) (4F)
Marque sous la pièce
- à la pointe : *Mougin Nancy 7066 -
A. Finot sc*
Collection privée

La Lorraine Artiste, 1er décembre 1900 : bronzes et étains d'Alfred Finot.
Il est possible de reconnaître quelques œuvres également tirées en céramique par les frères Mougin, comme la gourde *La soif* et le vase *Nymphe et faune*.

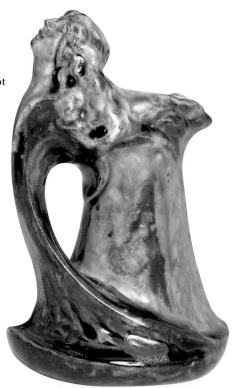

Petit crémier à tête
Atelier Mougin
Modèle créé par Alfred Finot
(1876-1947) (7.F)
Porcelaine émaillée
Marque sous la pièce : *Grès Mougin Nancy*
Marque sur la base
- à la pointe : A. Finot
Hauteur 140 mm
Collection privée

Vase *Tulipe*
Édition Grès Mougin Nancy
Modèle de
Alfred Finot (1876-1947) (19.F)
Grès blanc émaillé
Marque sous la pièce
- au poinçon ovale : *Grès Mougin Nancy*
Marque sur la pièce
- à la pointe : *A. Finot*
Hauteur 180 mm
Collection privée

Buste de femme
Édition Mougin, Nancy
Modèle d'Alfred Finot (1876-1947)
Porcelaine
Marque sous la pièce
- à la pointe : *Mougin Nancy 5299 A. Finot*
Hauteur 160 mm
Musée de l'École de Nancy

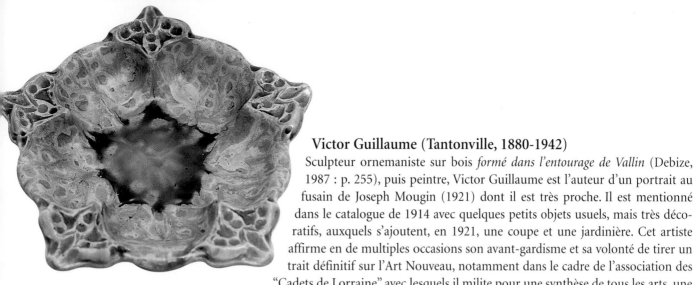

Cendrier pentagonal *Œillet*
Édition Mougin
Modèle de
Victor Guillaume (1880-1942) (3.V)
Grès blanc
Marque sous la pièce
- à la pointe : *V. Guillaume et logo
inconnu JPMF ou JPMJ*
Collection privée

Jardinière ronde haute
Atelier Mougin, Lunéville
Décor de Louis Majorelle (1859-1926)
Grès blanc émaillé
Marque sous la pièce :
- en creux de moulage :
Mougin Nancy - 11.K/L - Majorelle. dc
Hauteur 105 mm
Collection privée

Victor Guillaume (Tantonville, 1880-1942)

Sculpteur ornemaniste sur bois *formé dans l'entourage de Vallin* (Debize, 1987 : p. 255), puis peintre, Victor Guillaume est l'auteur d'un portrait au fusain de Joseph Mougin (1921) dont il est très proche. Il est mentionné dans le catalogue de 1914 avec quelques petits objets usuels, mais très décoratifs, auxquels s'ajoutent, en 1921, une coupe et une jardinière. Cet artiste affirme en de multiples occasions son avant-gardisme et sa volonté de tirer un trait définitif sur l'Art Nouveau, notamment dans le cadre de l'association des "Cadets de Lorraine" avec lesquels il milite pour une synthèse de tous les arts, une fusion des arts plastiques, de la danse, de la poésie, du théâtre dans une œuvre unique. Fortement impliqué dans la vie artistique nancéienne, Guillaume est l'un des premiers à insuffler aux Mougin la vision d'un modernisme précurseur, en réaction à l'Art Nouveau. Son influence est prépondérante dans l'évolution de la plastique de Joseph qui abandonne, dès 1908, le naturalisme pour le synthétisme des formes. Guillaume est l'instigateur, en 1922, d'une exposition dédiée à la "Jeune peinture française". Proche de Jean Lurçat, Paul Colin, Gaston Ventrillon, Jean Prouvé et Gaston Goor, il soutient avec ce dernier le critique Georges Sadoul lors de son initiative controversée d'introduire des artistes surréalistes au sein d'une exposition nancéienne (1926). Christian Debize rappelle que la première commande importante de Jean Prouvé, *entièrement réalisée sur l'enclume*, fut la grille de la maison de Guillaume.

Louis Majorelle (Toul, 1859-1926)

Élève à l'École des Beaux-Arts de Paris, Louis doit rejoindre Nancy au décès de son père, en 1879. Auprès de ses frères et de sa mère, il assure alors la direction artistique

des ateliers Majorelle dont le succès et la notoriété sont considérables à la fin du siècle. En 1904, sa firme achète la maison de décoration Bing de Paris, célèbre pour son rôle joué dans l'introduction du japonisme en France (l'Hôtel de la rue de Provence).

Initié à la céramique par son père Auguste, qui fut peintre sur porcelaine puis commercialisa des faïences qu'il faisait fabriquer sous son nom en sous-traitance par les manufactures de Toul et de Lunéville, Louis donne aux frères Mougin le moyen de vendre leurs œuvres à Paris en leur offrant, vers 1905, les vitrines de son magasin. Il s'intéresse à cette céramique au point de créer une dizaine de modèles. Comme Prouvé, Wittmann et Finot, Louis Majorelle bénéficie d'une page entière dans le catalogue Mougin de 1914. Si quelques œuvres sont encore sous l'influence de l'Art Nouveau (12.K et 13.K), presque toutes induisent une volonté d'évolution, délaissant le lyrisme végétal pour introduire un décor sobre dans la fonctionnalité de l'objet. À l'inverse des œuvres de Joseph Mougin, toutes celles de Louis sont modestes mais utiles, telles ses boîtes, compotiers, jardinières et surtouts de table.

Bonbonnière *Orchidée*
Édition Grès Mougin Nancy, atelier de Lunéville
Modèle de
Louis Majorelle (1859-1926) (12.K)
Grès grisâtre émaillé
Marques sous la pièce
- à la pointe : *L. Majorelle sc 5737*
- au poinçon ovale : *Grès Mougin Nancy*
- au poinçon : *France*
Hauteur 80 mm
Musée Saint-Jean l'Aigle

Bonbonnière *Lierre*
Édition Grès Mougin Nancy, premier atelier de Nancy
Modèle de
Louis Majorelle (1859-1926) (15.K)
Grès porcelanique
Marque sous la pièce
- à la pointe : *Grès Mougin Nancy - L. Majorelle 15 K*
Collection privée

Bock *Sceau de Salomon*
Atelier Mougin Frères
Modèle créé par Louis Majorelle
(1859-1926) (24.K)
Grès
Marque sous la pièce :
- en relief de moulage : *Nancy France -
Mougin*
Hauteur 125 mm
Cartouches à cristallisations
Collection privée

Vase *Scolopendre*
Atelier Mougin
Modèle créé par Louis Majorelle
(1859-1926) (8.K)
Grès à pâte ocre jaune
Marque sous la pièce
- à la pointe : *Mougin Nancy - M*
("ajorelle" disparu au meulage)
Hauteur 275 mm
Collection privée

Charles Arthur Muller (Flavigny-sur-Moselle, 1868-?)

Élève d'Hector Lemaire, ce sculpteur expose régulièrement au Salon des Artistes français dans les premières années du XXᵉ siècle. Les frères Mougin éditent cinq de ses pièces, quatre sont de petits articles d'ornement (répertoire de 1914), sauf la statuette *Danseuse* (répertoire de 1921) du Musée de l'École de Nancy.

Victor Prouvé (Nancy, 1858-Sétif, 1943)

Élevé au cœur même de la céramique d'art, son père Gengoult était modeleur céramiste, Victor Prouvé est omniprésent dans la vie des frères Mougin, c'est un ami indéfectible qui les soutient dans les nombreuses vissicitudes qui affectent leur existence. Nous avons précédemment relaté la rencontre initiale entre le sculpteur et le jeune Joseph, alors que le premier modèle le monument pour Carnot dans un atelier de l'École des Beaux-Arts de Nancy et que le second se propose de l'aider dans quelques tâches pratiques.

Prouvé est installé à Paris, impasse Boissonnade, lorsqu'il rencontre par hasard Joseph Mougin sur le boulevard Raspail ; Joseph raconte dans ses mémoires l'invitation à souper qui s'ensuivit et enfin la découverte du four de la rue Dareau. Prouvé met en rapport les Mougin et plusieurs de ses connaissances, notamment Pierre Roche, Ernest Wittmann et l'orfèvre fondeur Rivaud pour qui Joseph semble réaliser, à ses débuts, des travaux de modelage ou de ciselure. Dans ses mémoires, Joseph raconte le plaisir exprimé par Prouvé lorsqu'il a découvert son four et ses regrets de ne pouvoir s'investir lui-même dans la céramique.

L'édition d'œuvres du maître lorrain commence par des contre-tirages de bronze telle *Petite Mie*. Un grand vase signé V. Prouvé, d'un modèle très voisin, par la source d'inspiration, de celui nommé *La Rose* (127.J), est classé parmi les vases de Joseph dans le répertoire de 1914 et dans le carnet de 1921. Sur sa gravure qui illustre "Fragments de la vie radieuse" de Henri Aimé (*La Lorraine artiste*, 15 octobre 1901), Prouvé campe en arrière-plan un couple enlacé dont la position a peut-être inspiré une sculpture à Joseph (*ΚΟΧΛΙΣ*). La première planche du répertoire de 1914 présente uniquement huit œuvres de Prouvé qu'une annotation manuscrite qualifie de "Chef de l'École de Nancy".

Statuette *Danseuse*
Édition Mougin
Modèle de
Charles Arthur Muller (1868 - ?) (1.Y)
Grès porcelanique
Marque sous la pièce
- à la pointe : *J. P. Mougin C. Muller 409 ou 1409*
Marque sur la pièce
- sur la terrasse : *C. Muller*
Hauteur 340 mm
Musée de l'École de Nancy

Statuette "La Joie"
Atelier Mougin
Modèle créé par Victor Prouvé (1856-1943) (3.P)
Grès porcelanique
Marque en dessous :
- à la pointe : *Mougin Frères Nancy*
Marque sur la terrasse : *Prouvé*
Hauteur sans socle 180 mm,
avec socle 215 mm
Musée de l'École
de l'École de Nancy

Groupe *Maternité*
Édition Mougin Nancy, premier atelier de Nancy
Modèle de
Victor Prouvé (1856-1943) (1.P)
Grès fin naturel
Marque sous la pièce
- à la pointe :
Mougin Nancy V. Prouvé sc 5375
Marque sur la pièce
- sur la terrasse : *V. Prouvé*
Hauteur 185 mm
Musée de l'École de Nancy

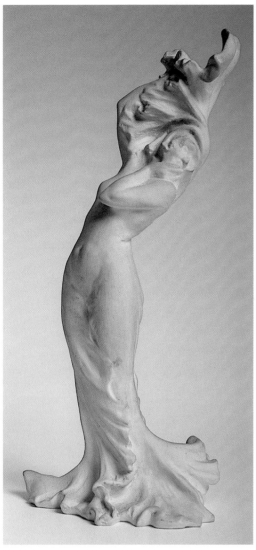

Statuette *Floramye*
Édition Grès Mougin
Modèle
de Victor Prouvé (1856-1943) (7.P)
Grès gris
Marque sous la pièce
- à la pointe : *Grès Mougin*
Marque sur la pièce
- à la pointe : *V. Prouvé*
Hauteur 215 mm
Collection privée

Groupe *Les moqueuses*
Édition *Mougin*
Modèle de *Victor Prouvé (1856-1943)*
Grès grisâtre
Marque sur la pièce
- *V. Prouvé Mougin Céramistes 3974*
Hauteur 270 mm
Musée de l'École de Nancy

Vase "Aux roses"
Atelier Mougin, Paris ?
Modèle créé par Victor
Prouvé (1856-1943)
Grès
Marque sous la pièce :
- à la pointe : *V. Prouvé - 979 -
Mougin Frères Céram.*
Hauteur 530 mm
Musée de l'École de Nancy
Cette œuvre est à rapprocher
d'un autre modèle en trois
tailles, titré *La rose*, attribué
à Joseph sous la référence
127/1,2,3 (Voir page 228,
la planche 18 du catalogue
de 1914).

A. Tenot (?)

Du 27 mars au 26 avril 1908, l'École de Nancy organise une Exposition d'Art décoratif dans le magnifique cadre du palais Rohan à Strasbourg. Les frères Mougin y apportent des pièces uniques et des tirages d'édition, notamment de Tenot dont le nom est absent des répertoires.

Rousse (?)

Rousse travaille avec Wittmann lorsque ce dernier étudie la peinture à l'École des Beaux-Arts de Nancy (M.J. 5/7 : p. 483). Il est connu par une seule œuvre, une tête de Christ à la belle facture tragique, qui ne se trouve d'ailleurs pas dans les répertoires.

Amalric Walter (Sèvres, 1870-1959)

Nous savons, par une lettre d'Aline Mougin (c. 1965), que le céramiste et verrier Amalric Walter est un ami de la famille. Spécialiste et créateur d'une pâte de verre qu'il vient mettre au point chez Daum, en 1905, en collaborant avec Bergé, il est édité par les frères Mougin dont le répertoire de 1921 porte la mention "*Cendrier Sirène ; Walter*" (94.J) ajoutée postérieurement aux écritures originales. D'après un cahier d'atelier, un vase de Joseph, le n° 7652, d'une série d'émaux à base verte, semble être acheté par Walter (M.J. 5).

Ronde-bosse, *Le Christ*
Édition Grès Mougin Nancy
Modèle de L. Rousse
Grès blanc émaillé
Marque sous la pièce
- poinçon ovale : *Grès Mougin Nancy*
Marque sur la pièce
- à la pointe : *L. Rousse*
Hauteur 320 mm
Collection privée

Cendrier *Sirène*
Atelier Mougin, Lunéville
Modèle créé par Walter
Grès porcelanique
Marque en dessous :
- de moulage en creux :
Mougin Nancy - 94.J/L - Mougin. dc
Longueur 190 mm
Collection privée

Ernest Wittmann (1846-1921)

De tous les artistes édités par les frères Mougin, le Vosgien Ernest Wittmann, affectueusement nommé le "père Wittmann", est celui qui laisse la plus forte empreinte dans leur céramique tant leurs relations ont été animées par une profonde amitié. Ernest Wittmann, venu tardivement à l'art, vit sans préoccupations matérielles grâce à son origine aisée et à son mariage avec une demoiselle du milieu de l'industrie du textile. Dessinateur et peintre, il abandonne la peinture, dans laquelle il excelle pourtant, lorsque son fils Charles entre aux Beaux-Arts de Paris, en 1896, reçu 35e sur 350 concurrents (*La Lorraine artiste*, 28 juin 1896). Il quitte Nancy pour la capitale la même année mais revient souvent en Lorraine où il fait construire, à partir de 1897, une maison à Rupt.

Dès 1899, sous les exhortations de Prouvé, il s'initie à la sculpture. Son tempérament le pousse à traduire une forme d'expressionnisme populaire, traitant, avec sensibilité mais aussi une verve solide et rustique, les sujets les plus pittoresques de la rue urbaine et de la campagne. L'un de ses premiers modèles, *Vieille femme au*

Statuette *L'homme à la pipe*
Édition Mougin, second atelier de Nancy
Modèle de
Ernest Wittmann (1846-1921) (24.W)
Grès émaillé
Marque sous la pièce
- à la pointe : *Jh Mougin céramiste*
Nancy E. Wittmann
Marque sur la pièce
- *E. Wittmann 1903*
Hauteur 350 mm
Collection privée

Statuette *L'homme à la hache*
Édition Mougin, second atelier de Nancy
Modèle
d'Ernest Wittmann (1846-1921) (27.W)
Grès émaillé
Marque sous la pièce
- à la pointe : *Jh Mougin céramiste Nancy*
- en relief de moulage : *27 W*
Marque sur la pièce
- à la pointe : *E. Wittmann*
Hauteur 310 mm
Collection privée

panier, est édité par le céramiste Bigot (Bertrand, 2000 : p. 44) peu avant 1902. Très apprécié de nombreux Lorrains pour son art solide et réaliste, il est souvent comparé à un Cyfflé moderne, *un Cyfflé moins soucieux d'élégances futiles que celui du XVIIIe siècle, mais plus apitoyé par le spectacle douloureux de la misère et souvent, hélas, de la déchéance humaine* (Claude Charles, *l'Express d'Épinal*, 9 janvier 1922). Entre 1902 et 1903, Victor Prouvé dont l'atelier est voisin de celui de Charles Wittmann, reçoit fréquemment la visite d'Ernest dans son atelier ; convaincu de

Statuette *Le lieur de fagots*
Édition Mougin, second atelier de Nancy
Modèle
d'Ernest Wittmann (1846-1921) 3.W)
Biscuit de grès blanc, socle en noyer
Marque sous la pièce
- à la pointe : *Jh Mougin céramiste Nancy*
Marque sur la pièce
- sur la terrasse : *E. Wittmann*
Hauteur 225 mm
Collection privée

ses qualités de modeleur, il lui conseille d'éditer et lui fait faire la connaissance des frères Mougin, alors installés rue La Quintinie. C'est au cours d'un dîner amical qu'il leur dit *j'ai vaguement l'idée qu'il réalisera des esquisses qui méritent de rester* ; il est convenu que Joseph s'occupera de l'outillage d'estampage pour une première œuvre, *Le Philosophe*. Le lendemain, Wittmann est déjà chez les frères Mougin pour montrer la statuette. Joseph établit aussitôt un moule à creux perdu, c'est-à-dire exécuté sur le modèle en terre et destiné, non au tirage d'une céramique, mais à la fabrication d'un modèle en plâtre. Ce dernier, retouché par Wittmann, est découpé en plusieurs parties pour pouvoir établir les moules d'estampage. Ernest Wittmann travaille dans l'atelier de son fils, souvent absent. Sensible au réalisme, il observe la rue dont il souligne, comme Steinlen, le caractère vivant et populaire. Sa plastique est puissante, il traite largement et fermement les volumes par le seul jeu des doigts, pratiquement sans outils.

L'année 1903 le voit au Salon des Artistes français avec plusieurs de ses œuvres, bronze, plâtre et un seul et premier grès Mougin, contrairement à ce qu'indiquent certains textes. Dans le catalogue de 1914 (M.J. 4) est collé un document imprimé signé Prouvé, évoquant cette Exposition de 1903 : *Ernest Wittmann… traducteur des attitudes et gestes des humbles travailleurs… paysans et miséreux, dont notre grand Rodin disait un jour… véritables et émouvantes évocations, ces bonshommes comptent parmi les œuvres les plus parfaites du Salon. N'est-ce pas votre avis, Dalou ? Éloge qui nous émouvait, car au fond de notre cœur d'amis, nous le pensions. Ces silhouettes vivantes si intensément caractéristiques s'apparentent aux grandes œuvres de l'austère Constantin Meunier… Sincère, ému et honnête, n'est-ce pas tout ce qu'il faut pour être un grand artiste ?* Ce texte est à comparer à celui, quelque peu différent, précédemment cité (M.J. 8 : p. 28).

Wittmann se rend très souvent à l'atelier Mougin où il passe de longues heures. Il vibre d'émotion lors des cuissons, il exhorte Joseph à abandonner, se désolant, les larmes aux yeux, des désastres des fours ratés. Puis avec l'expérience vient le succès ; Wittmann, bien que prisant toujours le bronze, succombe à la noblesse du grès, donnant aux Mougin l'ensemble

Coq et poules
Édition Mougin Frères
Modèle d'Ernest Wittmann
(1846-1921) (16.W)
Grès blanc patiné
Marque sous la pièce
- à la pointe : *16 W*
Marques sur la pièce
- à la pointe : *E. Wittmann*
- au poinçon ovale : *Grès Mougin Nancy*
Hauteur 250 mm
Musée de Lunéville

Statuette *Blanchisseuse*
Édition Mougin, second atelier de Nancy
Modèle
d'Ernest Wittmann (1846-1921) (10 W)
Grès, socle en acajou
Marques sous la pièce
- à la pointe : *Jh Mougin céramiste Nancy*
- en creux de moulage : *10 W*
Marque sur la pièce
- *E. Wittmann*
Hauteur 230 mm sans le socle
Collection privée

de son œuvre à tirer ; Joseph et Pierre accordent une importance considérable à sa confiance. Wittmann s'étant retiré à Rupt, en 1907, Joseph s'y rend à plusieurs reprises pour préparer les nouvelles éditions. Wittmann aime particulièrement les patines délicates qui font vibrer la lumière sur les reliefs et creusent les ombres, il est satisfait des recherches qu'entreprennent les Mougin pour affiner un grès parfaitement adapté à ses statuettes. Ce travail est voisin, mais différent, des grès mis au point à Sèvres, notamment pour le tirage des œuvres de Dalou. Une grande partie de la qualité dépend du réparage des coutures, ces lignes disgracieuses laissées par les plans de joints du moule ; elles doivent être parfaitement réparées, ce qui signifie éliminées, ce travail long et méticuleux fait l'objet de soins attentifs. Toutefois, dans un essai biographique sur Wittmann, vraisemblablement écrit par Jean Mougin d'après les souvenirs de Joseph et complété par des textes de René Normand (c. 1950 ; nous avons signalé que ce document était, pour une certaine part, romancé), Joseph tient à faire une mise au point de plusieurs pages, fustigeant la qualité inférieure des œuvres de Lunéville, rappelant que l'*estampage était si mauvais qu'il fallut arriver à trouver un grès se coulant sans se déformer*, que les œuvres étaient cuites sans calage, *le résultat c'est que peut-être aucune épreuve "debout" n'a gardé son mouvement*. Joseph précise que Charles Wittmann exige à ce moment que la production soit suspendue (il est le titulaire du droit d'édition) et que les moules soient brisés, ce qu'exécuta Joseph avant son départ en 1933 (M.J. 8). Les œuvres peuvent porter des marques de Paris, de Nancy 1906-1923, ou même de Lunéville. Puis Joseph en reprend le tirage, vers 1936, à la demande de Charles Wittmann, qu'il connaissait depuis l'École des Beaux-Arts de Nancy. Mais il ne peut reconstituer l'ensemble de la collection car il ne possède plus qu'une partie des modèles, ceux-ci ont été partagés entre les deux frères en 1933 ; il établit donc de nouveaux moules d'après le matériel subsistant.

Hotteur
Édition Mougin, atelier Lunéville
Modèle d'Ernest Wittmann (1846-1921)
Grès blanc patiné
Marques sous la pièce
- à la pointe : *E*
- au poinçon : L
Marque sur la pièce
- à la pointe : *E. Wittmann*
Hauteur 395 mm
Musée de Lunéville

LES ARTISTES DE L'ART DÉCO
ET LA MANUFACTURE DE LUNÉVILLE

Nous manquons de détails sur la manière dont les artistes ont été pressentis pour participer à l'aventure de Lunéville. Si certains d'entre eux bénéficient du profil recherché pour répondre à une demande commerciale, d'autres, à l'image de Gaston Goor ou de Letalle, témoignent d'une insolente vitalité créative. L'influence de Prouvé est encore ici très vive, la plupart des artistes choisis sont d'anciens élèves de l'École des Beaux-Arts de Nancy dont il est le directeur depuis 1919. C'est à ce moment, en 1923, qu'est fondée une nouvelle association, le "Comité d'action artistique et littéraire Nancy-Paris", fort d'une branche parisienne. Il s'agit de projeter l'effervescence nancéienne dans les grands mouvements et d'éviter son isolement provincial. La recherche artistique se démarque de celle de la génération précédente par la qualité de ses protagonistes ; alors que l'Alliance provinciale des industries d'art est le fait de chefs d'entreprises soucieux d'intégrer l'esthétique dans une démarche commerciale, les nouveaux artistes puisent dans le fonctionnalisme leurs propositions souvent radicales, qualifiées "d'ultra-modernes" par Georges Sadoul dans *Le Pays lorrain*. Plusieurs plasticiens appelés à Lunéville sont présents lors de l'exposition qui se tient, en 1925, salle Poirel : Victor Guillaume, Gaston Ventrillon, Gaston Goor, Géo Condé.

Christian Debize, qui analyse dans *L'Art Nouveau, L'École de Nancy*, la période couvrant les années 1920-1930, démontre le considérable engagement des jeunes Nancéiens dans l'art international et les débats houleux qui s'ensuivirent lors de prises de position de certains d'entre eux en faveur du surréalisme et de ses implications politiques, entraînant une scission au sein du Comité Nancy-Paris.

Les Mougin ne sont pas concernés par ce tumulte, Joseph a déjà trois enfants et Pierre deux ; leur vie est alors rythmée par d'autres soucis ; la proposition de rejoindre Lunéville est vécue comme une chance ; le formidable outil de production qui leur est offert se double de grandes facilités de diffusion. Le principe d'une fabrication d'art popularisée par des moyens industriels est une prospective que Joseph et Pierre vont mener à terme durant dix ans pour le premier et treize pour le second.

Émile Just Bachelet (Nancy, 1892 -1981)

Sculpteur apprécié, Bachelet expose souvent, notamment au Salon des artistes français, au Salon d'Automne, à la Nationale des Beaux-Arts et au Salon des Artistes décorateurs. Il obtient une médaille d'or à l'Exposition des Arts décoratifs de 1925. Auteur de bustes, de figurines et d'œuvres animalières, il intervient au sein de l'atelier de Lunéville, avec onze sujets au répertoire de 1921 ; son Saint Nicolas est un succès en Lorraine. Il collabore également avec la faïencerie Henriot de Quimper à qui il cède quelques modèles de rondes-bosses.

Géo Condé (Frouard, 1891-1980)

Georges Jean Condé, dit Géo, étudiant en architecture puis aviateur pendant la Première Guerre mondiale, est de retour à Nancy en 1920. Jeune artiste, il s'adonne à la peinture et, dès 1922, la manufacture de Lunéville s'attache ses services comme décorateur et modeleur, il réalise des motifs pour la faïence de table et des formes pour les objets dits, selon l'expression de l'époque, de fantaisie. À l'arrivée des frères Mougin, il devient l'un des intervenants de leur atelier de grès, leur proposant des sujets figuratifs très stylisés. Son domaine de prédilection est la création d'inspiration exotique (vase *Cocotiers*) ou populaire (vase *Aux voiliers*) passée dans le filtre d'un cubisme sans prétention mais hautement décoratif.

Statuette *Saint Nicolas*
Édition Mougin Nancy
Modèle
d'Émile Just Bachelet (1892-?) (2.N)
Grès blanc
Marque sous la pièce
- en relief : *Mougin Nancy 2 N*
Marque sur la pièce
- en creux de moulage : *JB*
Hauteur 360 mm
Collection privée

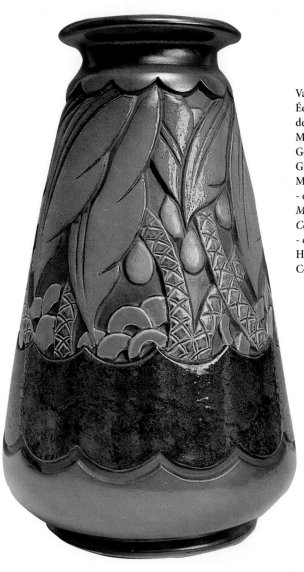

Vase *Oasis*
Édition Mougin Nancy, atelier
de Lunéville
Modèle de
Georges Condé (1891-1980) (274.J)
Grès ou grès porcélanique blanc émaillé
Marques sous la pièce
- en creux de moulage :
Mougin Nancy 274 J/L
Condé dc
- en noir vitrifié : *0520*
Hauteur 390 mm
Collection privée

Vase *Fougères*
Édition Mougin, atelier de Lunéville
Modèle de
Georges Condé (1891-1980) (176.J)
Grès blanc émaillé
Marque sous la pièce
- en relief de moulage :
Grès Mougin Nancy
176.J/L - modèle
G. Condé
Hauteur 228 mm
Collection
privée

Vase *Danseuses*
Édition Mougin Nancy, atelier
de Lunéville
Modèle de
Georges Condé (1891-1980) (282.J)
Grès blanc émaillé
Marques sous la pièce
- en creux de moulage : *Mougin Nancy*
282 J/L - Condé dc
- en noir vitrifié : *7138*
Hauteur 287 mm
Collection privée

Sa présence permanente dans la faïencerie en fait un collaborateur très polyvalent, graphiste, coloriste, mais aussi modeleur comme en témoigne sa belle *Caravelle* dans laquelle il sut intégrer, avec beaucoup de subtilité, les délicates excroissances que forment les cordages et les voiles. À partir de 1933, il occupe une fonction de conseil artistique et assure aussi à la manufacture de Saint-Clément les mêmes services, peut-être à la suite de la collaboration entre cette manufacture et les frères Mougin. Mobilisé à nouveau en 1939, il abandonne définitivement ses interventions dans le milieu de la céramique et développe, après la guerre, ses activités de créateur marionnettiste qu'il avait entreprises en 1934. Le musée de l'École de Nancy lui a consacré une exposition en 1992-1993.

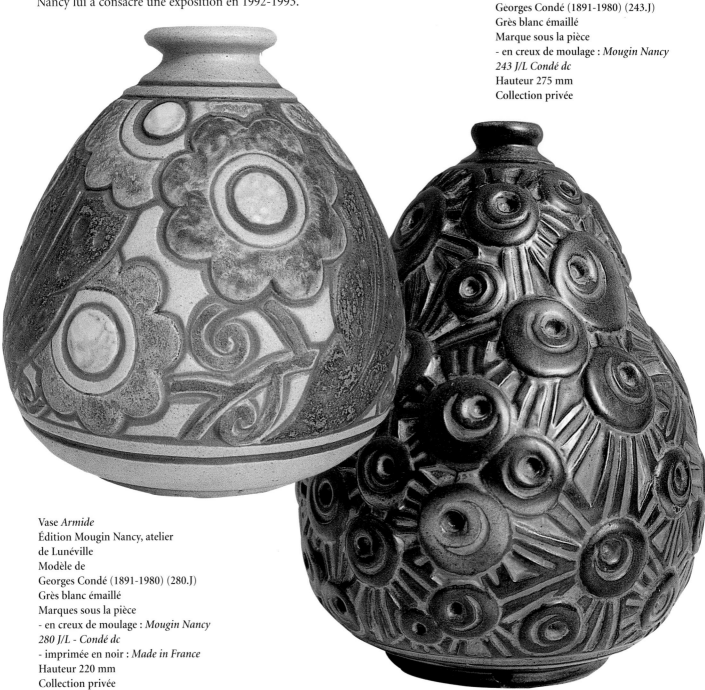

Vase *Ronds et rayons*
Édition Mougin, atelier de Lunéville
Modèle de
Georges Condé (1891-1980) (243.J)
Grès blanc émaillé
Marque sous la pièce
- en creux de moulage : *Mougin Nancy 243 J/L Condé dc*
Hauteur 275 mm
Collection privée

Vase *Armide*
Édition Mougin Nancy, atelier
de Lunéville
Modèle de
Georges Condé (1891-1980) (280.J)
Grès blanc émaillé
Marques sous la pièce
- en creux de moulage : *Mougin Nancy 280 J/L - Condé dc*
- imprimée en noir : *Made in France*
Hauteur 220 mm
Collection privée

Coupe "Sirène"
Édition Mougin Nancy, atelier
de Lunéville
Modèle de Gaston Goor (1902-?)
Grès blanc émaillé
Marques sous la pièce
- en noir vitrifié : *modèle de G. Goor*
0108(9 ?) Mougin Nancy céramiste
- rayé par un trait :
Ventrillon le Jeune 1925
Hauteur 410 mm
Collection privée

Vase
Édition Grès Mougin Nancy, atelier
de Lunéville
Modèle de A. Goor (1864-?)
Grès blanc émaillé
Marques sous la pièce
- en creux de moulage : *Grès Mougin*
Nancy 230 J/L A. Goor dc
- en noir vitrifié : *5004*
Hauteur 365 mm
Collection privée

Goor

Sans mention de prénom, ce nom apparaît sur des pièces de la période lunévilloise (1923-1936) ; il est à rattacher à l'un des deux artistes qui suivent ; rien n'explique pourquoi un certain nombre d'œuvres ne porte aucune mention d'attribution à l'un ou à l'autre, mais le répertoire, plus précis, comble cette lacune.

Auguste Léon Goor (Commercy, c. 1864-?)

Ancien capitaine trésorier au Huitième régiment de dragons, en poste à Lunéville, il est le père du peintre Gaston Goor mais il est aussi probablement l'auteur de quelque vingt pièces Art déco éditées par l'atelier Mougin de Lunéville, ce qui est étonnant au regard de la modernité de l'œuvre de cet artiste autodidacte, alors âgé de plus de soixante ans.

Gaston Marie Charles Léon Goor (Lunéville, 1902-Cannes, 1977)

Né à Lunéville, Gaston Goor suit brillamment les cours de l'École des Beaux-Arts de Nancy. Il est l'un des plasticiens du Bureau des renseignements artistiques, organe associatif fondé par les jeunes artistes nancéiens, qui défend la présence des surréalistes (Arp, de Chirico, Ernst, Masson, Man Ray, Miro) lors de l'exposition qui se tient à Nancy en 1926 (Debize, 1987 : 272). Créateur prolifique, il livre de nombreux modèles à Lunéville. Il quitte ensuite la Lorraine pour le Midi où il se marie ; son contrat de mariage (1947) le qualifie d'artiste peintre résidant à Cannes. Domicilié à Hyères, il décède à Cannes le 13 décembre 1977.

Lampe *Ronds et carrés*
Édition Mougin Nancy, atelier
de Lunéville
Modèle de Goor (238.J)
Grès blanc émaillé
Marques sous la pièce
- en creux de moulage : *Mougin Nancy*
238 J/L Goor dc
- en noir vitrifié : *0334*
Hauteur 535 mm
Collection privée

Vase *Pousse-pousse chinois*
Édition Grès Mougin Nancy, atelier
de Lunéville
Modèle de A. Goor (1864-?) (227.J)
Grès blanc émaillé
Marques sous la pièce
- en creux de moulage : *Grès Mougin*
Nancy 227 J - A. Goor dc
- en noir vitrifié : *505*
Hauteur 362 mm
Collection privée

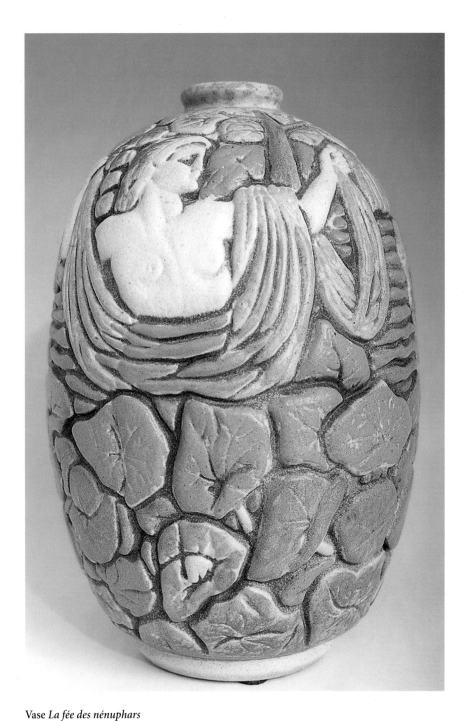

Vase *La fée des nénuphars*
Édition Mougin Nancy, atelier
de Lunéville
Modèle de A. Goor (222.J)
Grès blanc émaillé
Marques sous la pièce
- en creux de moulage : *Mougin Nancy*
France 222 J/L - A. Goor dc
- imprimée en noir :
Made in France C 174
Hauteur 300 mm
Collection privée

Victor Guillaume

Premier des artistes nancéiens post-Art Nouveau à collaborer avec les frères Mougin, avant 1914, il a été étudié précédemment.

Henri Guingot (Remiremont, 1897-1952)

Fils de Louis Guingot, l'un des trente-six membres composant le Comité directeur de l'École de Nancy, lors de sa fondation en 1901. Élève de Victor Prouvé à l'École des Beaux-Arts de Nancy, il s'adonne tant à la peinture qu'à la sculpture, ses "Pigeons", quoique référencés (165.S et 167.S), ne figurent pas au répertoire. Il se consacre ensuite au musée d'Épinal dont il assume la charge de conservateur.

S. Laurent (Maurice Sébastien) (Nancy, 1887-?)

Peintre, élève notamment de Friant, Laurent obtient une médaille au Salon de 1912, le prix Troyon en 1913, le prix Thirion en 1922, le prix R. de Rougé en 1923 puis une médaille d'or en 1924. C'est dans les années qui suivent qu'il donne à éditer son *Taureau*, son *Bouc* et son *Bison* en ronde-bosse de style Art déco. Son grand vase "aux boucs affrontés" (G. 4) est une œuvre imposante (20 kilogrammes de terre) datée de 1925 dans le décor et interprétée en plusieurs colorations. Âgé de vingt ans en 1907, il commence ses études artistiques alors que l'Art Nouveau

Pigeons
Édition Mougin Nancy, atelier de Lunéville. Modèle de Henri Guingot (1897-1952) (167.S). Grès blanc mat peint. Marque sous la pièce :
- en relief de moulage : *Mougin Nancy 167 S - H. Guingot sc*
Hauteur 420 mm. Musée de Lunéville

Taureau
Édition Mougin Nancy
Modèle de Sébastien Laurent (1887-?)
(1 G)
Faïence émaillée
Marque sous la pièce
- en relief : *Mougin Nancy 1 G - S. Laurent sc*
Hauteur 220 mm
Collection privée

Lampe *Maison arabe*
Édition Mougin Nancy, atelier
de Lunéville
Modèle
d'André Legrand (1902-1947) (245.J)
Grès blanc émaillé
Marque sous la pièce
- en creux de moulage : *Mougin Nancy
245 J - Legrand dc*
Hauteur 280 mm
Collection privée

Vase *Cactus*
Édition Mougin, Nancy, atelier
de Lunéville
Modèle de
André Legrand (1902-1947) (287.J)
Grès émaillé
Marque sous la pièce
-en relief de moulage : *Mougin Nancy
287 J/L - Legrand dc*
Hauteur 330 mm
Collection privée

quitte la scène, il en reçoit les derniers soupirs et il est l'un des premiers à s'engager dans la dynamique du stylisme géométrique ; il fait figure de vétéran auprès des jeunes plasticiens de Lunéville, la plupart nés vers 1900. Il ne doit pas être confondu avec Pierre Antoine Laurent (cité précédemment).

André Legrand (?, 1902-1947)

Artiste ouvert à toutes les techniques d'expression, professeur à l'École des Beaux-Arts de Nancy, André Legrand est propulsé auprès des Mougin à Lunéville par Victor Prouvé, fidèle à son principe d'assurer un lien entre les arts et l'industrie. La participation de Legrand est importante et fait de lui un des principaux fournisseurs de modèles Art déco.

Vase *Les saisons*
Édition Grès Mougin Nancy
Modèle
d'André Legrand (1902-1947) (234.J)
Grès blanc émaillé
Marque sous la pièce
- en creux de moulage : *Grès Mougin
Nancy 234 J - Legrand dc*
Hauteur 268 mm
Collection privée

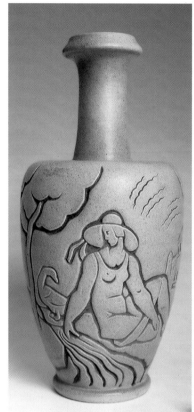

Vase *Gardeuse d'oies*
Édition Mougin Nancy, atelier
de Lunéville
Modèle
d'André Legrand (1902-1947) (284.J)
Grès blanc émaillé
Marque sous la pièce
- en creux de moulage :
Mougin Nancy 284 J/L - Legrand dc
Hauteur 285 mm
Collection privée

Vase *Foot-ball*
Édition Mougin Nancy, atelier
de Lunéville
Modèle de
André Legrand (1902-1947) (285.J)
Grès blanc émaillé
Marque sous la pièce
- en creux de moulage :
Mougin Nancy 285 J/L Legrand dc
Hauteur 170 mm
Collection privée

Vase *Cariatides*
Édition Mougin Nancy, atelier
de Lunéville
Modèle
d'André Legrand (1902-1947) (288.J)
Porcelaine émaillée
Marques sous la pièce
- en relief de moulage : *Mougin Nancy
288 J/L - Legrand dc*
- en noir vitrifié : *C 40*
Hauteur 340 mm
Collection privée

Les trois frères Ventrillon

Ernest (Nancy, 1884-Paris, 1953)
Georges (Nancy, 1891-?)
Gaston dit "le Jeune" (Nancy, 1897-Vandœuvre, 1982)

De tous les artistes qui interviennent au sein de l'atelier Mougin, Gaston Ventrillon, formé à l'école des Beaux-Arts de Nancy, est le plus turbulent ; il est engagé dans différentes manifestations d'avant-garde et participe au groupe des "Cadets de Lorraine". Il se livre à des expériences d'art collectif et intervient comme peintre pour les décors d'*Incandescence, essai symphonico-descriptif, imaginé par Henri Hunziker, chroniqueur artistique à l'Est Républicain* (Debize, 1987 : p. 268).

Le répertoire de l'atelier Mougin ne permet pas toujours d'identifier qui, d'entre les trois frères, est l'auteur de telle ou telle œuvre car les prénoms ne sont pas clairement définis ; ainsi est-il possible de déduire, sous réserve, que Ventrillon (G) correspond à Georges et Ventrillon (J.) à Gaston. Comme pour Auguste et Gaston Goor, les pièces portent quelquefois la mention dénominative complète, ce qui lève toute ambiguïté.

Un portrait de Joseph, par Ventrillon (?), est reproduit dans le *Bulletin artistique de l'Est* (septembre 1926).

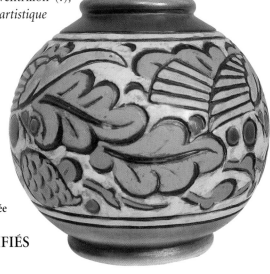

Boule *Oiseaux*
Édition Mougin Nancy, atelier de Lunéville. Modèle de (Gaston) Ventrillon le Jeune (1897-1982) (173.J). Grès blanc émaillé.
Marques sous la pièce
- en creux de moulage : *Mougin Nancy 173 J*
- à la pointe : *Ventrillon dc*
- en noir vitrifié : *0.837*
Hauteur 170 mm. Collection privée

AUTEURS NON IDENTIFIÉS

Buit ou Burt Yolande

Ce nom accompagne la référence 135. J qui ne porte ni désignation, ni temps d'exécution, ni prix ; seuls le poids et les dimensions sont indiqués comme pour rappeler qu'il s'agit d'une commande spéciale, hors commerce (un service réalisé pour un artiste extérieur ou un cadeau offert).

Chevalier

Ce nom apparaît dans le répertoire de 1921, dans la partie où sont référencés les tirages pour les Galeries Lafayettes (Atelier "la Maîtrise" ?). Il suit le titre de deux œuvres *Danseur chinois* (M. 7) et *Biche* (M. 8). Il s'agit peut-être du décorateur Georges Chevalier, créateur de modèles édités par plusieurs manufactures de céramique (*Um século de artes do fogo*, Lisboa, 1994 : p. 123).

Levy

"Levy" ou "Lévy" signe, à la référence 133.J du répertoire de 1921, un vase *Algue*. S'agirait-il de Claude Levy, décoratrice attachée un temps à l'atelier Primavera du Printemps et créatrice de céramiques Art Déco, ou serait-ce Alfred Levy (1872-1965), collaborateur de Louis Majorelle ?

Lampe *Bandeau de fleurs*
Édition Grès Mougin Nancy
Modèle de (Gaston) Ventrillon le Jeune (1897-1982) (187.J)
Grès blanc
Marque sous la pièce
- en creux de moulage : *Grès Mougin Nancy 187 J - modèle de Ventrillon le Jeune*
Hauteur 310 mm
Musée de Lunéville

Vase *L'Automne*
Édition Grès Mougin Nancy, atelier de Lunéville
Modèle de (Gaston) Ventrillon le Jeune (1897-1982) (180.J)
Grès émaillé
Marques sous la pièce
- à la pointe : *Grès Mougin Nancy 180 J Ventrillon dc*
- au poinçon : *L*
Marque sur la pièce
- en creux de moulage : *Ventrillon le Jeune*
Hauteur 230 mm
Collection privée

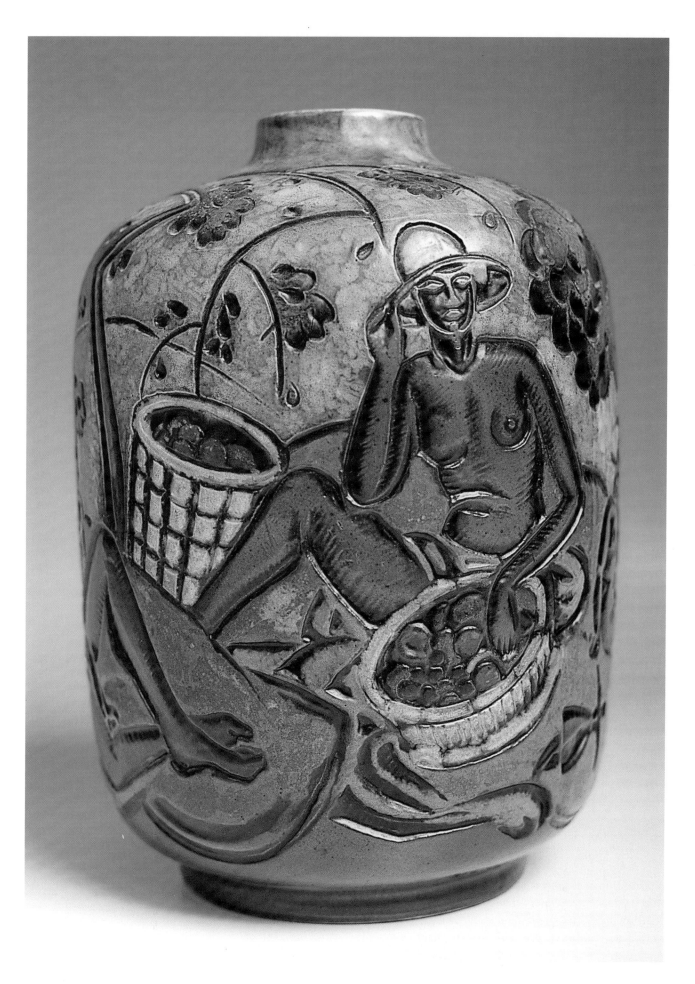

LES REPRODUCTIONS

Sortir l'art des musées

Toutes les manufactures ont mis à leur catalogue, avec plus ou moins de bonheur, les copies ou les interprétations d'œuvres de musées que recherchait la nouvelle bourgeoisie du XIXᵉ siècle pour le décor de ses appartements. Sarreguemines donne dans la magnificence avec son Laurent de Médicis. Théodore Deck s'est aussi, en marge de sa belle production picturale, adonné à reproduire des œuvres monumentales comme la statue de Palissy par Ernest Barrias, plus grand que nature. Longwy s'inspire de la Grèce antique et du classicisme de Canova. Ces tours de force sont des exceptions destinées à montrer le savoir-faire des entreprises, car la plupart des reproductions sont généralement des objets d'ornement de prix modéré. Aussi convient-il de n'utiliser que des procédés simples comme le moulage. Cette production commerciale, sans grands soubresauts liés aux effets de mode, a le mérite de permettre aux fabricants de soutenir leur activité, et, pour certains tels les frères Mougin, de les aider à entreprendre des recherches novatrices dont le modernisme ne pourrait directement trouver des acquéreurs. Or les céramistes, face à leur coût d'exploitation en matériel, matériaux et combustible, se doivent d'obtenir un équilibre financier. Il semble que l'initiative de diffuser des copies de musées soit une décision prise pour assurer un travail à Pierre ; Joseph, en précisant ce point, regrette d'avoir dû abandonner la création de pièces uniques pour pouvoir employer son frère. Aucun article connu ne porte la marque de Paris. Il est vraisemblable que c'est dans la capitale, au contact de mouleurs professionnels dont ils ont profité de la collaboration, que les frères ont acquis une expérience dans ce domaine, nous allons évoquer ce point prochainement. Un autre détail, coïncidence ou non, est la rencontre de Joseph avec un photographe qui devient à son tour locataire de l'atelier de la rue Dareau, un spécialiste des agrandissements qui travaillait pour la maison Braun, renommée pour ses clichés d'œuvres de musées. L'atelier de la rue La Quintinie était mitoyen de la fabrique Deck, alors dirigée par Xavier Deck ; cette maison célèbre réalisait également quelques copies, dont un *Tanagra* très voisin d'un modèle qu'éditèrent ensuite les Lorrains. Joseph, parlant de cette époque, se moque du *mauvais goût aberrant des Tanagra de toutes les couleurs*, mais convient que cette manne lui était indispensable. Les très nombreux coroplastes de la seconde moitié du XIXᵉ siècle témoignent de l'importance économique que constituait ce marché : Clodion, par exemple, est présent chez tous les industriels de ce secteur, chez les bronziers comme Barbedienne ou Thiébaut ou chez les spécialistes de la terre cuite à bon marché. La vogue de ces objets est telle que le *Manuel pratique des procédés modernes pour imiter et reproduire les œuvres plastiques des musées* (Wolf, 1900) incluait un chapitre complet pour faire soi-même des imitations des figurines grecques de Tanagra et de Cyrénaïque, en les recouvrant d'un engobe de terre cuite rouge appelé

Mercure rattachant sa talonnière
Édition Mougin, atelier de Lunéville
Reproduction, modèle de
Jean-Baptiste Pigalle (1714-1785) (144.S)
Grès jaunâtre, essai d'une nouvelle terre
indiqué par la lettre "B"
Marque sous la pièce
- à la pointe : *21 1 24 / B*
- en creux de moulage : *144 S*
Marque sur la pièce
- à la pointe : *Pigalle*
- au poinçon ovale : *Grès Mougin Nancy*
Hauteur 240 mm
Ce *Mercure* est le morceau de réception
du sculpteur à l'Académie (1744)
Musée de Lunéville

Crémier *Clodion*, petit modèle,
moulage de pièce de musée
Édition Mougin (57.S)
Grès blanc émaillé
Marque sous la pièce
- en relief de moulage : *57 S*
- à la pointe : *Mougin*
Hauteur 120 mm
Ce modèle est attribué par erreur à
J. Mougin dans le répertoire de 1914.
Collection privée

"Chrysalide" et de patines plus ou moins sophistiquées ; il précise : *s'inspirer en visitant les originaux du Louvre*. L'ouvrage de Wolf, qui se veut pédagogique autant que pratique, relate l'historique de cette statuaire, la situant au IVᵉ et au IIIᵉ siècle *en Grèce propre, l'Attique, la Boétie, et principalement la ville de Tanagra, en Afrique, la Cyrénaïque dans la Grèce asiatique, Rhodes, Ephèse, Purgame et Tarse*. Il indique aussi la manière dont étaient confectionnées, par moulage, ces petites terres cuites votives. Parmi les milliers d'originaux provenant de fouilles et se trouvant dans les musées et les revues, les frères Mougin vont extraire plus de trente modèles, principalement des femmes vêtues de tuniques talaires et d'himations (manteau, toge, tunique) ou de calyptres plissés (voile qui recouvre la tête des jeunes femmes) ; une *Vénus de Milo* se glisse même dans l'inventaire. Sous ce nom, celui-ci comporte également des figurines néo-classiques d'allure hellénistique comme la série des femmes portant un lécythe (vase).

Si la date "1921" que mentionne le répertoire des modèles (M.J. 2) est exacte (mais le document est complété postérieurement), toute la collection des œuvres éditées est disponible dès avant le départ à Lunéville. Ensuite, les frères continuent cette pratique modeste et semblent même l'intensifier. Elle est identifiée, rappelons-le, par un "L" poinçonné au voisinage du code des références. Joseph, à son retour à Nancy, ne délaissera pas totalement cette fabrication qui conserve ses adeptes tant la qualité de l'exécution en est belle.

Les œuvres les plus spectaculaires sont les deux groupes de Clodion, tirés non en terra cotta ou en porcelaine comme il était d'usage, mais dans un grès fin d'estampage, légèrement coloré dans sa masse ; ces biscuits de ton pierre, quelquefois patinés au feu, étaient montés sur des socles en bois sculpté, fabriqués, tout au moins à une certaine époque, par la firme Majorelle ; d'autres fournisseurs ont aussi été sollicités et Joseph en a réalisé lui-même sur son tour horizontal.

Toujours le grès,
mais aussi la porcelaine

Il était important, pour l'atelier Mougin, de conserver son image de spécialiste du grand feu et l'intégrité de Joseph ne pouvait souffrir d'une fabrication médiocre. Fidèles à leur souci de qualité, les frères utilisent des pâtes adaptées au style de chaque œuvre, un grès fin pour les sujets patinés ou émaillés et la porcelaine dure pour les opalescences ; leur grès porcelanique est une alternative qu'ils plébis-

Ronde-bosse *Panthère*
Édition Mougin Nancy
Modèle de Fagotto (?) (36.S)
Grès blanc émaillé
Marque non relevée
Hauteur 260 mm
Collection privée

citent fréquemment car ses caractéristiques se prêtent bien à la statuaire, ils l'obtiennent en mélangeant différentes pâtes du commerce. Quelques modèles existent indifféremment dans l'une ou l'autre des matières. Certaines pièces sont traitées en plusieurs tailles et différentes variantes de couleurs ou d'effet d'émaillage. Si une réelle fantaisie témoigne du désir d'une note personnelle, celle-ci demeure toujours dans des limites mesurées, évite les effets faciles et ne trahit jamais la matière.

Le choix des sujets

Un large éclectisme préside au choix des sujets. Les modèles viennent généralement de collections publiques, plus rarement privées. La plupart des modèles sont des jalons de l'histoire de l'art. L'art gothique, la Renaissance, le classicisme sont autant de sources dans lesquelles puisent les frères Mougin. Le célèbre *Vidrecome* du musée du Louvre ou la *Vierge de Nuremberg*, le non moins célèbre *Enfant dormant* de Donatello ou le *Buste d'enfant* de della Robbia affirment que l'art se décline en divers degrés de perception. L'origine des œuvres, musée de Naples ou d'Épinal, atteste que des reproductions, vraisemblablement en plâtre, sont disponibles dans le commerce et sont utilisées pour le surmoulage. Il n'y a

Statuette *Tanagra danseuse*
Édition Mougin (19.S), atelier
de Lunéville
Grès blanc émaillé
Marque sous la pièce
- en relief de moulage :
Mougin Nancy 19 S
- en creux : *L*
Hauteur 185 mm
Collection privée

Tanagra *Danseuse*
Édition Grès Mougin Nancy (19.S),
atelier de Lunéville
Grès gris émaillé
Marque sous la pièce
- au poinçon ovale : *Grès Mougin Nancy*
Hauteur 195 mm
Musée Saint Jean l'Aigle

Tanagra *Sommeil d'Aphrodite*
Édition Grès Mougin (54.S)
Grès émaillé mat
Marque sous la pièce
- à la pointe : *Grès Mougin*
Hauteur 170 mm
Musée Saint Jean l'Aigle

Statuette *Tanagra assise*
Édition Mougin Nancy, atelier
de Lunéville
Reproduction (7.S)
Grès blanc émaillé
Marque sous la pièce
- en creux de moulage : *Mougin Nancy*
7 S/L
Hauteur 160 mm
Collection privée

aucun parti pris dans cette volonté de diversité ; le *Buste de Bonaparte*, celui de *Napoléon*, de *Molière* par Caffieri, de *La Fontaine* par Julien, l'*Amour* de Falconet, l'*Épreuve dangereuse* de Boizot, le *Mercure rattachant sa talonnière*, morceau de réception de Pigalle à l'Académie, un *Lapin* de Barye, figurent parmi les 619 œuvres du répertoire général. Il est étonnant de découvrir une pièce du sculpteur et éditeur Antoine-Louis Barye, décédé en 1875 et dont quelques modèles, sur les 660 de l'atelier, avaient été cédés à Susse, dès 1829, et les autres, dispersés en vente publique à Drouot en 1876, accompagnés des droits d'édition.

La série des figurines dites *Tanagra* est largement représentée avec trente-cinq numéros dans le catalogue (M.J. 2) de 1921. Ces statuettes, dont le site grec de Tanagre a livré de nombreuses épreuves, ainsi que celles répandues en Méditerranée, bénéficient, depuis les dernières décennies du XIXe siècle, d'une grande notoriété. Plusieurs publications y font référence, certaines savantes, d'autres destinées au grand public comme l'*Histoire des terres cuites dans l'Antiquité* de Pottier pour la Bibliothèque des merveilles (1890). La collection de figurines du musée du Louvre, largement publiée par Heuzey et celle du musée d'Athènes par Martha sont reprises dans des ouvrages de vulgarisation comme l'*Art pour tous*. La célèbre *Danseuse*, dont un exemple est illustré par Dumont et Chaplain (*Céramiques, 1888-1890*), joue de ses voiles vaporeux et fait le bonheur de maints céramistes, même Théodore Deck n'a pas résisté au plaisir de diffuser en faïence glaçurée ce grand classique de la terra cotta. Pour les Mougin, elle porte le titre de *Tanagra danseuse voilée et* la référence 13. S. La *Femme à l'éventail*, assise ou debout, est également très prisée ; une autre se nomme *Tanagra Loïe*, (172. S) vraisemblablement en souvenir de la danseuse au voile tourbillonnant qui animait souvent les soirées parisiennes.

Certaines œuvres sont d'un modelé sommaire, quelquefois même sans grand intérêt artistique, d'autres sont d'une belle maturité plastique ; leur reproduction est parfaitement décrite dans plusieurs ouvrages (Martha, Pottier, Blümner) et ne posait guère de problèmes de fabrication à des céramistes chevronnés, ce que n'étaient ni Joseph ni Pierre dans les premiers temps de leur installation. Le *Tanagra à l'urne* existe en plusieurs poses très élégantes ; quoique ainsi nommés, il s'agit de modèles néo-classiques de goût hellénique, adaptés par réduction de la sculpture monumentale. Majorelle commercialisait aussi des figurines de ce type, en terre cuite patinée.

Tanagra *Urne sur l'épaule*
Edition Mougin Nancy, atelier
de Lunéville
Reproduction de musée (62.S)
Grès grisâtre partiellement émaillé
Marque sous la pièce
- en relief de moulage :
Mougin Nancy 26-62 S/L
Hauteur 260 mm
Plus de deux heures étaient nécessaires
pour l'exécution, par coulage, de cette
petite pièce, la retouche comptait pour
la moitié de ce temps.
Collection privée

Tanagra à l'urne
Édition Mougin Nancy
Reproduction (5.S)
Grès porcelanique émaillé
Marque sous la pièce
- à la pointe : *5 S/L*
Marque sur la pièce
- en creux de moulage : *5 S*
Hauteur 225 mm
Musée Saint-Jean l'Aigle

Statuette *Tanagra à l'urne*
Édition Mougin, atelier de Lunéville
Grès blanc émaillé mat
Marque sous la pièce
- en relief de moulage : *Mougin Nancy 4 S*
- en creux : *L*
Hauteur 210 mm
Collection privée

Le moulage et le tirage

La reconstitution physique de ces œuvres était impossible par modelage à vue, à partir d'illustrations, le moulage est donc la pratique habituelle. De toute évidence, l'atelier Mougin ne disposant pas des originaux, comme tous ses confrères il ne pouvait qu'utiliser les tirages en plâtre que proposaient des spécialistes, ainsi que nous venons de l'évoquer. Aucune indication ne nous est parvenue concernant ces détails et seules les habitudes du métier permettent de reconstituer les phases. La Manufacture de Sèvres, à cette époque, assure un service public de "transfert de technologie" et met à la disposition des demandeurs professionnels des moules établis d'après les œuvres de son musée.

Les Mougin ont-ils fait appel à l'une ou l'autre de ces solutions, comme Sarreguemines ou Longwy, pour une partie de leurs modèles d'édition ? Nous pensons particulièrement aux Clodion, Donatello, Falconnet, et autres artistes célèbres.

Si cet art peut paraître mercantile, il ne fait que suivre ce que Pottier, agrégé de l'Université et Attaché du musée du Louvre, justifiait ainsi en 1890 : *N'oublions pas qu'un modeleur, même quand il est grec (ne peut-on pas dire surtout quand il est grec ?) a pour principal mobile la vente de sa marchandise.* Le prix de ces petits ouvrages est toujours modeste, de dix à trente et un francs (catalogue de 1914).

Toutes les œuvres sont étudiées méticuleusement avant l'exécution de leur moule, trois cas principaux sont courants, le "modèle-type" en plâtre étant toujours la base de travail du praticien : celles qui peuvent être moulées en une, deux ou, au plus, trois coquilles simples (parties de moule), celles qui nécessitent des sous-pièces dans les coquilles parce que l'original possède des contre-dépouilles (des parties en négatif qui ne peuvent se démouler directement), et enfin celles qui doivent être coupées en plusieurs parties comme les groupes de Clodion. Dans ce dernier cas, les personnages sont séparés et moulés individuellement, puis réunis sur la terrasse.

Le tirage est réalisé soit par estampage à la croûte (pâte plastique), soit plus tardivement par coulage à la barbotine (pâte liquide). Une pièce simple sort terminée de son moule alors qu'une pièce complexe, nécessitant plusieurs moules, doit être assemblée par collage à la barbotine : la tête, les bras et les jambes sont ajustés au torse, puis les personnages à la terrasse. Joseph, aux Beaux-Arts, n'apprend pas ce travail long et très spécialisé dévolu aux praticiens. À ses débuts, il n'est donc pas capable de l'assurer lui-même comme nous l'avons vu en évoquant l'édition d'art.

Les marques

Toutes les reproductions faites par les Mougin portent une marque d'identification claire, un "S" placé devant le numéro d'ordre inscrit au répertoire. Par exception, quelques rares pièces de créateurs contemporains sont aussi référencées en "S". Le catalogue de 1914 comporte déjà de nombreux modèles (le chiffre le plus élevé est 65.S) et Joseph mentionne que cette fabrication commence à Paris, toutefois le poinçon ovale est la marque la plus fréquente que l'on trouve sur ces articles, ce qui signifie que l'atelier de Lunéville en a été le principal centre de fabrication.

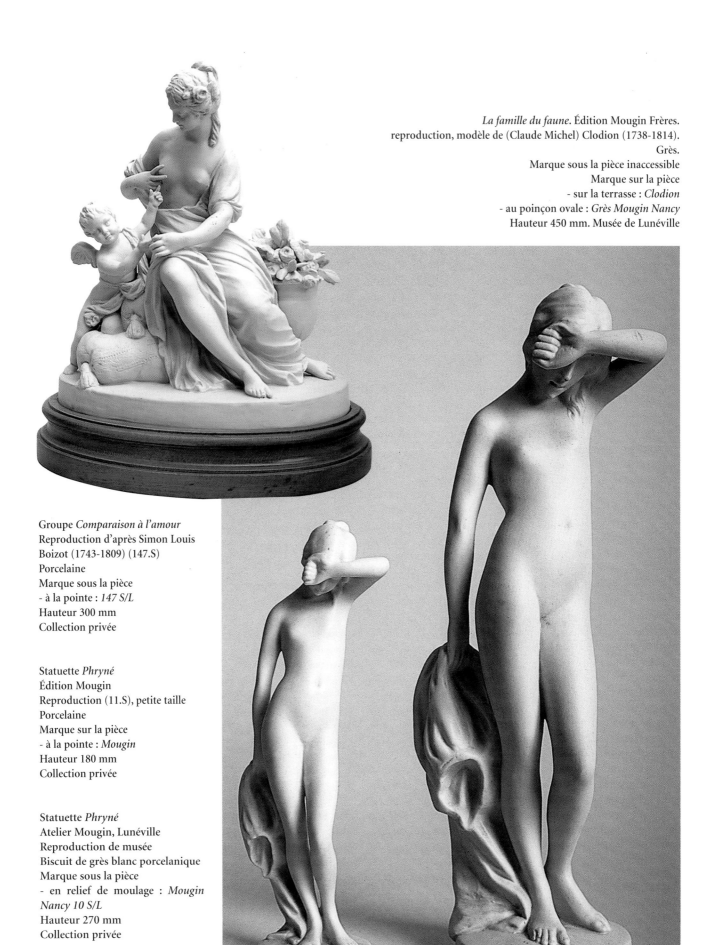

La famille du faune. Édition Mougin Frères.
reproduction, modèle de (Claude Michel) Clodion (1738-1814).
Grès.
Marque sous la pièce inaccessible
Marque sur la pièce
- sur la terrasse : *Clodion*
- au poinçon ovale : *Grès Mougin Nancy*
Hauteur 450 mm. Musée de Lunéville

Groupe *Comparaison à l'amour*
Reproduction d'après Simon Louis
Boizot (1743-1809) (147.S)
Porcelaine
Marque sous la pièce
- à la pointe : *147 S/L*
Hauteur 300 mm
Collection privée

Statuette *Phryné*
Édition Mougin
Reproduction (11.S), petite taille
Porcelaine
Marque sur la pièce
- à la pointe : *Mougin*
Hauteur 180 mm
Collection privée

Statuette *Phryné*
Atelier Mougin, Lunéville
Reproduction de musée
Biscuit de grès blanc porcelanique
Marque sous la pièce
- en relief de moulage : *Mougin
Nancy 10 S/L*
Hauteur 270 mm
Collection privée

Groupe *Pan et faunesse*
Édition Grès Mougin Nancy
Reproduction d'après Clodion (1738-1814) (84.S)
Grès porcelanique
Marque sous la pièce
- à la pointe : *Grès Mougin Nancy 5121*
- à la gouge : *84 S*
Marque sur la pièce
- à la pointe : *Clodion*
Hauteur 400 mm. Collection privée

Groupe *L'épreuve dangereuse*
Édition Grès Mougin Nancy
Reproduction d'après Louis Simon
Boizot (1743-1809) (74.S)
Porcelaine peu cuite
Marque sur la pièce
- au poinçon ovale : *Grès Mougin Nancy*
- à la pointe : *74 S*
Collection privée

Groupe T*rois grâces portant l'amour*
Édition Grès Mougin Nancy
Reproduction d'après Pigalle (142.S)
Porcelaine
Marque sous la pièce
- au poinçon ovale : *Mougin Nancy*
- en creux : *142 S*
Marque sur la pièce
- au poinçon ovale : *Grès Mougin Nancy*
Hauteur 255 mm
Collection privée

185

ÉLÉMENTS DE LA CRÉATION

DE LA SCULPTURE À LA CÉRAMIQUE

De l'avant-garde chez Joseph Mougin

L'art a toujours son avant-garde et son conservatisme. La recherche devient, après un temps de maturation, le support d'un formalisme qui fixe certains artistes ; le classicisme fut donc en son temps à l'avant-garde. Cette notion se rattache au désir de progrès de l'humanité. Peu évolutive dans les sociétés fermées ou primitives, elle s'accélère avec la démocratie. La société française, quant à elle, contient, à l'aube du XXe siècle, un ferment de ce progrès entraînant des conflits sociaux et l'art y joue un rôle moteur. Joseph Mougin, jeune artiste encore dans la sphère influente de l'académisme des Beaux-Arts (il quitte l'atelier de Barrias en 1899 ou 1900) reçoit un premier choc émotionnel devant l'œuvre de Carriès alors qu'il n'a encore décidé d'aucune voie pour sa carrière. Un second grand moment de sa vie sera la découverte de Sèvres. Jamais il ne se pose la question de l'antagonisme de ces deux céramiques, la première construite sur un naturalisme sans artifices et la seconde sur l'évolution technique. Joseph, confronté à l'art, ne propose aucune théorie, il exprime simplement ses certitudes, guidé par une force intérieure ; l'évidence de son engagement ne repose que sur la passion qu'il voue au feu. En 1900, il ne se soucie ni d'apporter un message, ni d'être dans la mouvance d'une école. Bien que proche de Prouvé, il ne semble pas s'impliquer dans les débats que génère l'École de Nancy. Même lorsqu'il expose à Paris ou à Nancy, puis lors de son retour définitif en Lorraine, alors qu'il est connu de plusieurs membres de l'Alliance provinciale des industries d'art, comme Majorelle, Guingot ou Prouvé, il ne se mêle guère au mouvement nancéien, bien qu'il en constitue l'un des aspects les plus forts : l'ouvrier d'art, responsable de son œuvre. Son style naît de la synthèse entre sa formation artistique, qu'il a menée depuis huit ans, et les courants esthétiques novateurs qui agitent Paris. Ses écrits montrent que sa préoccupation est de vivre en osmose avec le feu.

Avec la maturité, son expression plastique se fait de plus en plus personnelle, de plus en plus dégagée des contraintes de la mode. Tandis que certains artistes, à un moment de leur carrière, hésitent à évoluer et s'enferment dans leurs propositions, Joseph semble être dévoré par le temps et ne se retourne jamais, comme créateur, sur son passé. Il abandonne même la sculpture, lui si attaché à se dire sculpteur, puis la poterie, dont il a appris tous les gestes, du tournage au coulage, pour n'être plus qu'un homme du feu, qu'un homme de feu. Chaque nouvelle recherche le dirige vers une autre céramique, il est moderne dans l'âme et ce trait de caractère ne se démentira jamais ; chacune de ses œuvres apporte une autre approche, le conduisant, au crépuscule de sa vie, vers un dépouillement élaboré jusqu'au paroxysme, il crée des vases dont le seul ornement est un superbe émail noir tragique. Seul face

à la terrible épreuve de remettre à feu son four de Nancy, il trouve la force d'éviter la réédition de ses succès et invente une céramique pure et ascétique, ouverte sur une abstraction personnelle mêlée d'expressionnisme et de lyrisme.
Mais la notion même d'avant-garde a-t-elle un véritable sens dans sa vie ? N'est-elle pas sans intérêt face à une œuvre qui puise son énergie dans l'essence de la matière ?

Les cahiers du savoir

Autodidactes dans le domaine technique, Joseph et Pierre vont acquérir une grande pratique, basée sur l'apprentissage par l'erreur. Il n'est de formation plus enrichissante, mais plus pénible, que l'analyse de l'échec. Toutes leurs connaissances sont obtenues par une expérience journalière. Contrairement au peintre ou au sculpteur, la fonction créative du céramiste est étroitement liée au respect de la matière et à l'espoir du feu, partenaire incontournable de toute vitrification. Seules les flammes matérialisent définitivement l'œuvre. Joseph crée par intuition, sa sensibilité est exacerbée dès qu'il touche la terre, son fameux *il faut que cela se tienne*, sa clairvoyance naturelle au sujet de l'art se dispensent de tout accommodement intellectuel. Il ne s'intéresse pas à la technique pour son pouvoir économique, mais pour sa dynamique progressiste. Il ne découvre rien de savant mais dirige toutes ses expérimentations à l'extrême, il est toujours sur une limite dangereuse, où il suffit de quelques degrés pour que tout casse, fonde, brûle, ou se désagrège. Joseph n'en est pas moins avide de connaissances livresques. Il a fait, dès les premières années de ses recherches, l'acquisition d'un ouvrage récent, le *Traité des industries céramiques* de Bourry, paru en 1897. Il posséde également le *Traité des Arts céramiques* d'Alexandre Brongniart (édition de 1854), les *Leçons de Céramique* d'Alphonse Salvetat (1857) et *Pour le Céramiste* de Pierre Renault (1941).
Mais ce sont les cours de Georges Vogt, directeur des travaux techniques de la Manufacture nationale de Sèvres (1879-1909) qui sont à la base de la culture technologique des Mougin. Vogt est l'auteur de *La Porcelaine* (1893), ouvrage à la fois historique et technique dans lequel figurent un relevé de four chinois à flammes directes et un croquis de four à trois alandiers et à flammes renversées, celui-là même dont le plan a posé tant de problèmes d'adaptation aux deux Nancéiens qui souhaitaient un modèle à deux alandiers, sujet que nous avons précédemment évoqué en parlant de l'atelier de Vaugirard.

Vase
Joseph Mougin, second atelier de Nancy
Grès émaillé à concrétions
Marque sous la pièce
- en noir vitrifié : *J. Mougin 719*
- à la pointe: *157*
Hauteur 295 mm
Collection privée

Gobelet sur pied
Édition Mougin, Nancy
Modèle de Joseph Mougin
Grès émaillé
Marque sous la pièce
- en noir vitrifié : *J. Mougin Nancy D*
Hauteur 100 mm
Collection privée

Les cours de Vogt sont transcrits manuellement dans les cahiers de Joseph comme de Pierre, avec quelques différences. La comparaison entre leurs deux manuscrits montre qu'il s'agit de la transcription d'un même texte de base (vraisemblablement rédigé en 1901), accompagné des mêmes formules ; celui de Joseph est antérieur (la date de 1936 apparaît plusieurs fois, mais certaines parties pourraient être plus anciennes) et porte en plus des indications de références de laboratoires ou de fournisseurs.

Joseph divise ses notes en paragraphes : *La fabrication du grès cérame de la manufacture nationale de Sèvres, Composition de la pâte, Terre Carriès, Fabrication générale, Émaillage, Couvertes glacées, Couvertes semi-mates, Couvertes cristallisées à Sèvres, Les colorations aux nitrates, Patines des grès avec cendres bleues.* Un chapitre de plusieurs pages détaille la fabrication de *porcelaines dites craquelées.*

Puisés dans des revues professionnelles, de nombreux textes viennent enrichir leurs écrits personnels, comme l'article de Lauth et Dutailly sur ces porcelaines craquelées. Joseph a beaucoup plus écrit que Pierre, relevant plus de détails pratiques, mais il est difficile d'apprécier la véritable teneur de ses cahiers, de nombreux emprunts se glissent en complément dans les originaux pour éviter d'avoir à consulter des ouvrages techniques. Il conseille à Odile ou à François (M.J. 4 : p. 31) : *tu trouveras plusieurs cahiers notant les diverses formules. Tu devras compléter ces cahiers ou carnets de notes et tu en déposeras un chez Jean* (le frère aîné), *au cas où on te volerait ou pour toute autre cause comme un incendie. On m'en a pris un à Lunéville et j'ai perdu là plusieurs formules.* La hantise de conserver ses découvertes est un trait de son caractère qui contredit ses actes car il revient rarement à ce qu'il a déjà réalisé.

L'harmonie de l'art et de la technique

Artiste sans pratique artisanale, Joseph veut apprendre et aucune tâche matérielle ne le rebute ; sa première ambition est de faire des pièces uniques, le tournage lui semble la solution la plus belle pour préparer les formes qu'il veut ensuite recouvrir de modelages mais le métier du potier ne s'improvise pas et requiert une longue expérience, il s'astreint donc d'abord à battre la terre pour Giordan, son premier tourneur qui lui inculque les rudiments de son art, puis à tournasser (affiner les formes avec l'outil nommé tournassin). Avec Pierre auprès de lui, il trouve le prolongement qu'il attendait pour se libérer de certaines opérations fonctionnelles qui l'empêchent de se concentrer sur la création. Il n'a pas une véritable formation d'artisan rompu aux travaux répétitifs, il a reçu un enseignement d'artiste, avec sa part de rigueur dans la recherche ; l'exécution devant, selon les habitudes, être confiée à un praticien. C'est ce système que récusent, dans une certaine mesure, les principes de l'École de Nancy ; être à la fois l'auteur du concept et son propre ouvrier est une grande théorie qui donne toute sa valeur et son intégrité au travail. Certains artistes comme Prouvé ont quitté leur domaine conventionnel d'intervention pour entrer fougueusement dans celui de l'objet décoratif érigé en œuvre d'art, mais ils s'arrêtent en chemin et ils ne sont que peu souvent les exécutants de leurs projets, ils recourent alors à l'ouvrier que l'on veut qualifier d'art ; les castes ne sont pas réellement abolies. Cette difficulté de synthétiser au plus haut degré, c'est-à-dire en une seule personne, l'art et la technique ne trouve que rarement un développement affirmé. Joseph Mougin est l'illustration d'une réussite harmonieuse entre la pensée conceptuelle et le geste matériel. Très modeste face à la création, Joseph n'affiche aucune grande théorie et laisse toujours parler son âme. Bien qu'il ait été Premier prix de dessin aux Beaux-Arts de Nancy et qu'il se soit par la suite perfectionné dans cette matière, support de l'enseignement académique de la sculpture, il ne semble pas avoir conçu ses œuvres en jetant son inspiration sur le papier. Son fils François, qui a recueilli ses documents d'atelier, n'en possède aucune trace.

Le travail était-il uniquement guidé par l'inspiration, par la projection directe de l'idée dans la pâte, évoluant lentement pendant que le regard s'affinait sur l'esquisse en cours et dirigeait les modifications à apporter à la composition de base, comme le relate le texte suivant : *C'était un énervement inouï, j'étais dans un état d'exaltation, je tremblais, je ne pouvais pas rester assis ni debout, le vase montait dans mon énervement et tout mon être vibrait au fur et à mesure que cela venait… on ne m'entendait pas tant que je cherchais. je regardais, je forçais mon cerveau à voir ce que j'allais faire et je mettais mes premières boulettes, je les enlevais ; enfin, tout doucement l'image prenait corps et l'apparition se dévoilait, se devinait ; je précisais et tout à coup je voyais, alors je chantais ; il n'y avait plus qu'à travailler, et, très vite, la forme durcissait extrêmement vite, ne pas oublier que c'était très mince, prêt à cuire. Il fallait que la terre que j'allais rapporter fasse corps avec ma forme et n'éclate pas au feu par suite de mon collage et je ne prenais même plus le temps de fumer… j'allais en chantant jusqu'à ce que je sente que je n'avais plus rien à dire.*

À cette vision idyllique, il est possible d'opposer d'autres parties de textes, plus âpres dans lesquelles l'artiste exprime ses doutes envers lui-même, lorsqu'il ne parvient pas à dominer les aspects pratiques des cuissons.

Terres et pâtes

Les praticiens font la distinction entre les terres et les pâtes ; les premières sont des argiles ou des marnes argileuses naturelles, alors que les secondes sont des mélanges composés d'une ou plusieurs argiles, de sable, de chamotte ou ciment, et de divers autres constituants modifiant les qualités initiales de la terre.

Les frères Mougin ont utilisé de nombreuses variétés de terres et pâtes, généralement standard, mais ont su les adapter, à leurs conditions de travail et au résultat souhaité, par des additions et des assemblages personnels. Sèvres leur a fourni longtemps de la pâte à porcelaine dure ; cet approvisionnement a cessé avec le départ vers Lunéville, la Manufacture nationale ne souhaitant pas poursuivre cette largesse.

Vase
Joseph Mougin, dernier atelier de Nancy
Grès gris
Marque sous la pièce
- *Mougin Nancy 7376*
Hauteur 275 mm
Collection privée

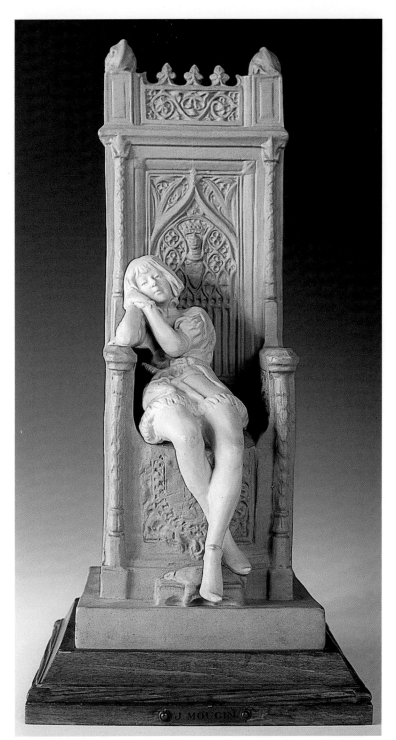

Statuette *Le poète Gringoire chez le roi Louis XI*
Édition Mougin Frères
Modèle de Joseph Mougin, sculpteur (43. J)
Grès bicolore, teinté dans la masse
Marque non accessible
Hauteur 380 mm avec socle
La notice du catalogue de 1914 précise que les socles (vendus en supplément) proviennent des ateliers Majorelle.
Musée de l'École de Nancy

Le grès naturel

Les premières œuvres de Paris sont entièrement réalisées dans des terres naturelles et grésantes qu'ils achètent à divers fournisseurs, *une terre de Molay-Litry jaune incrustée de décors de terre brun rouge* (Rousselot F., *le Républicain Lorrain*, 29 mai 1926). Mais ils comprennent très rapidement qu'il est indispensable de maîtriser les caractéristiques des argiles pour dominer le façonnage et les cuissons. Ils recherchent alors une terre se rapprochant de celle de Carriès, *une merveilleuse composition qui permet à un bon tourneur tout le possible, les plus grandes pièces qu'on puisse monter, et minces* (M.J. 4 : p. 9) : Joseph essaie à Paris des argiles de Randonnay, de Saint-Loup des Gâtines, de Saint-Amand, de Saint-Vérain et des Perches. Par la suite, il se fournira en porcelaine type Sèvres chez Blin, à Vierzon et chez Vandermarcq. Ces aspects peuvent paraître insignifiants pour les profanes, mais toute la subtilité du métier se dégage de l'accumulation de ces détails, l'œuvre d'art céramique se forge au travers de ses matériaux.

Alors que Joseph craint la concurrence de Rambervillers, vers 1902, il essaie la terre locale de cette manufacture et conclut qu'elle ne cuit pas à une température suffisante pour lui, et que cette production ne peut inquiéter ses émaux de grand feu (M.J. 5/7, p. 501).

Les grès kaoliniques

Les grès porcelaniques (ou porcelainiques) sont des compositions qui permettent de bénéficier des qualités de la porcelaine et du grès. Ils ne sont pas translucides mais leur structure est à grain aussi fin que celle de la porcelaine et leur vitrification est plus forte que celle du grès cérame traditionnel. Joseph en donne une formule personnelle pour le coulage (M.J. 5) :

- *6 parties de grès* représentées par 5,450 kg (de matière)*
- *4 parties de porcelaine donnant 3,633 kg (de matière)*

* Ce grès est lui-même composé d'un mélange de deux argiles naturelles et d'un sable : *Saint-Amand (2,8 kg), Provins (1,350 kg), Decize (1,300 kg).*

Certaines œuvres, plus rares, exigent des pâtes spéciales, comme *Gringoire chez le roi Louis XI* pour lequel il est mis au point une pâte sombre pour la cathèdre et une plus claire pour le personnage (M.J. 1 ; pl. 19). Pour les Wittmann, il se concocte un mélange de grès et de porcelaine, encore en service à Lunéville.

D'autres matériaux comme la terre de pipe sont à l'essai, des argiles cuisant blanc mais demeurant poreuses (improprement dénommées faïences fines), et la Terre de Lorraine de Cyfflé, pour laquelle Joseph note *il semble que la pâte employée soit une porcelaine cuisant légèrement crème, origine des Vosges, à rechercher* ; peut-être fait-il alors allusion aux "hygiocérames porcelaniques" de Fourmy, fabriqués à Plombières sous le Premier Empire. Quelques notes dans un cahier en font foi (M.J. 9). Pourquoi des terres de pipe alors que la spécialité des Mougin est le grès ? Vraisemblablement à la suite d'essais pour la manufacture de Saint-Clément où l'on ne pouvait cuire au grand feu vitrifiant et pour lesquels ils donnent vingt-huit modèles de formes différentes, de la petite statuaire animalière à la série de pots de cuisine (M.J. 2).

En 1936, Joseph fait des essais de pâtes kaoliniques, notamment des porcelaines de Limoges, puis en 1943 il tente la fabrication de pâte tendre (à figure), d'après une formule d'un spécialiste de pâte bien connu à Vierzon (Jacques Blin) ; il retrouve sans le savoir les caractéristiques des anciennes porcelaines artificielles : *j'obtiens une barbotine très fluide qui coule très bien et prend rapidement. Elle permet un démoulage très rapide, presque immédat. Elle ne fend pas car la réduction* (le retrait au séchage) *est très faible dans le moule, elle prend de l'épaisseur très rapidement et se retouche facilement restant très molle mais sèche, ce qui rend la retouche délicate. Elle reste fraîche largement* (suffisamment) *pour des finesses* (le travail à l'outil des détails) *si on peut les faire de suite.*

Souvent, par mesure d'économie, Joseph et Pierre confectionnent eux-mêmes toute leur gazetterie, c'est-à-dire tous les cerces, boîtes et rondeaux qui forment les étuis pour mettre les pièces à l'abri des flammes directes. Pour cela, il est nécessaire de disposer d'une terre particulière, très réfractaire et fortement chamottée ; la chamotte (dite aussi ciment) est un granulat de cette même terre, cuite une première fois et concassée. Ses grains, dont les plus gros pour les "gazettes fortes" (de trois à quatre centimètres d'épaisseur) peuvent atteindre la taille d'un petit pois, forment la structure de la pâte en limitant le retrait, en évitant les fentes et en résistant au choc thermique. C'est à Liverdun, dans une usine adéquate, qu'ils se fournissent en gazettes fabriquées d'après leurs mesures ou qu'ils obtiennent la terre ; la chamotte vient de chez Guéréneau à Paris. Joseph, dans ses conseils à Odile et à François, rappelle que les gazettes de Liverdun sont d'une excellente qualité, mais au cas où il leur faudrait les fabriquer eux-mêmes, il leur recommande de ne pas *oublier de réclamer les moules en bois, ils sont notre propriété, les factures se trouvent dans les notes* (M.J. 4 : p. 15).

Une dernière remarque pour montrer la richesse du métier, outre les terres à grès naturel, à grès fin, à porcelaine, à grès porcelanique, à gazettes, à terre de pipe, il y avait encore la terre à lut et à colombins. C'est une terre très sableuse, très réfractaire, mais cuisant surtout sans se vitrifier pour qu'il soit possible de la briser facilement, après cuisson ; elle sert principalement à confectionner les supports sur lesquels reposent les pièces et où coule l'émail fusible.

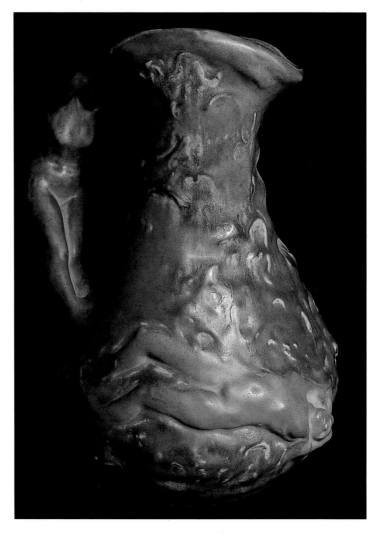

Pichet à anse en corps de femme
Édition Mougin Frères
Modèle de Joseph Mougin
Grès émaillé
Marque à la pointe *J. Mougin sculpt.* et
J. P. Mougin 2621
Hauteur 310 mm
Collection privée

Vase
Édition Mougin, atelier de Paris ?
Modèle de Joseph Mougin
Grès émaillé
Marque sur la pièce
- à la pointe : *J. Mougin*
Hauteur 180 mm
Collection privée

Le façonnage

L'éthique des frères Mougin est de produire de beaux objets, par leur style et par la perfection de leur fabrication. Leurs œuvres sont chères, car la réalisation en est lente ; Joseph, dans sa comptabilité, mesure très précisément le temps de façonnage et d'émaillage de chaque pièce, il ne compte jamais la recherche, elle fait partie intégrante du résultat final. Dix, vingt, trente, cinquante heures sont nécessaires pour élaborer le volume ; en revanche le temps d'émaillage est généralement plus court.

À Paris et dans les premières années nancéiennes, pour monter les formes, la méthode de travail fait appel soit au modelage direct, soit au tournage, soit à l'estampage en moule. Les parties en excroissance sont appliquées et collées à la barbotine, puis souvent retravaillées à l'outil pour affiner les détails. Joseph réalise ainsi de nombreuses pièces uniques. Mais même les tirages en petite série sont soignés, aucun article ne souffre d'un aspect affaibli par l'usure du moule ; ce dernier ne peut tirer plus de trente à cinquante exemplaires sans être remplacé.

Plus tard, à Nancy et à Lunéville, le coulage en pâte liquide, plus économique mais nécessitant des installations plus complexes (cuves munies d'agitateur, défloculation chimique de la barbotine), remplace partiellement l'estampage, ce dont se plaint Joseph.

Des revêtements vitreux à l'orientale

Les grès cérames, fabriqués en Occident depuis la fin de l'époque médiévale, tels ceux du Pays rhénan, d'Angleterre ou de France (du Centre, d'Alsace, du Beauvaisis ou de Normandie) sont des produits que leur solidité affecte à des usages utilitaires ; simplement vernis au sel, ils ne connaissent pas de grande évolution jusqu'au XIXe siècle, moment où Sarreguemines met au point ses magnifiques "grès porphyres". Quant à la porcelaine dure, elle ne se sert que des couvertes feldspathiques, enrobant des ornements monochromes au bleu de cobalt ou supportant des décors polychromes de moufle. L'usage n'est pas de recouvrir l'un et l'autre d'émaux opaques. Les œuvres orientales, aux glaçures sang de bœuf et aux émaux aux cendres font l'admiration de quelques spécialistes. Sèvres et ses chimistes étudient la question, puis des artistes tels Chaplet et Carriès en retrouvent le savoir-faire ; ils présentent aux expositions et aux Salons des œuvres qui retiennent l'attention de tous les céramistes modernistes, conquis par le naturalisme de ces peaux aux effets les plus étranges : fondus délicats, flammés somptueux, épidermes mats ou satinés aux tons de sable, de terre ou d'écorce. Dans la dernière décennie du siècle, le milieu du feu est enthousiasmé par le grès émaillé à la manière de la Chine et du Japon. Les frères Mougin sont de cette école, mais ils en expriment la quintessence dans l'esprit, sans aliéner leur liberté créatrice à la forme. En simplifiant, leurs recherches tournent autour de trois variétés principales : les émaux terreux (opaques et mats), les émaux cires (opaques et satinés), les couvertes (transparentes, colorées ou non). Très souvent, l'emploi des uns et des autres est commun sur une même pièce, par le jeu des superpositions (émaux fixes sur couverte "coulurante") et des réactions (sous-couche provoquant des éruptions dans l'émail de surface).

Technologie, tour de main et cuisine

Dans la recherche de l'émotion esthétique, l'idée de progrès est une notion vaine. Une poterie primitive n'est pas moins belle que la porcelaine la plus élaborée, nous le savons bien. Toute la perception de l'art est à ce niveau, dans la subtilité de faire passer pour plus beau ce qui n'offre souvent qu'un aspect différent, parce que l'esprit humain est curieux et avide de nouveauté.

Contre toute attente, il n'est jamais question de haute technologie, de calculs savants, de formules secrètes avec les frères Mougin. Leurs connaissances sont celles de l'expérimentation et de l'observation, ce sont des artistes, non des techniciens. Ils quémandent ou recopient des recettes simples qui, entre leurs mains expertes, font naître des prodiges. Chaque pièce est aboutie et dans le même temps ne fait qu'introduire une nouvelle recherche en repoussant à l'infini les limites du savoir. Ils usent de toutes les ressources, les conseils de Georges Vogt, directeur des travaux techniques à la manufacture de Sèvres (qui, à ce moment, avait joint à sa production de porcelaine celle du grès) comme les recommandations des "douze matières premières" faites par Carriès.

Les composants d'émaux de Taxile Doat, artiste de Sèvres pendant plusieurs années (1878-1905), sont les plus étudiés et forment, encore plus que ceux de Carriès, tout l'éventail de leur palette, particulièrement la série des couvertes nommées "S" (pour Sèvres) par les Lorrains, et que l'on retrouve souvent dans leurs notes et leurs essais. Il en est de même des cristallisés dont ils comparent les formules, telles celles de Sèvres et d'un fabricant bien connu de Golfe-Juan, L'Hospied, qui, devant leur passion pour la chimie, leur accorde son amitié. Ainsi la 27. C de la Manufacture nationale correspond à la $C^2.11$ du chimiste méridional. Ces formules de base, entre les mains de Joseph et de Pierre, ont engendré des merveilles… indisciplinées et créatives.

Pierre aime relever que les émaux sont affaire de *tripotage de laboratoire, un métier de cuisinier* ; tous les céramistes connaissent bien cette allusion soulignant qu'il y a tambouille, cuisine et gastronomie : l'émail de grès n° 3, un classique de Saint-Amand (cuisson vers 1 300°), reçoit à Lunéville, pour l'attendrir, vingt pour cent de couverte à faïence dite Satzuma (glaçure jaunâtre de type "coquille d'œuf" cuisant vers 1 100°). Tous les hommes du feu conservent dans leurs carnets, des centaines pour certains et des milliers pour d'autres, des recettes d'assaisonnement des glaçures et des vernis. Les frères Mougin ont parfaitement respecté la tradition et ont patiemment engrangé leurs découvertes, décrivant avec enthousiasme leurs réussites.

Un autre aspect remarquable mérite quelque attention, l'élaboration de leurs émaux. Avant Lunéville, ils ne frittent pas les constituants car ils ne disposent pas du matériel nécessaire (un four à creuset). Le frittage est une opération par laquelle on fond ensemble une partie ou tous les constituants d'un émail ou d'une glaçure (silice, fondants, colorants réunis dans un creuset et que l'on transforme en verre).

Cette opération est indispensable pour les émaux des faïenciers, elle est plus rare pour le grès où la température finale de la pièce et si haute qu'elle correspond à un frittage naturel. Lorsqu'ils ont besoin de frittes pour composer des "verres" (on donne ce nom aux émaux et couvertes) particuliers, ils en demandent la préparation à des établissements spécialisés, comme L'Hospied à Golfe-Juan, dont ils connaissaient personnellement le représentant et le directeur.

À Nancy, ils disposent d'un petit broyeur pour leurs mélanges et pour amener les émaux à la granulométrie souhaitée. Cette opération est capitale pour l'obtention de certains effets : selon la taille du grain de l'émail, les résultats après cuisson sont différents. Bien souvent, une couleur particulièrement réussie tient à dix minutes de broyage en plus ou en moins, et non à la poésie.

Les couvertes sont appliquées soit au vaporisateur à air comprimé, soit à la main et au pinceau. Les belles matières du grès naissent surtout de deux principes : la superposition de deux couvertes, l'une fusible et l'autre fixe, pour créer des coulées et l'utilisation d'une couverte réactive dont les composants provoquent sur elle-même ou sur un émail qui la masque des effets aléatoires (cratères oxydés, nucléoles, irisations, etc.).

La simplicité naturelle des émaux "terres"

Ces émaux sont ainsi nommés car leur base est une terre fusible : le feldspath ou l'un de ses dérivés. Leur aspect vigoureux et naturel est obtenu par des formules faciles à exécuter ; la plupart sont des mélanges simples entre une ou plusieurs argiles feldspathiques, qui se transforment seules en peau vitrifiée, et quelques éléments complémentaires modifiant la fusibilité et l'aspect de surface. Joseph les nommait "émaux de Sèvres", parce qu'il en tenait les recettes de Vogt. Toute la beauté de ces revêtements mats, agréables à l'œil, tient à l'extrême richesse de matière que leur procure le jeu des oxydes terreux, notamment ceux du fer, plus ou moins purs ou manganifères. Les traces d'autres métaux actifs et la qualité du feu, oxydant ou réducteur, magnifient ces émaux que les Mougin ne cesseront jamais d'affiner. Peu avant 1950, Joseph en fait le centre de certaines de ces ultimes recherches.

La préciosité des "cires"

La qualification "cires" donnée à ces émaux est due à l'aspect délicatement satiné, à la douceur de la surface qu'ils offrent, contrastant avec la rugosité des "terres". Pierre précise qu'ils ont *hérité* des formules des précieux émaux "cires" de Carriès grâce à M. Auclair, son ami et collaborateur (M.P. 1 : p. 21). Joseph souligne ce point différemment, notant *les données du cahier Carriès donné par le chimiste de Carriès M. Auclair*. Il s'agit vraisemblablement de l'article paru dans la revue *Art et Décoration* (1906-1907) dont ils font tous deux relier les pages dans leurs propres registres. Joseph les admire et les décrit comme *les plus artistiques*, mais il déclare aussitôt : *ne pas chercher à faire du Carriès, il faut aller plus loin* (M.J. 4 : p. 11).

Contrairement à la série des émaux "terre", les cires sont préparées en les frittant légèrement au feu de moufle (feu léger, 900-1 000°), travail qu'il demandait à son ami Walter ou à la poterie de Vandœuvre.

Pour les fabriquer il dispose d'un petit stock précieux de kaolin des Eyzies, le meilleur selon ses essais. Il garde aussi des cendres de bois, de fougères, de sarments de vigne, *à condition que cela soit de vieux sarments bien cuits*.

Les flammés au cuivre

En Occident, le cuivre est certainement la grande redécouverte de la fin du XIXᵉ siècle : d'abord avec le turquoise de Deck (bleu égyptien sur faïence) puis avec le sang de bœuf chinois de Chaplet (sur grès et porcelaine). Ces recherches ont passionné tous les céramistes, alors même que l'on tentait d'expliquer scientifiquement comment le cuivre pouvait donner un bleu vert ou un rouge. Joseph s'y est frotté à son tour, créant les effets curieux qu'il affectionnait : *J'avais ainsi obtenu sur le même vase les deux colorations que l'on puisse demander au cuivre, le rouge réducteur et le bleu turquoise de l'allure neutre.* (M.P. 1 : p. 15).

Encrier à bouchon
Édition Mougin, Paris ou Nancy
Grès à émail "terre"
Marque sous la pièce
- à la pointe : *J. P. Mougin céramistes 3086*
Longueur 165 mm
Collection privée

Grand vase *Épi*
Édition Mougin, premier atelier de Nancy
Modèle de Joseph Mougin (63.J)
Grès émaillé
Marque sous la pièce
- à la pointe : *Mougin Nancy 705*
Hauteur 435 mm
Collection privée

Vase
Joseph Mougin, dernier atelier de Nancy
Grès gris, émail magmatique à fortes
protubérances spongieuses
Marque sous la pièce
- en noir vitrifié : *Jh Mougin Nancy 856*
Hauteur 375 mm
Collection privée

Vase émail sang de bœuf, daté 1912
Édition Mougin, premier atelier de Nancy
Grès émaillé
Marque sous la pièce
- à la pointe : *Mougin 1912 Nancy 1629*
Hauteur 306 mm
Musée de l'École de Nancy

Les cristallisés

Dans les dernières décennies du XIXe, les effets de cristallisations sont des curiosités somptueuses qui enflamment l'imagination de nombreux artistes. Ces flocons d'oxydes naissent d'arborescences mystérieuses dont le secret, même levé, est toujours un plaisir pour les yeux. Sèvres en commence les essais, selon Georges Vogt, vers 1884, mais leur grand essor date des dernières années du siècle.

Les cristallisations décoratives sont des accidents volontaires, des *combinaisons pyro-chimiques* selon l'expression de Taxile Doat : des particules d'oxyde sont dispersées dans une couverte très fusible, lors de la liquéfaction de celle-ci, puis de son refroidissement, elles forment des ramifications plus ou moins développées, belles aiguilles ou floraisons gracieuses. En termes plus savants, les cristallisations sont

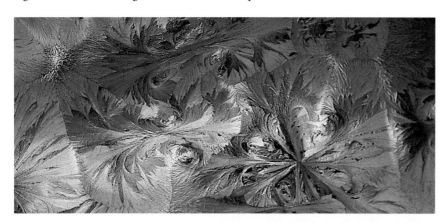

Grand vase à cristallisations (détail)
Édition Mougin Nancy (53.Z), atelier de Lunéville ?
Grès blanc émaillé
Marque sous la pièce
- en creux de moulage :
Mougin Nancy 53 Z
Hauteur 730 mm
La série "Z" n'existe pas au répertoire (elle correspond à Laut-Bosssert, mais elle est annulée)
Collection privée

Vase (détail)
Édition Mougin, Nancy
Modèle de Joseph Mougin (3 Z)
Grès émaillé
Marque sous la pièce
- en creux de moulage : *Mougin Nancy*
- en relief de moulage : *3 Z*
- à la pointe : *28*
Marque sur la pièce
- à la pointe : *J. Mougin*
Hauteur 270 mm
Collection privée

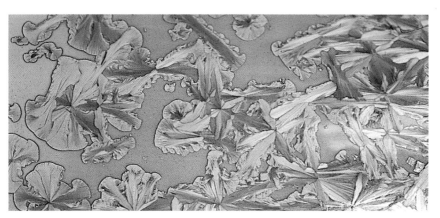

Bock *Sceau de Salomon* (détail)
Édition Mougin Nancy, atelier de Lunéville
Modèle de
Louis Majorelle (1859-1926) (24.K)
Grès blanc émaillé
Marque sous la pièce
- en creux de moulage : *Grès Mougin 24 K/L - modèle de Majorelle*
Hauteur 128 mm
Collection privée

Vase *Fruits et raisins*
Édition Mougin Nancy, atelier
de Nancy
Modèle de Joseph Mougin (161.J)
Grès blanc émaillé
Marque sous la pièce
- en relief de moulage : *Mougin
Nancy J. Mougin dc 161 J/L*
- imprimée en bleu : Lunéville
(marque de la manufacture)
Hauteur 490 mm
Collection privée

des dévitrifications partielles des particules conservant un état physique amorphe. Le zinc est le métal le plus favorable à ces formations, il peut être coloré diversement avec d'autres oxydes mais il offre toujours des tons délicats. Le titane (par le rutile), le manganèse, le tungstène sont également des métaux "cristalliseurs". La *Notice de la fabrication des grès*, publiée, en 1900, sous les auspices de l'Union céramique et chaufournière, propose de nombreuses formules, mais celles-ci ne sont pas suffisantes pour s'assurer la réussite ; les paramètres de cuisson sont très importants. Le grès, la porcelaine mais aussi la terre de pipe s'y prêtent pour peu que l'on soit en mesure de diriger les paliers et l'atmosphère de cuisson. Joseph Mougin s'entretient avec Georges Vogt, vers 1902, au sujet des cristallisés que l'on pratique à Sèvres depuis deux décennies. Il suit avec Pierre les travaux réalisés par la Manufacture nationale, notamment les grès qui entrent dans la construction du fragment d'architecture exposé dans l'avenue des Invalides, de la Fontaine des Champs-Élysées et de la frise du Palais des Beaux-Arts de l'Exposition de 1900. Il est vraisemblable que l'on a procédé à des essais, dans l'atelier de la rue La Quintinie, entre 1900 et 1906, mais aucun témoin ne nous en est parvenu ; leur

Vase à cristallisations (détail)
Édition Mougin Nancy
Modèle de Pierre Mougin
Grès porcelanique
Marque sous la pièce
- en creux de moulage :
Mougin Nancy 26 N
- en noir vitrifié : *PM*
Collection privée

Vase (détail)
Édition Mougin Nancy
Grès porcelanique
Marque sous la pièce
- à la pointe : *Mougin Nancy 9 Z*
Hauteur 297 mm
Collection privée

Vase (détail)
Grès émaillé à cristallisations
Marque sous la pièce
- en brun vitrifié : *C45 0328 et ?*
Hauteur 310 mm
Collection privée

Vase *Fruits et raisins*.
Édition Mougin Nancy, atelier de Nancy
Modèle de Joseph Mougin (161.J)
Grès blanc émaillé, cristallisation d'aiguilles nacrées
Marques sous la pièce
- au poinçon ovale : *Grès Mougin Nancy*
- en creux de moulage : *161 J*
Marques sur la pièce
- au poinçon ovale : *Grès Mougin Nancy*
- sur le côté : *J. Mougin*
Hauteur 490 mm
Collection privée

four à cuisson lente et forte inertie avait nécessairement un refroidissement long favorisant les cristallisations ce qui était aussi le cas de celui de Montreville. Pour obtenir de bons résultats, il leur a fallu découvrir les paramètres incontournables que sont l'épaisseur de la pièce (les fortes tensions brisent très souvent les objets au refroidissement) et l'émaillage sur biscuit, et non sur cru ou dégourdi comme ils le pratiquaient de manière habituelle, pour limiter les problèmes de viscosité différentielle (la dilatation des parties cristallisées est autre que celle des parties vitreuses, d'où des incidents de tresaillures difficilement maîtrisables). La taille et l'accumulation des sphérolithes (les germes des cristaux) sont à la merci de phénomènes incontrôlables comme la forme de la pièce : la glaçure en coulant et en se logeant dans certains zones accentue la naissance de zones cristallisées. Il faut avoir la tête dans les étoiles et les pieds dans l'argile pour se martyriser ainsi.

Vers 1910, alors que les frères connaissent parfaitement les méthodes de cuisson, les cristallisés prennent plus d'importance dans la recherche ; *L'Hiver* de Castex est entièrement recouvert d'une magnifique "fleur de neige" nacrée. Ils apparaissent aussi en complément d'émaux mats, formant des contrastes du plus grand intérêt. En 1921,

Joseph note dans son cahier (M.J. 6) que le *plus beau métallisé excessivement brillant et riche a été obtenu lors de la 42ᵉ cuisson* (vase 13. N - 470) : *une couche de 255, coulée de 1 092.G, une forte couche de 255 et une de 262.* C'est aussi à ce moment qu'il tente des cristallisés noirs et mordorés dans lesquels les émaux ressemblent à un enchevêtrement d'aiguilles.

À Lunéville, ces cristallisés deviennent un sujet de perfectionnement pour Joseph et Pierre qui se procurent un article de l'ingénieur Albert Poitevin sur les *Émaux ou couvertes cristallisées.* Pierre cite un grand vase coulé d'un mètre dix de hauteur, l'un des ses plus beaux "cristallisés", vert, obtenu à l'aide de cendres bleues (carbonate de cuivre naturel : azurite). Les formes s'épurent pour mieux servir la matière et la mettre en valeur ; les plus magnifiques exemplaires présentent d'originales rosettes noires sur de splendides fonds verts. Joseph en reprend la fabrication à Nancy, testant de nouvelles solutions.

Joseph et Pierre, dans leurs notes d'atelier, rapportent des indications données par Vogt et ils révèlent des connaissances personnelles pratiques précieuses ; mais ils font aussi référence à la maison L'Hospied de Vallauris/Golfe-Juan, qui leur fournit d'excellents émaux et notamment deux couvertes de base établies selon les formules de Sèvres et indispensables pour réussir certains effets, comme avec les solutions de nitrates métalliques. Les Mougin laissent des indications chèrement acquises, Joseph donne deux règles qu'il tire de ses observations, et par lesquelles nous devinons que la réussite d'une pièce tient, entre autre, à un filet d'air :
1° *Tenir les gazettes* (les boîtes dans lesquelles sont enfermées les pièces) *hermétiquement closes si l'on désire le cristallisé seul.*
2° *Ouvrir le haut de la gazette lorsqu'on ajoute aux cristallisés des chlorures soit d'or, d'argent, d'étain, de zinc, etc.* (ces chlorures produisent des gaz qu'il faut évacuer).
Les cristallisations ne sont pas toujours réussies, mais il faut tout de même sauver les pièces, alors Joseph use d'un stratagème qui consiste à masquer la couverte très fusible par un émail plus fixe, opaque et très couvrant, le fameux "cire" dit de Carriès qu'il pose en trois couches, l'une épaisse de blanc n° 24 ; une autre de 2.42 et une dernière de blanc n° 4.

Les couvertes minérales, au "laitier" et à la "lave"

Les laitiers sont des scories de fourneaux à fer qui, en fondant, donnent des "verres" très originaux, riches en coloration bleu noir. Les laitiers anciens des forges et fonderies étaient très recherchés, comme ceux du XVIIᵉ siècle ; celui des fourneaux de Fumel, près de Bordeaux, était apprécié pour sa dureté.

Joseph se procure ce matériau, notamment en provenance du Nivernais, et met au point ses propres formules. À Nancy, il lui faut douze heures de rotation de son broyeur pour les réduire en poudre. Il se sert aussi de mâchefer et de laves naturelles, provenant de Volvic, d'hématite dont il achète la poudre de taillage aux diamantaires et de "meulures" de bronze. Tous ces matériaux qu'il expérimente enrichissent considérablement sa science.

Vase *Chasse à courre*
Édition Grès Mougin, atelier de Lunéville
Modèle de
(Gaston) Ventrillon le Jeune (1897-1982)
Grès blanc émaillé
Marques sous la pièce
- en creux de moulage : Grès *Mougin Nancy modèle de Ventrillon le Jeune*
- en noir vitrifié : 03050
Hauteur 295 mm
Collection privée

Vase carrés gravés
Édition Mougin Nancy, atelier
de Lunéville
Modèle de Joseph Mougin (164.J)
Grès émaillé noir
avec rehauts "d'or caillou"
Marque sous la pièce
- à la pointe : *Pièce originale Mougin*
Frères Nancy 058
Hauteur 400 mm
Collection privée

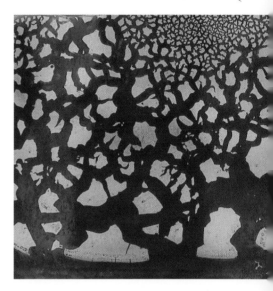

Des grumeaux réactifs

Pour animer les surfaces par des nucléations de couleur, Joseph imagine de préparer des grumeaux en agglomérant des matières minérales à l'aide d'eau engommée (oxydes et fondants en poudre, colle adragante légère). Lors de la fusion au feu, les grumeaux, parsemés à la surface de la pièce crue, réagissent avec la couverte qui forme le fond et produisent des effets rares, des auréoles ; certaines cristallisations sont obtenues de cette manière. Cette technique est toujours enseignée de nos jours, notamment aux futurs techniciens en céramique (Lycée Renoir, Paris).

Les patines

Les patines au feu ne sont pas des couches vitrifiées, mais des modifications de la coloration des surfaces. Les frères Mougin en usent fréquemment pour renforcer le modelé des pièces, obscurcissant le creux des détails pour améliorer la lisibilité des lumières. Cette décoration s'applique soit sur des terres nues, soit sur des émaux. Dans le premier cas, il s'agit de faire vibrer une surface par un fin dépôt de pigment posé en lavis très léger et qui n'empâte pas ces détails ni ne bouche les anfractuosités ; un voile mince d'émail se mêle intimement au pigment et le scelle sur la pièce. La seconde technique, plus complexe, est appelée par Joseph et Pierre "ressuyage". Elle consiste à passer une couche d'émail sombre au vaporisateur, à l'éliminer sur les reliefs et à le conserver dans les creux, en utilisant un chiffon râpeux, puis à recouvrir l'ensemble par un autre émail, généralement clair sous lequel transparaîtra la teinte sombre.

Le cahier d'atelier (M. J 5 : p. 33-31) donne une série de patines pour le décor des "vierges" : aspect vieille pierre avec patine foncée (601, 530 et 600), aspect vieux bois foncé (603), aspect bronze vert foncé mat (529), aspect très foncé noir (614).

L'or "caillou"

Les décors à l'or sont rares chez les Mougin et n'ont été pratiqués qu'à Lunéville. D'après les notes de Joseph (M. J 5 : p. 36 B) qui en fait l'essai sur des fonds noirs brillants évoquant le laque, ce nom est donné par les faïenciers de cette manufacture à une solution d'or de récupération traitée au fer et au soufre. Selon qu'il est posé épais ou non, il donne un aspect de craquelures larges ou serrées.

Vase *Dahlia*
Édition Grès Mougin Nancy
Modèle de
André Legrand (1902-1947) (216.J)
Grès blanc émaillé
Marque sous la pièce
- en creux de moulage : *Grès Mougin Nancy 216 J*
Hauteur 250 mm. Collection privée

Statuette *Moine de Brou*
Édition Grès Mougin Nancy
Reproduction (169.S)
Terre de pipe émaillée et marbrée
Marque sous la pièce
- en relief de moulage : *Grès Mougin Nancy 169 S*
Hauteur 390 mm
Collection privée

Les lustres

Technique hispano-mauresque réactualisée au début du XIXe siècle, notamment à Sarreguemines, le lustre métallique au feu de moufle fait l'objet d'un emploi particulier *pour sauver tous les vases qui ne sont pas intéressants par eux-mêmes, lorsque la couverte est trop uniforme* (M. J 5 : p. 36 B). La couche sirupeuse de la solution (d'or, argent, platine, bismuth, cuivre, etc.) se revivifie au feu, formant une surface "métallescente", quelquefois modifiée par un traitement à la dextrine qui provoque une craquelure artificielle. Les pièces dues à ce procédé ont toutes été réalisées à Lunéville, seul site sur lequel les Mougin disposaient d'un four à moufle indispensable pour les cuissons à très basse température des lustres.

Les marbrés

C'est également à Lunéville que les effets de marbrés, certains au feu de moufle sur faïence, d'autres au grand feu sur grès, ont été tentés sur quelques objets décoratifs, comme le vase cubiste de Letalle, *Boulon*. Les cahiers d'ateliers sont muets à ce sujet.

Les crispés

Peu avant de cesser son activité, Pierre s'intéresse aux émaux crispés, bien connus sur faïence depuis le XIXe, mais encore peu exploités sur le grès. Il s'agit d'un tour de main pour poser un émail, durci au baryum, que préparait le chimiste de la faïencerie de Lunéville. Le but était de faire se rétracter la couche vitreuse en créant des crevasses plus ou moins larges et à mailles plus ou moins serrées.

Cuissons

Nous avons largement décrit, dans les pages précédentes, les fours, ces compagnons inséparables des céramistes, à la fois monstre et fidèles compagnons Nous dirons quelques mots sur les cuissons qui matérialisent toutes les créations par l'irréversibilité de la matière. Pour bien maîtriser sa fabrication, le céramiste doit se limiter à des choix impératifs, il ne peut changer ni cette matière qu'il travaille ni la température de son four sans risquer une catastrophe. Chaque argile ou chaque pâte répond à une mise au point précise : peu cuits, le grès et la porcelaine sont poreux et fragiles, les émaux ou couvertes ne se vitrifient pas ou mal, les couleurs ne se développent pas ; trop cuits, les objets se déforment ou s'affaissent, les couleurs disparaissent. Leur propre expérience est la seule source sur laquelle peuvent s'appuyer les hommes du feu, aussi, pour cerner leur domaine d'investigation, Joseph et Pierre ne travaillaient que dans une seule plage de température, entre 1 250 et 1 350 degrés, généralement vers 1 280 degrés, *nous n'allons qu'au cône 10 maximum*, dit-il, soit 1 300 degrés (M.J. 4 : p. 10). Ce qui est une température traditionnelle pour le grès, mais demande une pâte spéciale pour la porcelaine (la porcelaine feldspathique, dite dure ou naturelle, cuit vers 1420-1480°). Presque toutes leurs pièces sont vitrifiées en monocuisson, c'est-à-dire qu'ils cuisaient la terre et le revêtement vitreux lors du même feu, sauf pour les cristallisés réalisés, nous l'avons vu, en vitrification sur dégourdi (première cuisson à basse température, 900 à 1 000 degrés).

La conduite du feu est le moment le plus important, elle se fait en trois temps : le ressuage ou trempe qui évacue toute l'humidité résiduelle de la pièce, puis le petit feu qui permet à la terre de passer lentement le cap des transformations cristallines de la masse, et enfin le grand feu par lequel cette masse terreuse se mue en matière vitrifiée, imperméable, opaque pour le grès et translucide pour la porcelaine. Il suffit d'observer l'intérieur de certaines statuettes de Joseph pour admirer la subtilité des assemblages entre ces deux matériaux : la lumière passe dans certaines parties et crée une opalescence laiteuse, ce qu'il utilise pour donner une grande douceur au visage ou au corps de ses odalisques.

La cuisson est un moment terrible, éprouvant et épuisant. Il faut charger le bois tous les quarts d'heures ; ce bois, du pelard, doit être coupé à des longueurs précises, sous peine de ne pas pouvoir maîtriser les flammes. Puis tout se joue sur deux points : le tirage qui permet d'atteindre la bonne température et l'atmosphère recherchée pour le développement des émaux, riche en oxygène (allure oxydante) ou pauvre (allure réductrice). Plusieurs passages d'air aident à cette régulation à l'entrée (carneaux, bouchons, cavaliers) ou à la sortie (registre de cheminée) ; toute la science du cuiseur consiste à trouver les bonnes ouvertures, en observant l'aspect des flammes et en écoutant leur ronflement. La fumée, légère ou refoulante, est aussi une indication de la marche du feu. Un manomètre rustique, à liquide et à boule, monté sur la cheminée, lui signale la dépression créée par le tirage. Quant à la température finale, elle se juge pour une part à l'œil, et pour une autre part à l'aide de montres pyrométriques (cônes fusibles), placées dans une gazette ouverte et observées par un regard percé dans le mur du four.

Les mémoires de Joseph font une large part au récit des cuissons. Les premières, alors que le four fait l'objet de malfaçons volontaires, durent plus de cinquante heures ; plus tard, elles n'exigeront plus que trente heures. Un cahier ouvert en janvier 1902 (M.J. 5 : *Notes et remarques de cuisson des grès hautes températures*) résume minutieusement tous les problèmes et toutes les solutions apportées à chaque cas ; il décrit notamment les cuissons rue de La Quintinie et donne des détails sur le rôle primordial de la braise dans les alandiers. En octobre 1911, Joseph relève, toujours dans ce cahier, les précisions en mesure d'apporter une meilleure connaissance de son métier. Par la suite, d'autres écrits complètent, fournée après fournée, l'expérience du "sorcier".

Joseph parle très souvent des cuissons, il les ressent avec intensité comme un moment magique. À Paris comme à Nancy, chaque fournée est vécue tel un privilège par ceux qui se laissent envoûter par la beauté et la puissance des flammes ; amis et clients viennent s'abreuver à leur mystère alors que le céramiste se morfond dans l'attente du résultat : misère ou chef-d'œuvre.

Four vertical MOUGIN à bois
Type Doat à deux alandiers
et tirage à flammes renversées.
Construit en 1906 à Nancy.
Reconstitution établie par
François Mougin et Jacques Peiffer.
Infographie Serge Dalibard.

Ex-libris de Joseph Mougin
Papier imprimé
Hauteur 210 mm
Le dessin est réalisé d'après la
photographie comme le montre
la position de Joseph et la présence,
à droite, du ringard.
Collection privée

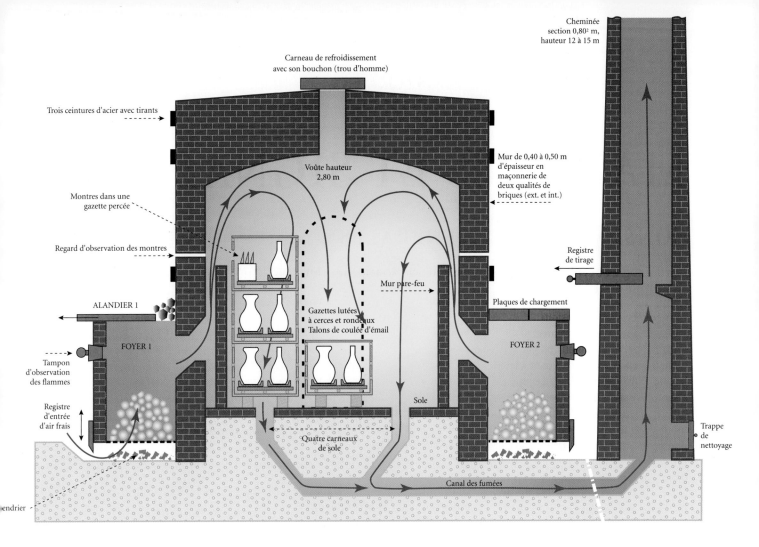

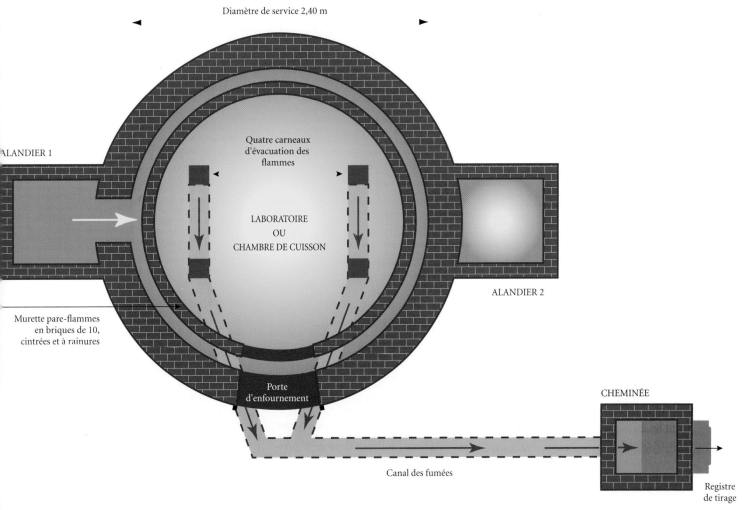

MARQUES ET SIGNATURES

CONSIDÉRATIONS GÉNÉRALES

Chronologie et évolution stylistique de la production

Bien que les grandes divisions stylistiques semblent facilement identifiables, de nombreux points d'interrogation subsistent quant à la datation effective des pièces. Le plus obscur tient à la nature répétitive des œuvres issues d'une réalisation par moulage, et du réemploi des moules à différentes périodes de l'atelier. Ainsi certaines œuvres Art Nouveau ont pu être tirées plusieurs décennies après cette époque. Il convient donc d'aborder avec prudence chaque pièce et d'y lire les stigmates techniques qui seuls permettent de la situer dans le temps car, en changeant d'atelier, les moyens de production et les matériaux se modifient. Les pâtes sont différentes, les émaux présentent des particularités et la finition n'offre pas toujours la même perfection à Lunéville et à Nancy.

Le déroulement chronologique ne recouvre pas exactement les sept principales formes stylistiques :
- le naturalisme Art Nouveau
- le symbolisme Art Nouveau
- la transition Art Nouveau/Art Déco, le naturalisme géométrique
- le modernisme géométrique et architectonique
- la figuration stylisée dite moderniste
- les matières et cristallisations
- l'expressionnisme minéralogique.

La complexité relative des marques peut s'éclairer en étudiant la logique qui a conduit Joseph et Pierre à coder la plupart de leurs pièces. La gestion des moules comme la nécessité de conserver une trace du travail effectué sur l'objet sont les éléments d'un code simple et fonctionnel.

Présence de l'identification

Les pièces sont généralement marquées, mais il existe quelques exceptions volontaires ou non, notamment quand il est difficile d'y poser un témoin manuel ou mécanique. Certaines marques, quoique apposées à l'origine, ne sont plus visibles parce qu'elles sont cachées par des coulures d'émaux ou encore qu'elles ont été meulées lors du dressage de la base par usure à la platine. Certaines curiosités sont inexpliquées, comme des marquages différents sur des objets sortis d'un même moule ; ainsi le couple de pigeons de Guingot existe avec et sans signature de son créateur, mais toujours avec sa référence codée.

Sens de l'identification

De nombreuses œuvres portent plusieurs mentions dont il convient de préciser la portée car les frères Mougin ont toujours souhaité définir la qualité de leurs productions :
- œuvres uniques arborant le terme "Esquisse" lorsqu'il s'agit de l'étude initiale, toutefois il n'est pas toujours possible de déterminer s'il s'agit d'une œuvre en modelage direct ou d'un premier tirage par estampage ou moulage ;
- œuvres uniques et tirages réalisés par un créateur, le nom de l'artiste est suivi de "Sc" (Sculpteur) ou de "Dc" (Décorateur).

La situation géographique

Si la présence de "Paris" permet une localisation sans équivoque, il n'en est pas de même de "Nancy".
En effet, à la suite du contrat passé avec la firme Fenal de Lunéville, les frères Mougin peuvent faire figurer "Nancy" sur les pièces produites dans cette usine,

montrant par là que leur nom est une valeur affirmée par la reconnaissance de leur œuvre, et confirmée par le grand prix de l'Exposition des Arts décoratifs en 1925. Un détail permet cependant de connaître l'origine de la pièce : la présence d'un "L" poinçonné dans la pâte plastique, généralement entre le numéro de référence du décor et la lettre désignant l'auteur du décor. Plus rarement, une marque complète de Lunéville apparaît sous la pièce, en creux ou imprimée, il s'agit souvent de biscuits de la faïencerie.

Distinction entre marque et signature

Par marque, nous entendons les inscriptions qui identifient commercialement et administrativement le fabricant, l'atelier en tant que producteur ("Mougin Frères. Nancy" ou "Grès Mougin").
Nous réserverons le terme de "signature" aux inscriptions qui désignent l'artiste créateur. Seule la signature de Joseph semble olographe, les autres, telles celles de Majorelle ou de Prouvé, sont toutes portées "par délégation".

Termes permettant de distinguer la nature des identifications

Olographe : la signature est de la main même du créateur.
Par délégation : qui n'est pas de la main de l'artiste mais apposée par un praticien ou par un moyen mécanique.
Manuscrite ou manuelle : apposée par la main d'un artiste ou d'un praticien, à la pointe ou au pinceau.
Mécanique : identification reproductible obtenue par un outil (poinçon, tampon, moule).

Divers moyens d'apposer les indications distinctives

Plusieurs manières existent pour porter les marques, signatures et références d'atelier :

Les marques manuscrites

• Les inscriptions manuscrites dans la pâte crue, à l'aide d'une pointe. Ce sont les seules qui soient en vigueur à Paris. Elles sont, en principe, réservées aux œuvres artistiques.
• Les inscriptions manuscrites dans la pâte crue mais sèche, à l'aide d'une gouge. Leur tracé est plus lourd et moins délié que les précédents.
• Les inscriptions manuscrites peintes avec des pigments vitrescibles. Elles apparaissent déjà à Paris mais sont principalement en usage lors de la période "second retour à Nancy".

Les marques mécaniques

• Les inscriptions mécaniques dans la pâte crue, à l'aide d'un poinçon.
• Les inscriptions mécaniques en creux venues de moulage, par gravure en creux du modèle. Ce sont celles qui correspondent aux habitudes du métier car ce sont les moins fragiles, le modèle en plâtre est gravé à la gouge et le relief des lettres et chiffres est arrondi pour être facilement démoulé, tant en contretypage du moule qu'en façonnage.
• Les inscriptions mécaniques en relief venues de moulage, par gravure en creux du moule. Elles indiquent généralement que seule la marque est réalisée directement dans le moule de tirage, ce qui suppose que la pièce est tirée d'un *premier moule*, ce dernier terme indiquant, dans le vocabulaire des praticiens, que l'on n'exécutera que peu de pièces et qu'il est inutile de faire la dépense d'un *moule mère*.

Rôle de la numérotation

La plupart des pièces portent un numéro d'identification soit dans la pâte, soit gravé, soit peint. Pour comprendre le sens de cette

signalisation, il convient d'étudier les cas suivants :

Numéro seul, généralement à la pointe
Celui-ci correspond à une référence de façonnage du décor (par exemple modelage sur une base estampée) ou d'émaillage portée dans les cahiers d'atelier ; ce qui permettait de retrouver la manière dont la pièce était réalisée (type d'émail, nombre de couches, patines) et de bénéficier de l'expérience acquise pour d'autres tirages. Chaque numéro correspond donc, en principe, à une pièce parfaitement identifiée. Ainsi la gourde de Finot *La Soif* (8.F) est connue dans les versions 2269, 3127, 3242, 3244 (cahier M.J. 6). De même, la figurine *L'Hiver* de Castex (1.L) existe en 3145 et 3194, mais le tirage illustré dans cet ouvrage ne porte pas de numéro !
Ces numéros à quatre chiffres sont apposés sur des pièces de la période de Paris et du premier atelier de Nancy. Par exemple, le cahier M.J. 6 commence au n° 1322, passe au 1165, au 1900 puis au 2308, à partir de 3110, les numéros se suivent jusqu'au 3249, avec quelques exceptions. Il semble que, d'après les documents étudiés, ce système soit utilisé jusqu'à plus de 9000. Les vases 3740 et 3798 ont été vendus au salon de 1907, le 5667 à l'Exposition de Galliéra (1911).

Type de marque à la pointe, olographe, accompagnée du numéro d'émaillage de la pièce (2431).

Numéro seul, en couleur vitrifiée (généralement en noir)
Plus tardive (période second retour à Lunéville), cette numérotation concerne des pièces dont l'émaillage est unique.

Joseph note dans son carnet d'atelier (M.J. 5) : *Attention, si l'on recherche sur les cahiers de cuisson un vase portant un N°, il se peut que ce numéro ne corresponde pas à ce qu'on recherche car je ne vais jamais au-delà de trois chiffres. Dès que j'arrive à 999, je reviens à 1. On devra donc, si on désire refaire une combinaison qui a donné de beaux résultats, rechercher dans les diverses centaines à diverses cuissons.*

Type de marque peinte en noir vitrifié, accompagnée du numéro d'émaillage de la pièce.

Numéro suivi d'une lettre, toujours dans la pâte, en creux ou en relief
Ce codage ne dépasse pas trois chiffres et une lettre et il désigne le modèle. Une lettre suit toujours, elle sert à déterminer le créateur. Peut-on supposer que cette numérotation respecte, pour un même artiste, un ordre chronologique ? La rigueur dont témoignent les frères dans l'établissement de leurs répertoires permet de l'envisager. Ainsi la statuette 1.J serait la première pièce créée par Joseph Mougin. Nous pensons qu'il faut

Type de marque moulée, accompagnée du numéro d'identification du modèle (180) et de l'auteur (J) ainsi que du numéro d'émaillage (5600).

accorder une importance relative à cette notion, les toutes premières créations ainsi que quelques autres qui ont succédé échappant vraisemblablement à cette ordonnance.

Lettre seule, au poinçon dans la pâte
Il s'agit toujours d'un "L" en creux, souvent mais non exclusivement porté dans le code des modèles, entre le numéro et la lettre identifiant l'artiste. Ce repère indique la production lunévilloise.

Le répertoire d'identification des artistes et des sources

Le carnet répertoire dressé par Joseph Mougin donne, pour les lettres-codes, les noms suivants :

J   Créations personnelles de Joseph, de 1 à 131. Après ce numéro et jusqu'au 350 cette logique n'est plus respectée car "J" identifie aussi d'autres artistes, notamment de la période Lunéville. Certains numéros ne sont pas attribués. Lorsqu'il y a plusieurs dimensions, celles-ci ne sont pas caractérisées par un signe particulier.
Ces codes ne sont pas exempts de cas atypiques ; ainsi le code 19.F d'une figurine féminine posée sur un vide-poches correspond à *Tulipe* de Finot dans le grand répertoire ; le 16.F, autre statuette de femme n'est pas un Finot, mais une œuvre de Joseph Mougin ; d'autres références n'apparaissent sur aucun des répertoires ni aucun des cahiers d'ateliers.

A   Ganuchaud Paul, de 1 à 13
B   Barrias Ernest, de 1 à 2
C   Carli Auguste, 1 à 5
D   Delaspre Guillaume, de 1 à 3
E   Guétant Gustave, de 1 à 18
F   Finot Alfred, de 3 à 19 et 22
G   Laurent Sébastien, de 1 à 4
H   Bouchard Henri, de 1 à 8
K   Majorelle Louis, de 1 à 25
L   Castex Louis, de 1 à 5
M   Galeries Lafayette, de 1 à 15
N   Bachelet Émile, de 1 à 15
P   Prouvé Victor, de 1 à 7
R   Grosjean Jules, de 1 à 3
S   Reproductions de musées, de 1 à 191, mais les désignations s'arrêtent à 177, et comportent des vides. Quelques numéros ne sont pas affectés mais ils sont apposés sur des pièces comme *Couple de pigeons* (167.S) et un coq (168.S).
T   Tarrit Jean, 1 (deux modèles sont aujourd'hui connus, l'un ne figure pas sur cette liste)
V   Guillaume Victor, de 1 à 6
W   Wittmann Ernest, de 1 à 28
X   Bergé Henri, de 1 à 3
Y   Muller Charles, de 1 à 5
Z   Lauth-Bossert Aline, de 1 à 2
Bussière Ernest, de 1 à 15
Saint-Clément (modèle pour), de 1 à 28

TYPOLOGIE DES MARQUES, SIGNATURES ET CODES

L'examen des marques et des signatures montre une grande diversité dans les procédés d'identification utilisés par l'atelier. Nous employons ici un classement qui permet d'attribuer à chaque marque un code de référence qu'il sera possible de compléter avec de nouvelles marques que l'avenir fera apparaître, sans en modifier les formes déjà établies.

1/ MARQUES DANS LA PÂTE CRUE
11   Manuscrites, à la pointe
12   Manuscrites, à la gouge
13   Marques mécaniques, au poinçon
14   Manuscrites, au composteur
15   Marques mécaniques, en creux de moulage
16   Marques mécaniques, en relief de moulage

2/ MARQUES MANUSCRITES EN PIGMENT VITRIFIÉ
21   Marques peintes au pinceau
22   Marques tracées au crayon vitrescible

3/ SIGNATURES SUR LE CORPS DES PIÈCES
31   Manuscrites
32   Mécaniques, au poinçon
33   Mécaniques, en creux de moulage
34   Mécaniques, en relief de moulage

4/ SIGNATURES D'ARTISTES ÉDITÉS
41   Manuscrites, à la pointe
42   Mécaniques, en creux de moulage
43   Mécaniques, en relief de moulage

5/ CODE RÉFÉRENTIEL
51   Code numérique, à la pointe, pour identifier un modèle unique (modelage et émaillage)
52   Code numérique, peint, pour identifier l'émaillage seul
53   Code numérique et alphabétique, pour identifier le créateur
54   Code de localisation, pour la fabrication de Lunéville

MARQUES DES ATELIERS DE PARIS
PÉRIODE 1896-1906

Les pièces de cette époque sont rares et ne permettent pas de donner une idée significative de la production.
Certaines marques sont manuscrites, d'autres viennent de l'emploi d'un composteur pour poinçonner la pâte plastique,
procédé courant chez les céramistes. Il est quelquefois possible de déterminer, par les dates, de quel atelier
proviennent les œuvres qui subsistent.

C. 1897-1898 : premières cuissons, impasse du Corbeau, dans le four du professeur Charles Henry.

C.1899-1901 : second atelier, rue Dareau, Montrouge ; le four de type chinois est éteint après douze cuissons.

C. 1902-1906 : troisième atelier, rue de La Quintinie, Vaugirard ; le four est de type circulaire à tirage vertical.

Une œuvre, datée de 1906, prouve que l'atelier existait toujours à cette date et qu'il n'était pas encore déplacé à Nancy.

Signature olographe à la pointe

Le sculpteur Lemarquier, un temps associé à Joseph, a gravé la pâte déjà raffermie de son crabe "tourteau", comme le montre le sillon démuni des lèvres que provoque ordinairement une pâte plastique.

Signature olographe graphique

La signature de Joseph Mougin, accompagnée de la date "1902", n'est pas peinte mais elle est tracée à l'aide d'un crayon à pigment vitrescible comme en commercialisait la firme parisienne Lacroix.

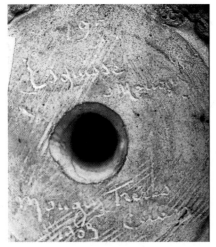

Signature olographe à la pointe

Cette inscription exhaustive informe sur la genèse de la pièce "Esquisse" et son numéro de répertoire "1971" ; elle porte la signature du sculpteur "J. Mougin", la mention des praticiens céramistes "Mougin Frères", la date "1903".

Signature olographe peinte

Cette inscription comporte la signature de sculpteur "J. Mougin", la mention des praticiens "J. et P. Mougin céramistes", la date "1904", et le numéro code "3013".

Signature olographe à la pointe

Cette inscription porte la signature du sculpteur "J. Mougin", la mention des praticiens "J. et P. Mougin Céram", la date "1904".

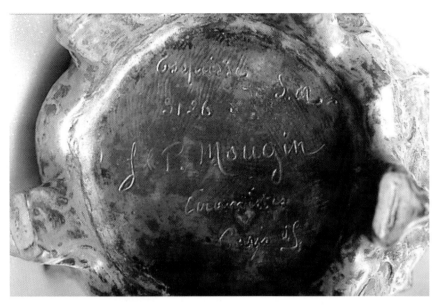

Signature olographe à la pointe
Cette inscription très complète permet d'identifier la nature de la pièce (Esquisse),
sa référence de fabrication dans le carnet d'atelier (3126, mémoire technique),
l'auteur (Joseph), les praticiens (Joseph et Pierre), le site de production (Paris)
et la date (1905).

Poinçons dans la pâte plastique
Ces poinçons sont apposés à l'aide d'une
matrice gravée, un composteur à lettres
mobiles, selon une technique propre à de
nombreux céramistes du XIXe siècle.

MARQUES DU PREMIER ATELIER DE NANCY PÉRIODE 1906-1923

C'est en octobre 1906 que les frères Mougin quittent Paris pour leur nouvel atelier de Nancy, rue de Montreville.
La production nancéienne évolue presque aussitôt vers un modernisme plus géométrique mais les créations parisiennes
demeurent au catalogue. Certains des premiers modèles seront encore édités à Lunéville puis lors du *Second retour à Nancy*.
Comme l'analyse des terres et des émaux demeure une technique professionnelle, les amateurs ne disposent guère que
d'un repérage chronologique par le genre de marque, encore doit-on dire que les moules de Nancy restés en service
et portant une marque n'ont pas été modifiés à Lunéville.

MARQUES DE NANCY MANUSCRITES À LA POINTE, 1906-1923. GRÈS MOUGIN

MARQUES DE NANCY MANUSCRITES À LA POINTE, 1906-1923. MOUGIN CÉRAMISTES

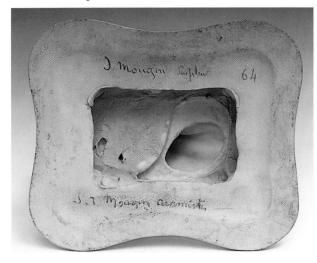

MARQUES DE NANCY, DE MOULAGE, 1906-1923. MOUGIN FRÈRES ET LOGOTYPE MF

Le logotype ci-dessus apparaît sur une lettre datée de 1921.

MARQUES DE NANCY, MOUGIN F.

Dans ces deux marques, le "F" de Frères est lié au "M", celle de gauche est gravée à la gouge dans une pâte presque sèche et provient du premier atelier de Nancy, la seconde est de Lunéville.

MARQUES DE NANCY, 1906-1923 J. P. MOUGIN

Ces marques d'atelier accompagnent souvent d'autres marques de créateurs, rappelant que les deux frères participent à l'exécution des œuvres.

MARQUES DE NANCY, 1906-1923 MOUGIN ET MOUGIN NANCY

MARQUES DE NANCY, 1906-1923 CODE DE RÉFÉRENCE DES MODÈLES

Les lettres "J" et "S" indiquent le créateur du modèle ; voir le répertoire.

MARQUES UTILISÉES À LUNÉVILLE
PÉRIODE 1924-1936

Alors même qu'ils sont pleinement intégrés par contrat à la faïencerie Fenal de Lunéville qui gère la part commerciale de leur nouvelle production, personnelle et collective, les frères Mougin bénéficient de l'emploi de leur propre marque "Mougin Nancy". Quelques rares pièces portent néanmoins la mention "Lunéville", soit par un tampon en noir vitrifié, soit par un poinçon dans la pâte ; dans ce dernier cas, il s'agit de biscuits industriels de la faïencerie.

POINÇON OVALE GRÈS MOUGIN NANCY

Exécutée à l'aide d'une matrice métallique gravée, cette marque apparaît souvent, aussi bien sur des pièces personnelles de Joseph, des éditions Art Nouveau ou Art Déco, que sur des reproductions de musées.
Nous avons relevé une particularité sur un "Mercure" de Pigalle : elle est accompagnée de la date manuscrite 21.1.24 (à la pointe dans la pâte).

POINÇON DE CODAGE "L"

Cette matrice de lettre, d'un type couramment employé en mécanique pour frapper le métal, accompagne différentes marques manuscrites ou de moulage pour indiquer qu'il s'agit de la production lunévilloise, dont le façonnage est confié à des ouvriers de la faïencerie. Elle est très souvent, mais pas exclusivement, placée dans le code de référence des œuvres, entre les chiffres et la lettre d'identification.

MARQUES DU SECOND ATELIER DE NANCY
PÉRIODE 1933-1950

Joseph quitte Lunéville en 1933. La remise en activité de l'atelier de Nancy n'est pas une affaire facile pour un homme de cinquante-sept ans qui doit reconstruire son outil de travail. Cela exige de longs mois, vraisemblablement plus d'une année. Une fois encore, Joseph choisit la difficulté et s'attelle à de nouvelles recherches sur la matière. Celles-ci ne nécessitent plus un grand investissement en formes et en moules, aussi les identifications mécaniques disparaissent, au fur et à mesure de l'abandon des anciens moules, remplacées par des inscriptions olographes.

SIGNATURES DE CÉRAMISTE DE JOSEPH MOUGIN

SIGNATURES DE CÉRAMISTE D'ODILE MOUGIN. PREMIÈRES ŒUVRES, À PARTIR DE 1936

 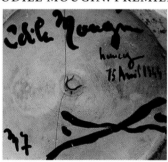 

SIGNATURES DE CÉRAMISTE DE FRANÇOIS MOUGIN. PREMIÈRES ŒUVRES, À PARTIR DE 1946

SIGNATURES ET MARQUES D'ARTISTES

SIGNATURES DE SCULPTEUR DE JOSEPH MOUGIN

SIGNATURES DE CÉRAMISTE DE PIERRE MOUGIN
Les seules œuvres signées par Pierre datent des années où il dirigea seul l'atelier de Lunéville (1933-1936).

SIGNATURE DU SCULPTEUR BERNARD MOUGIN
Quelques œuvres du second fils de Joseph ont été éditées à Nancy, après 1945.

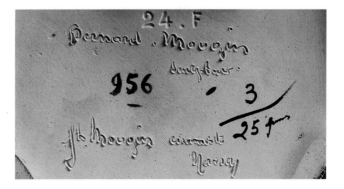

SIGNATURES D'ARTISTES "PAR DÉLÉGATION"

Louis Castex, 1868-1954

Alfred Finot, 1876-1947

Ernest Wittmann, 1846-1921

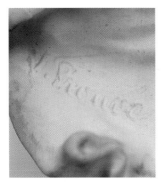

Victor Prouvé (1856-1943)

Louis Majorelle, 1859-1926

Louis Majorelle, 1859-1926

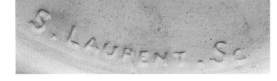

Sébastien Laurent, 1887- ?

Henri Guingot (1897-1982)

Ernest Bussière (1863-1913)

Gaston Ventrillon dit le Jeune (1897-1982)

Gaston Ventrillon dit le Jeune (1897-1982)

Charles Arthur Muller (1868- ?)

Paul Ganuchaud (1881- ?)

Émile Bachelet (1892- ?)

Georges (dit Géo) Condé (1891-1980)

Goor (?)

A. Goor (?)

Gaston Goor (1902-?)

NOTES BIOGRAPHIQUES

Nous avons souligné, dans l'avant-propos, que nous ne souhaitions pas donner une orientation biographique à cet ouvrage ; nous avons utilisé les documents disponibles dans la mesure où leur intérêt sert l'histoire de l'art. Toutefois, les pages qui suivent permettront d'éclairer quelques facettes du destin de Joseph et Pierre Mougin.

Une lignée de verriers

Jean-Charles Mougin (1776- ?), fils d'Antoine Mougin procureur du roi à Metz, épouse Françoise Bour (?-1841) dont la famille administre sous l'Ancien Régime la verrerie de Portieux, fondée en 1714 dans la forêt de Fraize. En 1796, la fabrique est acquise par les Bour et les Lamy. Jean-Charles Mougin n'est que rarement présent à Portieux et Françoise Mougin-Bour en assure la gestion seule, puis avec l'aide de ses quatre fils. La raison sociale de la verrerie est alors "Mougin Frères". Jacques Sigisbert Edouard Mougin, l'un d'entre eux, épouse Anne Gabrielle Noisette de Pont-à-Mousson. Deux enfants sont issus de ce mariage, dont (André François) Xavier Mougin, né à Pont-à-Mousson en 1837 qui sera le père de Joseph et de Pierre Mougin.

Xavier Mougin dirige, à partir de 1860, l'importante verrerie de Portieux et quitte ses fonctions vers 1905. Il mène en parallèle, comme de nombreux notables, une carrière politique qui l'amène à la députation. Grand louvetier des Vosges, réputé pour son habileté au tir et pour ses impressionnants tableaux de chasse, il devient, en 1870, le chef des francs-tireurs de la région de Charmes-Mirecourt, sa tête est mise à prix par les Allemands. Il abandonne peu à peu la direction de l'usine, après 1890, mais il est toujours président du conseil d'administration, en 1912, de la Compagnie du chemin de fer de Rambervillers à Charmes, société anonyme au capital de 600 000 francs. Le *Dictionnaire biographique des Vosges* (Jouve H., Paris, 1897) donne la notice suivante :
André-François-Xavier Mougin : né à Pont-à-Mousson (Meurthe-et-Moselle) le 14 juin 1837. Député de l'arrondissement de Mirecourt. Directeur de l'importante verrerie de Portieux, vice-président de la chambre syndicale des verriers de France, ancien maire de Portieux, ancien conseiller d'arrondissement de Remirecourt (1865-1867) et conseiller général du département des Vosges, Monsieur André Mougin posa sa candidature républicaine au mandat législatif pour la première fois en 1889, dans l'arrondissement de Mirecourt et obtint 8 371 suffrages. Il a été réélu le 20 août 1893, sans concurrent, par 10 330 voix. M. André Mougin est chevalier de la Légion d'honneur. Administrateur du chemin de fer de Charmes à Rambervillers, membre du conseil départemental des bâtiments civils et de l'Association vosgienne de Paris.
Xavier Mougin se marie en 1865 avec Françoise Joséphine Gallois. Une petite Marguerite vient au monde l'année suivante, bien rapidement orpheline car Françoise décède en 1867. Marguerite est élevée par son père, avec l'assistance d'une jeune gouvernante, Julienne Guyon, née, en 1851, dans une commune voisine de Portieux, Chamagne. Elle est la fille de Victor Guyon, maréchal-ferrant à Chamagne et de Geneviève Duval, maîtresse femme respectée pour sa forte personnalité et à qui Xavier Mougin, veuf, avait confié le soin de régir sa maison. Victor Guyon devient maître forgeron à la verrerie de Portieux où il réalise les cannes d'acier des souffleurs de verre. L'une de sœurs de Julienne est l'épouse d'un maître graveur de la verrerie, dont le père était surveillant général des verreries et cristalleries de Saint-Louis, auteur du lustre exceptionnel offert par Napoléon III au Pape. Pendant une décennie, Julienne succède à sa mère et gère la maison de Xavier, s'occupant de Marguerite, dirigeant le personnel, préparant les réceptions qui suivaient les chasses, soignant les chiens d'une meute réputée jusqu'à Paris. En 1876, elle donne un premier enfant à Xavier Mougin qui l'accueille avec joie et qu'il reconnaît, effectuant lui-même les formalité à l'état civil de Nancy (l'acte de naissance porte la date du 8 juin).

Mais la mère de Julienne, femme très fière, avait exigé le départ de sa fille, malgré la volonté dont témoignait Xavier de régulariser la situation. Joseph naît donc à Nancy, rue Saint-Georges, n° 59, chez Mme Serrer, sage-femme. Quelques mois après, Julienne, malgré les supplications de Xavier qui souhaite son retour à Portieux, entre au service de M. Jeanjean, maire de Croismare où elle vit plusieurs années heureuses. De retour à Nancy, lorsque Joseph a trois ans, elle revoit Xavier et Pierre vient au monde, en 1880, à Laxou.
Ce drame est celui d'un monde où les bases sociales ont des verrous scellés. Il sera vécu intensément, souvent comme une véritable tragédie, par les deux frères Mougin.

L'héroïque Julienne

Xavier Mougin, notable de la société bourgeoise de la Troisième République, se destine à une carrière politique dont les premiers pas viennent d'être franchis et qu'il ne veut pas entraver par un mariage hors de son milieu de référence. Julienne, une femme courageuse, accepte sa situation mais en demeure brisée, *espérant l'impossible*, refusant tous les mariages qu'on peut lui proposer ; blessée à la manière d'une héroïne antique, elle décide de se consacrer totalement à l'éducation de ses enfants. Ce qui fait écrire à Joseph que *le problème de notre existence matérielle pouvait se résoudre puisque mon père s'est toujours montré très généreux, ce qui hérissait l'orgueil de ma mère... un martyre obsessionnel*.
Julienne quitte les Vosges et ouvre à Nancy, pour survivre par ses propres moyens, un atelier de blanchisseuse repasseuse qui emploie rapidement plusieurs ouvrières.
Joseph et Pierre évoquent tous deux le souvenir de leur mère avec une grande reconnaissance pour les sacrifices qu'elle a consentis pour les élever avec affection et dignité ; elle plaçait le travail au-dessus de tout autre principe et les formait dans cet esprit. Tous deux lui témoignent une profonde déférence, elle leur a donné sa vie et leur a permis, à l'encontre de ses propres aspirations, de réaliser le rêve de toute âme artiste, créer.
Joseph parle longuement de son adolescence, ses souvenirs sont précis et, pour une grande part, reposent sur les entretiens qu'il a eu avec l'abbé Pierrefite, curé de Portieux, un érudit auteur de travaux d'histoire et d'archéologie ; ce récit est donc extrait, sans fard, de ses mémoires. De caractère fier et indépendant, aussi sujet aux doutes qu'aux certitudes, il vit une enfance souvent douloureuse. Julienne Guyon éduque seule ses deux enfants, refusant toute aide financière directe de Xavier Mougin, elle les oblige à retourner à leur père l'allocation que celui-ci leur verse : *jamais elle n'a touché un centime, mon père était prévenu que même en*

Xavier Mougin (1837-1912)
Collection privée

Julienne Guyon (1851-1936)
Collection privée

héritage elle ne l'accepterait pas. Néanmoins, Xavier tente de la persuader, par l'intermédiaire d'un prêtre, le père Hognon (directeur du pensionnat de Lunéville), d'accepter une mensualité pour les enfants et pour le logement de la famille, ainsi qu'une somme importante laissée volontairement par Julienne à son départ de Portieux. Cette somme représente le salaire de gouvernante de Julienne, augmenté de l'héritage de la grand-mère Guyon. Xavier avait placé ces économies en actions de la verrerie de Portieux et fait savoir par le prêtre qu'il souhaitait les transmettre à Joseph et Pierre. Ce sera vraisemblablement avec cet argent que sera construit, en 1906, la maison atelier de Montreville.

Une adolescence en révolte

Joseph et Pierre passent une grande partie de leur enfance au pensionnat du collège Saint-Pierre-Fourier de Lunéville, puis chez les frères de Saint-Joseph à Nancy, lorsque la famille s'y établit vers 1877. Joseph entre à 13 ans au séminaire de Verdun et se fait remarquer pour ses aptitudes au chant, mais le régime y est très dur et l'adolescent y vit des instants tragiques, notant que *s'il avait eu la vocation, il l'aurait vite perdue dans cette maison.* De retour en pension à Lunéville, sujet aux pressions d'un prêtre qui souhaite faire de lui un Enfant de Marie, en butte à *l'enfer*, selon ses propres mots, que lui fait subir un autre religieux, il doit se défendre violemment à plusieurs reprises.

La séparation avec son père est vécue comme un drame, notamment à sa communion ou Xavier ne vient que le lendemain, discrètement. Ils resteront cinq ans sans se voir et Joseph se révolte contre l'injustice de la situation, écrivant à son père de nombreuses lettres enflammées. À 17 ans, il lui déclare même la guerre puis se présente à la verrerie à bicyclette pour s'expliquer sur son absence à l'enterrement de la grand-mère Guyon. Il fait une arrivée spectaculaire dans le petit village de Portieux en chutant gravement et en créant un émoi dans la population, au courant de son identité. À la suite de cet incident, son oncle Adolphe, un beau-frère de sa mère, maître ouvrier à la verrerie, est inquiété par la direction, ce qui provoque une profonde révolte chez le jeune Joseph qui conservera toute sa vie une haine farouche envers les injustices.

La complexité du caractère de Joseph le poursuivra dans toutes ses actions ; il mène sa carrière avec l'orgueil de sa simplicité, il possède une certitude de son art tellement hors du commun qu'il ne se remet jamais en question, mais doute toujours de ses actes, *il me suffit de sentir le commandement ou la menace pour que je réagisse et me bute* écrit-il au crépuscule de sa vie mais il ajoute *j'ai été très heureux plus que l'immense majorité des gens, et j'ai eu dans mes joies une immense mélancolie.*

Première rencontre avec l'art

Peu enclin aux études, délaissant totalement les mathématiques mais bon élève en dessin technique, Joseph est recommandé à la sortie de son cycle scolaire, par le père Hognon, au directeur d'une société d'usinage mécanique, la Société lorraine des Wagons ; Xavier Mougin s'oppose, espérant une meilleure situation pour Joseph, alors âgé de seize ans (Rousselot F., *L'Est Républicain*, 29 mai 1926). Accompagné de sa mère, il se rend à Nancy, à la recherche d'un autre emploi et demande une place d'apprenti chez plusieurs imprimeurs et graveurs, mais aucune opportunité ne s'ouvre à lui jusqu'au moment où il s'arrête devant une plaque : *Arthur Pierron, Sculpture religieuse.* Il est bien accueilli par le statuaire, homme sympathique, qui accepte ce grand jeune homme dans son atelier, lui proposant, vu son âge et ses capacités (les apprentis sont alors généralement moins âgés et n'ont pas fait d'études) de lui éviter certaines corvées et de lui confier à la place les encaissements. Arthur Pierron est un artisan aisé – sa famille possède presque tout Laxou en

Tarif de la verrerie de Portieux, dont Xavier Mougin fut l'administrateur. Musée Saint-Jean l'Aigle

héritage (sic) –, c'est un praticien érudit dont le commerce est florissant, Joseph précise que *son œuvre est dans toutes nos églises et jusqu'en Amérique.* Les modèles sont de sa création, il est assisté *d'un premier*, Émile Bouillon, un bon chef d'atelier, *un bachelier.* Plusieurs ouvriers qualifiés forment le personnel de fabrication : le "Turco", ancien zouave devenu peintre, le "père Paul" qui n'avait jamais quitté le patron, Prosper le mouleur, Jacoby l'estampeur qui venait de la "sainterie" de Vaucouleurs, Lucien Simon, sculpteur très habile pour la taille des marbres, Burtin l'homme de peine qui prépare la terre, la bat, charge le four, aide à manœuvrer les moules des grandes pièces. Les principales fabrications consistent en tirages au moule de statues et de chemins de croix en terre cuite polychromée à froid sur trois couches d'huile de lin cuite (standolie), *la perfection dans le genre.* Quatre élèves complètent l'atelier ; tous vont de 6 heures à 8 heures du matin "au dessin", en semaine, puis de 6 heures à midi et de 1 heure à 7 heures du soir. Ces cours académiques d'après le plâtre ne leur conviennent guère et chacun s'empresse d'aller fureter du côté de l'école des Beaux-Arts ou à l'École professionnelle de l'Est (où enseigne Bergé à partir de 1896), malgré la défense formelle qui leur en est faite. Le cours de "dessin" est tenu par des religieux et le statuaire tient à conserver leur clientèle.

Ce premier pas dans le monde de l'art confronte Joseph à ce qui deviendra son monde : la sculpture et la céramique, il lui reste à se dégager du caractère "fonctionnel" de l'art de Pierron, mais il vient de rencontrer la terre et le feu. L'artisan, un veuf de quarante ans, le prend en amitié, ayant quelques vues sur sa mère ; celle-ci en décide autrement et décline l'offre de mariage qui lui est faite, malgré tout l'intérêt de ce parti. Joseph n'obtient plus que des corvées à exécuter et quitte Pierron à la suite d'une altercation. Il est resté moins d'un an dans cette officine quoiqu'il se dise âgé de dix-huit ans dans ses mémoires, lorsqu'il part (M.J. 5). Pierre, plus jeune de quatre ans, n'est plus avec Joseph depuis l'école primaire, à sa sortie du collège, il souhaite faire une carrière d'horticulteur, ce que nous apprend son frère car Pierre n'a pas laissé de souvenirs de son enfance.

Les Beaux-Arts, de la sculpture à la matière

Il est possible que Joseph ait fréquenté les cours du soir de l'École des Beaux-Arts de Nancy, avant d'y suivre un cycle normal. Bussière est l'un de ses professeurs et Prouvé l'adopte comme aide pour de menus travaux. Alors adolescent et curieux de cette nouvelle vie qui s'offrait à lui et l'éloignait des contingences de la production commerciale qu'il avait connues chez Pierron, au contact de ces deux artistes et pédagogues de talent, il a reçu là les premiers chocs de l'Art Nouveau. À la fin de sa deuxième année, Joseph obtient le deuxième prix de dessin et le premier de modelage (ou l'inverse, *Notice de l'Exposition rétrospective* de 1963), il est aussi reçu premier au Concours des ouvriers d'art (Rousselot F., *L'Est Républicain*, 29 mai 1926). La sculpture l'attire et le conduit vers l'École des Beaux-Arts de Paris, mais il ne se limite pas à la seule finalité du volume puis au choix entre le bronze, le marbre ou la pierre que l'auteur confie à un praticien. Il lui faut aller plus loin. Cette approche de l'art n'est pas toujours perçue à sa juste valeur, la création d'une œuvre s'arrête, pour certains artistes, à la recherche théorique, comme si l'exécution était mineure, voire indigne. Mais l'ambition de l'art, à ce moment, notamment sous l'influence de Prouvé, est de prendre en compte chaque étape et d'y insuffler d'autres éléments esthétiques. Joseph est très sensible à la matière ; alors qu'il est encore étudiant, il l'introduit comme une composante majeure de ses recherches et lui associe le feu dont il ressent la toute puissance. En franchissant le pas entre la formation sous la houlette d'un professeur et l'expérimentation personnelle, Joseph donne la mesure de son caractère indépendant. D'une certaine manière, il aborde l'Art Nouveau comme le premier échelon qui se présente sous ses pas à la sortie de l'École.

Les frères Mougin et Mougin Frères

Séparés pendant quelques années pendant lesquelles Joseph est à Paris, les deux frères s'y retrouvent dès que Pierre cherche, à son tour, une orientation dans la capitale, vraisemblablement fin 1897 ou début 1898.

La construction de la cheminée du four de l'atelier de Nancy, rue de Montreville, c. 1906

À ce moment, l'aîné est encore à l'École des Beaux-Arts et mène parallèlement ses premières expérimentations céramiques avec son camarade Lemarquier, dans leur premier four, impasse du Corbeau. Le second four, dont la construction commence en 1898, voit la présence de Pierre, qui se complaît dans l'environnement artistique de Joseph qui évoque longuement et savoureusement, dans ses mémoires, l'ambiance joyeuse des étudiants, l'absinthe et le "Pernod à la parisienne", la bière et la choucroute de la brasserie voisine. Ce second four est installé dans une petite propriété de Montrouge dont le pavillon, agréable, est partagé entre Joseph et Pierre.

Le matériel pour la construction du four est financé par Joseph seul, Lemarquier n'intervenant que pour les frais de fonctionnement et les matériaux, terre, émaux et combustibles. Pierre demeure auprès des deux associés et les aide de manière amicale et désintéressée. Il terrasse les sols pour implanter la sole, maçonne les briques et les carreaux de plâtre. La passion est telle, à cet instant, qu'il n'est jamais question d'affaires financières.

Lors de la mise en route de l'atelier, quelques tâches lui sont confiées, ainsi que nous l'avons évoqué précédemment, Lemarquier suggère que Pierre serait en mesure d'exécuter les patines. Ce premier pas modeste va rapidement s'affirmer, comme une manière de défier les échecs répétés des 12 cuissons, suivies par l'abandon de Lemarquier qui retourne à la sculpture. Les difficultés n'arrêtent pas Joseph dont l'avenir se joue vraisemblablement à ce moment, bénéficiant de la compréhension du sculpteur Barrias, son professeur aux Beaux-Arts qui l'introduit à Sèvres, lui permettant de profiter d'une formation inespérée.

Qu'en est-il de Pierre à cette époque ? Il ne semble pas être concerné par Sèvres, mais il s'appuie, dans ses souvenirs, sur les cours de Vogt, directeur des travaux techniques de la manufacture. Il s'agit certainement des notes confiées à Joseph, ou relevées à la main dans des ouvrages pratiques. Il est fréquent de lire, dans les écrits de l'un et de l'autre, des passages et des citations identiques, un même document est donc à la base des notes des deux, tout au plus peut-on remarquer que Joseph y ajoute de nombreuses références d'atelier et formules, les complétant également par des expérimentations personnelles.

Dans les premières années du siècle, Joseph cite toujours "son" four de la rue Dareau dont le fonctionnement laissait tant à désirer, et ne permettaient pas une production suffisante pour vivre. Joseph indique : *Il n'y avait guère de travail que pour moi, rien ou presque pour mon frère sauf d'entrer le charbon et s'occuper des nettoyages et de m'aider à l'enfournement et à la cuisson* (M.J. 4/7 : p. 355).

Puis, alors que viennent les premiers succès, à l'aide du troisième four, apparaissent des pièces signées des deux prénoms, soit à l'aide d'un composteur à lettre mobiles : MOUGIN FRÈRES PARIS, soit à la pointe ou encore au pigment vitrifiable. Joseph et Pierre sont alors indiscutablement associés, Pierre est devenu céramiste et assiste Joseph, sculpteur "et" céramiste. L'aîné sera toujours très attaché à se démarquer par son statut d'artiste et ajoutera la mention "Sculpteur" ou "Sc" sur ses créations, ne l'abandonnant qu'à la fin de sa carrière, alors que la part sculptée est devenue moins importante face aux recherches purement céramiques. À lire Joseph, Pierre ne semble pas avoir été tenté par une formation artistique, notamment dans l'un ou l'autre des cours que propose la capitale. À Nancy, les marques à la pointe dans la pâte plastique mentionnent "J. & P. Mougin, céramistes", "Mougin J. & P." ou encore "Mougin Fres" pour désigner l'atelier. Une marque rare, venue d'une matrice finement gravée, estampée dans la pâte d'une pièce de Grosjean, indique aussi Mougin Frères ainsi qu'un logotype moulé "MF", peu utilisé ; un "F" se superpose quelquefois dans quelques marques gravées à la gouge. Lors

de l'Exposition de 1901 qui s'est tenue à Paris à la Maison d'art lorraine, la revue *Lorraine artiste* nomme M. Mougin (Joseph) : *nous avons eu maintes fois l'occasion de parler des grès charmants de M. Mougin... cet artiste*. À partir de 1903, les comptes rendus, les catalogues et les revues donnent "Mougin frères" (*La Lorraine*, 15 avril 1903) ou M.M. Mougin (*B.S.A.A.*, juin 1906). En 1925, *L'Est illustré* titre pour la dernière fois : "Exposition de J. et P. Mougin".

Les deux frères se sont mariés le même mois, Joseph le 2 mai 1910 et Pierre le 18. Pierre quitte vraisemblablement à ce moment la maison atelier de la rue de Montreville où il vivait avec Joseph, pour s'installer dans une maison bourgeoise, rue Isabey. Dans l'année qui suit, un premier enfant vient au monde dans chaque foyer.

Après l'installation à Lunéville, il n'est plus fait mention de "Frères" ou "Fʳᵉˢ" dans les marques, mais uniquement de "Mougin", "Grès Mougin" ou de "Mougin Nancy", ou très rarement "Mougin Nancy céramistes". Après le retour de Joseph dans son atelier de Nancy, chaque frère s'identifie par son prénom, "Jh" pour Joseph et un "P" dont la graphie peut se confondre avec un "J", ainsi que cela est illustré dans le chapitre sur les marques. Pierre demeure à Lunéville et continue de diriger l'atelier de céramique jusqu'en 1936, puis cesse ses activités de céramiste et se retire à Gerbéviller, 4 rue de l'Est (rue de la Deuil).

Joseph retourne à Nancy, allume à nouveau le four de la rue de Montreville, et travaille jusqu'en 1950, rejoint par sa fille Odile et son fils François.

Les écrits des frères Mougin

Les deux frères ont chacun ressenti le besoin de laisser une trace écrite de leur activité. Joseph, dès Paris, note tous ses travaux dans des cahiers, il relate minutieusement la fabrication de chaque pièce, donnant le temps d'exécution pour le tournage, le tournassage, le modelage, l'émaillage, ainsi que la référence des émaux utilisés et la manière de les poser en créant des nuances et des colorations raffinées. Certaines descriptions sont assorties de commentaires sur les résultats obtenus. Il se donne une mémoire par l'écrit, reportant des documents techniques dont il ne peut obtenir l'original, telles de nombreuses formules d'émail (de Sèvres, d'Auclair, de Doat) et de pâtes de porcelaine et de grès. Il conserve aussi, mais d'une manière moins précise et moins systématique, des renseignements sur les acheteurs ou sur la présence de l'une ou l'autre de ses pièces à une exposition ou un Salon. Puis, alors que le temps passe et qu'il devine qu'il lui faudra passer le flambeau, il note à l'intention de ses enfants tous les conseils et tous les renseignements pratiques qui lui semblent nécessaires.

Joseph n'est certes pas un homme de plume ni même de spéculations esthétiques ; l'évidence de son art lui semble si naturelle, si forte, qu'elle ne nécessite aucune justification de sa part et l'on ne peut qu'être frappé devant cette force extrême. Aussi va-t-il s'étendre plus longuement sur sa vie qu'il décrit scrupuleusement dans sept cahiers d'écolier : à son retour de Lunéville, entre 1934 et 1939, il entreprend de rédiger ses mémoires en organisant chronologiquement ses souvenirs. Il reconstitue sa vie sans fard, donnant des détails savoureux sur sa vie d'étudiant

ou amers sur ses premières désillusions d'artiste. Il ne ressent jamais le besoin d'expliquer ses choix et ne s'aventure dans aucune des spéculations théoriques qui abondent dans les mouvements artistiques ; de ses premières œuvres aux dernières, de l'Art Nouveau à l'expressionnisme abstrait, le feu et lui seul justifie son engagement. Jamais il ne fait référence à l'une ou l'autre des Écoles et à leur influence.

Pierre est moins prolixe, mais il rédige, en 1944, un testament technique dans lequel il résume ses connaissances d'homme de métier, espérant encore confier sa passion : *si jamais ces quelques lignes tombent jamais entre les mains de l'un des miens que la céramique aura envoûté*, dit-il dans ses dernières lignes où vibre un touchant hommage à sa mère.

Les Mougin et la photographie

Les deux frères ont été passionnés par l'image photographique, certainement très tôt. Joseph parle d'un appareil emprunté pour photographier les installations de la rue Dareau, vers 1899, puis il raconte qu'il *achète un appareil photo ou plutôt je fais un échange avec Belliéni, mes premiers clichés* (lui) *ont été envoyés pour les développer, l'étang de Trivaux et mon atelier de la rue La Quintinie* (M.J. 5/7 : p. 467-468). Belliéni signe certaines photographies de l'Exposition de Nancy en 1909.

Lorsqu'il cède cet atelier, c'est un photographe qui s'y installe. Plusieurs tirages représentant les deux ateliers sont conservés.

Pendant les années passées à Paris, il se perfectionne au point d'être capable de faire des photographies complexes et professionnelles, notamment pour ses œuvres personnelles. Comme d'autres artistes, tel Mucha, il est probable qu'il a utilisé des photographies pour matérialiser la pose de ses modèles ; ce qu'il révèle en quelques lignes : *j'ai eu besoin d'un modèle pour des photos phosphorescentes* (M.J. 5/7 : p. 443) ; il s'agit peut-être des études pour les statuettes symbolistes dont les corps sont revêtus de voiles transparents.

Très ami avec Duneau, un fabricant d'outils pour les sculpteurs, il fait aussi des clichés pour le catalogue commercial de cet artisan ; en échange amical, il obtient de nombreux et bons outils, les meilleurs à ce qu'en disaient alors les artistes (M.J. 5/7 : p. 472). La mention "Cliché Mougin" se voit sur des illustrations, comme celles de l'article de René Perrout sur Wittmann, dans la *Revue Lorraine illustrée* (n° 1, 1909). La plupart des clichés paraissant dans les revues et les catalogues, quoique sans références d'auteur, sont de Joseph ou de Pierre, comme le laissent supposer les originaux encore conservés par la famille. La photographie est présente à chaque instant et les deux frères excellent dans l'art de la prise de vue posée, jouant des effets de lumière tant naturelle qu'artificielle, ainsi que des montages et du travail à la chambre noire. Certains portraits sont modifiés sur le négatif même, par grattage ou sur le papier, à l'aide de moyens chimiques. Lors des périodes difficiles, cette photographie devient même un moyen de subsistance, comme en 1918-1920, lorsque René Mercier, directeur de *L'Est Républicain,* confie à Joseph quelques reportages sur les destructions dues aux bombardements de la guerre. Entre 1942 et 1943, Joseph est encore employé comme photographe par l'hôpital de Lunéville.

Les Mougin et la presse

Isolés et sans grands moyens de faire connaître leur art, les frères Mougin ont toujours attiré la sympathie du monde de la presse, de *L'Est Républicain*, plus particulièrement et de son directeur René Mercier. De nombreux critiques lorrains tels René d'Avril le poète, Fernand Rousselot, Charles Claude, Hippolyte Roy, Gabriel Bichet, Jean Durban, Fernand Charton, se sont attachés à traduire cette force de caractère et à mettre en valeur l'originalité de leur production.

C'est à Émile Badel, le barde lorrain, que nous céderons la plume pour rappeler le bel article qu'il a écrit, entre 1906 et 1910, pour faire connaître leur installation à Nancy.

Si vous flânez quelque jour par le vallon fleuri de Boudonville, vous pourrez, dans les étroits défilés grimpants qui mènent à l'antique Croix-Gagnée de 1525, apercevoir une retraite mystérieuse, une maison neuve curieusement construite et qui sent bien son art moderne. C'est le séjour des frères Mougin, les habiles rénovateurs de l'art du grès céramé, les inlassables chercheurs de pâtes et d'oxydes, d'effets lumineux, de précieux reflets métalliques.

Une visite en cette maison étrange qui fait l'angle du chemin de Liverdun et du sentier de la Croix-Gagnée, est la chose la plus intéressante pour qui aime Nancy, la Lorraine, le grand art et les vrais artistes du pays.

Les frères Mougin sont deux jeunes gens, venus de Charmes et de Portieux, élèves de nos meilleurs artistes lorrains et parisiens. Ils ont la flamme sacrée qui fait les génies, ils ont la foi en leur œuvre, ils ont l'espérance en l'avenir malgré déjà de nombreuses et douloureuses déceptions. Leur collaboration fraternelle est féconde et servira grandement la cause de l'art en Lorraine. Ces deux jeunes artistes méritent d'être encouragés ; et, du reste, les récentes expositions nancéiennes ou régionales ont montré leur beau talent sous des jours les plus divers et les plus heureux.

C'est en novembre 1905 que les frères Mougin sont revenus s'installer au pays lorrain, à Nancy même, à côté de leurs amis et camarades, les dessinateurs, les architectes, les sculpteurs et les peintres qui forment aujourd'hui la jeune école nancéienne. Durant sept années, de dur et effrayant labeur, ils suivirent les cours de Sèvres et de l'École des Beaux-Arts.

Le four magnifique qu'ils viennent de faire construire à Nancy – et qui est une merveille en son genre – est le troisième depuis leur association fraternelle. Les bons artistes, jamais satisfaits d'eux-mêmes, veulent toujours aller de l'avant, non seulement dans la technique de leur art, mais encore et surtout dans la partie matérielle : l'installation de leurs laboratoires, de leurs ateliers, de leurs tours, de leurs fours si méticuleux et même dans le choix minutieux des matériaux employés : grès, argile, sable de Decize, argile de Randonnet et de Saint-Amand, le tout combiné ainsi que leurs pâtes de porcelaine, suivant les meilleures formules de Sèvres.

À côté du grès céramé – qu'il ne faut pas confondre avec le grès pavé – les frères Mougin travaillent avec ardeur le kaolin et la porcelaine, dont ils font des bibelots exquis, de ravissantes statuettes, de mignonnes fleurettes d'art, adornés de couleurs, d'oxydes et d'émaux.

C'est plaisir de les voir travailler, de les voir tourner sans effort apparent les beaux vases aux formes élégantes et gracieuses, et d'assister à ces préparatifs du tourneur, avant de pénétrer dans le sanctuaire où se distillent les gemmes et les cabochons, où s'élaborent les émaux, où se confectionnent savamment les oxydes, surtout ces tons étranges si difficiles à obtenir qu'on appelle les stannates de chrome et les jaunes et rouges de cuivre.

Dans un autre atelier, sorte de pharmacie diabolique, voici rangés sur les rayons, les flacons et les bocaux aux panses rebondies ; voici les balances de précision et voici, à la queue leu-leu, les statues de grès ou de porcelaine, les vases, les buires, les bibelots, les lampes, les bonbonnières, les centaines et les centaines de productions artistiques, sorties des moules, et qui vont recevoir la patine miraculeuse que le feu devra transmuer en reflets inaltérables. Les frères Mougin sont bien des descendants de ces Maîtres du feu, ces maîtres potiers qui sont restés la gloire de la céramique française.

Combien je leur souhaite, à ces deux vaillants de Lorraine, la réussite dans leurs délicates entreprises et dans leurs géniales conceptions !

Et, comme jadis Bernard Palissy, comme chez nous l'illustre Cyfflé, je salue avec joie ces fiers artistes qui forcent l'inerte matière à subir leur loi, qui, le ringard au poing, penchés sur la fournaise ardente, surveillent nuit et jour l'autre rugissant de leur four, où s'accomplissent, tous les deux mois, parmi le souffle d'un brasier de 1 400 degrés, les miracles de l'art.

Ce qu'ils veulent faire, nos jeunes Lorrains, c'est d'abord vivre leur d'artistes, arriver coûte que coûte à la conquête de leur idéal, et doter leur pays de productions artistiques nouvelles, que les amateurs voudront tous se disputer avidement.

Il faut bien le dire ici, et c'est un devoir pour moi, les œuvres qui sortent des fours des frères Mougin sont d'exquises merveilles d'art (on peut s'en rendre compte dans leur maison adjacente, et surtout dans leur dépôt de vente de la Maison Couleru-Dannreuther), des merveilles qui, vendues à des prix modérés, méritent de passer à la postérité, à côté des vases de Gallé et de Daum. Les frères Mougin sont des artistes et des simples qui voient uniquement le côté artistique de leur vie, sans peut-être en percevoir le côté pratique. Mais ils seront toujours les mêmes... et ils vivront modestement, comme les poètes et les écrivains, sans penser que des habiles pourraient facilement s'enrichir par leurs travaux si remarquables.

J'ai assisté au baptême du feu des productions artistiques des frères Mougin en leur atelier de Montreville ; j'ai partagé avec eux leurs espérances et j'ai goûté leurs joies sacrées, pendant qu'ils achevaient leurs vases recouverts d'émaux stannifères, aux pures et splendides colorations. Il y avait là des œuvres de toute beauté, des buires élancées où des corps de femmes se perdaient dans la matière pâteuse, des vases énormes où les Bacchantes saisissaient les pampres en d'étranges contorsions, des statues modernes de femmes mondaines ou de pauvres vieux, toute une série d'œuvres de choix, que le feu devait travailler durant un long jour.

Et le grès était là, prêt à subir l'étreinte de la flamme... alors que ces vaillants et ces chercheurs aspiraient, impatients et fébriles, à la perfection, s'efforçant de réaliser, dans la compacité des émaux flammés, le grain admirable de l'épiderme des fruits, la grâce du velouté des feuilles, l'éclat des pierreries, la superbe matité des onyx, des marbres et des porphyres. Malheureusement le feu jaloux, le feu de 1 400 degrés, laisse de cuisantes déceptions... et la sortie du four fait voir bien des pièces brisées ou fendues, inachevées ou trop avancées.

Le feu se dérobe à la volonté de ceux qui l'assaillent et la matière qu'ils cherchent à magnifier se refuse à livrer son secret à ces vaillants qui le réclamaient avec tant d'ardeur et persévérance. Malgré tout, les Mougin ne désespèrent pas... comme ils ont vaincu la matière du grès céramé et de la porcelaine, ils deviendront les maîtres du feu flambant qui se pliera à leurs exigences et deviendra leur auxiliaire dans le grand œuvre de la cuisson d'art.

Aussi bien, près de 50 pièces sont sorties indemnes du baptême du nouveau four des ateliers de céramique d'art de la rue de Montreville..., ces objets d'art acquerront une valeur considérable et cette première tentative sera suivie prochainement de beaucoup d'autres qui certainement devront réussir et apporteront paix et réconfort dans l'âme de ces vaillants artistes qui ne désespèrent pas et qui auront raison de la matière et du feu, suivant leur belle devise : "Per flammas, ad lumina !" (Vers la lumière, par le feu !). La lumière de l'azur, de l'émail, des pierres précieuses, la lumière de la beauté et de l'idéal, la lumière de l'art lorrain par des Lorrains !

RECONSTITUTION GÉNÉALOGIQUE

Jean Charles Mougin (Blénod-lès-Pont-à-Mousson, 29 octobre 1776 - Pont-à-Mousson ?, ?)
→ marié avec *Françoise Bour* le 7 janvier 1796 à Portieux (Pont-à-Mousson, 1769 - Portieux, 24 décembre 1841), six enfants dont l'aîné :

Jacques Sigisbert Édouard Mougin (Portieux, 13 octobre 1796 - Pont-à-Mousson, ?)
→ marié à Portieux avec *Anne Gabrielle Noisette* (1803-Pont-à-Mousson, 1848), deux enfants dont le cadet :

• **André-François-Xavier Mougin** (Pont-à-Mousson, 14 juin 1837- Portieux, 22 octobre1912). Député et maire, chevalier de Légion d'honneur. Directeur de la verrerie de Portieux, Vice-Président de la chambre syndicale de la Verrerie.
→ marié le ? 1865 avec *Françoise Joséphine Gallois* (Bar-le-Duc, 1844 - Bar-le-Duc, 11 septembre 1868)
    Marguerite (Portieux, 24 juin 1866-1925), épouse son cousin germain *André Gérardin* (Pont-à-Mousson, 1858-1942)
→ et **Julienne Guyon** (Chamagne ou Charmes, 8 février 1851 - Gerbéviller, 7 mars 1937) une des cinq enfants de *Victor Guyon* (c.1810 - Portieux, 17 avril 1869) et de *Marie Duval* (c. 1820 - Portieux, 11 novembre 1893).

• **Joseph Mougin** (Nancy, 7 juin 1876 - Nancy, 8 novembre 1961). Céramiste, chevalier de la Légion d'honneur.
→ marié le 2 mai 1910 avec *Aline Mattern* (Pagny-sur-Moselle, 18 mai 1885 - Nancy, 16 janvier 1974)

    • **Jean Mougin** (Nancy, 20 mars 1911 - 2 mars 1984). Conservateur régional des Bâtiments de France, chevalier de la Légion d'honneur, Officier des Arts et Lettres
    → marié le 22 décembre 1938 avec *Jeanne Bruyas* (19 juin 1916 -)
        Pierre Éric Mougin (Baden-Baden, 19 octobre 1945), 3 enfants
        Claude Mougin (Baden-Baden, 6 décembre 1946), 2 enfants
        Anne Mougin (Mayence, 9 septembre 1951), 2 enfants)

    • **Odile Mougin** (Nancy, 7 décembre 1915 -). Céramiste.

    • **Bernard Mougin** (Nancy, 20 mai 1918 -). Sculpteur, Grand Prix de Rome.
    → marié le 9 août 1947 avec *Yvonne Bruyas* (19 juillet 1918 - 28 août 1978)
        Brice Mougin (21 janvier 1948), un enfant
        Frédéric Mougin (1er avril 1952), un enfant

    • **Joseph Victor Xavier Mougin** (Lunéville, 24 avril 1925, décédé à sa naissance).

    • **François André Mougin** (Lunéville, 21 avril 1927 -). Céramiste et professeur de céramique de 1954 à 1987, Palmes académiques.
    → marié le 17 septembre 1954 avec *Colette Renée Geneviève Normand*
        Vincent Mougin (26 juin 1956), trois enfants
        Xavier Mougin (30 décembre 1957), deux enfants
        Laurent Mougin (28 mars 1973)

• **Pierre Louis Mougin** (Laxou, 15 mai 1880 - Gerbéviller, 7 septembre 1955). Céramiste.
→ marié le 18 mai 1910 avec *Marie Apollonie Colle* (Bussang, 9 septembre 1885 - Gerbéviller, 23 juillet 1955 ou 1956)

    • **Jacques Mougin** (Nancy, 17 décembre 1911 - 27 septembre 1980). Ingénieur, Commandant de réserve.
    → marié le ? 1935 avec *Louise Walter*

    • **Gérard Frédéric Julien Pierre Mougin** (Nancy, 15 avril 1913 - Lunéville, 1996). Avocat.
    → marié le 10 février 1936 avec *Hélène Bichat* (Lunéville, 1911 - Quimper ou Rennes, 1979)
        France Mougin (Jolivet ou Lunéville, 1937 - 1964)
        Michel Mougin (Jolivet, 1938 -)
        Marie-Christine Mougin (Jolivet, 1948 -)
        Martine Mougin (Lunéville, 1950 -)
    → marié le 12 juillet 1956 avec *Michèle Pearon*
        Vincent Mougin (22 mars 1957 - 11 février 1980)

Nous remercions particulièrement pour ses recherches et son aide précieuse,
Mme Solange Puton, dont l'arrière-grand-mère, côté maternel,
était la cousine germaine de Xavier Mougin.

LES RÉPERTOIRES DES MODÈLES

Les frères Mougin se devaient de gérer leur petit atelier avec prudence car les frais de fonctionnement étaient importants. La collection, dont les nouvelles créations n'excluaient pas les anciennes, faisait l'objet d'une description systématique. Deux de ces carnets nous sont parvenus mais vraisemblablement y en eut-il d'autres. Les références données peuvent ne pas correspondre d'un document à l'autre, comme le "53.S" qui identifie *Jeanne à Domrémy* de Chapu dans le plus ancien (c. 1914) et à *Tanagra, les deux amies* dans le second (c. 1921). Par ailleurs, les œuvres sont abondamment photographiées et référencées.

L'Album-tarif (M.J. 1)

Le plus ancien document est un petit format à l'italienne, relié plein cuir, qui combine des mentions manuscrites et des prises de vues photographiques. Les pages sont constituées de feuilles cartonnées montées sur onglet. Il s'agit d'un album photographique dans lequel sont collés face à face des pages quadrillées et des tirages photographiques. La date "1914" est portée au crayon sur la première des vingt-quatre planches. Cette date est vraisemblable car aucune œuvre de la période lunévilloise ne s'y trouve. Toutefois les illustrations montrent des pièces largement inspirées par le modernisme en rupture avec l'Art Nouveau.

Les mentions manuscrites, proprement tracées et encadrées, donnent la référence codée des auteurs et du modèle, le titre, les dimensions et le prix avec ou sans socle. Les conditions de vente, conformes aux usages de l'époque, apparaissent ainsi que des indications sur les "socles en bois vernis et sculptés par Majorelle" (la firme Majorelle), les montures en fer forgé pour les lampes électriques "prix suivant la richesse de la ferronnerie" et les variantes en grès, porcelaine dure, émail ou patines au feu.

Alors que toutes les grandes manufactures de céramique possèdent alors des catalogues très élaborés, imprimés souvent en chromolithographie, celui-ci est émouvant par sa réalisation soignée entièrement à la main, même les photographies sont prises et tirées par les deux frères qui, à certains moment de leur vie, subsistent grâce à cet art qu'ils dominent parfaitement.

La pièce la moins chère est une reproduction, le *Lapin* d'après Barye (1,4 franc), les plus chères sont les grands vases *Neni toques il poinct* (hauteur quatre-vingt-deux centimètres, valeur 700 francs) et *Ars longa vita brevis* (hauteur quatre-vingts centimètres, valeur 630 francs), tous deux créés par Joseph.

MARQUES	DESIGNATION	DIMENSIONS		PRIX
110.S	Vase Gobéa *Grès et Bronze*	23	40	en cours
60.S	Vase Pins Papillons	27	42	210
28.S	Lampe *Non montée*	10	60	90
67 S	Vase Rectangulaire Pins	18	48	150
22.S	Grand gobelet "Algues"	25	39	175
84.S	Vase 2 anses	15	33	48
127 S¹	Vase "La Rose"	25	45	150
127 S²	" "	18	35	56
127 S³	" "	5	10	4
16 S	Pichet à Bière "Seigle"	19	30	48
53 S	Vase Cyclamen	18	30	50

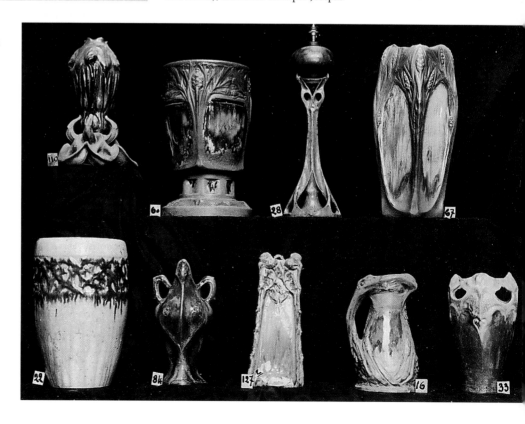

Planche 18 du catalogue de 1914 : photographie et répertoire manuscrit. Collection privée

Le répertoire (M.J. 2)

Ce grand carnet est constitué de soixante-douze pages manuscrites ; quelques croquis sont ajoutés par Joseph pour mieux repérer certaines œuvres parmi les dernières réalisées à Lunéville. La date "17/5/21", qui y est portée, pourrait en être la date d'ouverture ; quant à la fin de l'utilisation, elle se situe vers 1933, lorsque Joseph quitte Lunéville ; aucune pièce de la production postérieure n'y figure. L'organisation des entrées suit celle établie dans le catalogue de 1914, toutefois certaines indications sont erronées (un même numéro correspond à deux pièces différentes). Nous publions ci-dessous la liste des pièces répertoriées. Ce tableau recense ± 619 pièces classées dans un ordre voisin du catalogue de 1914. Plus complet, mais non illustré par des photographies, il donne le prix, le poids, le temps de façonnage, le temps d'émaillage, de pose des couleurs ou des patines, les dimensions et note la présence ou non d'un socle en bois. L'orthographe a été respectée dans la mesure où elle ne compromettait pas la compréhension des termes.

Le code en tête identifie les artistes par une lettre mais nous indiquons quelques manquements à la règle en caractères droits ; la lettre "J", qui seule concerne Joseph pour les 170 premiers numéros, intègre ensuite, sans ordre, d'autres artistes de l'époque de Lunéville.

J

1.J   *Courtisane au mur* (debout) (Au mur céramique, catalogue de 1914)
2.J   *Buste "Il était"* ("Il était une fois une princesse", catalogue de 1914)
3.J   *Byzance* (Messaline, catalogue de 1914)
4.J   *Encrier "Princesse"*
5.J   *Cocklis* (ΚΟΧΛΙΣ - socle masques, catalogue de 1914)
6.J   *ΚΟΧΛΙΣ* (socle le Baiser, catalogue de 1914)
7.J   *Buste "Printemps"*
8.J   *Mode 1900*
9.J   *Buste "Le secret"*
10.J   *Bouteille "Syrènes"*
11.J   *Bouteille "Gui"*
12.J   *Cendrier "Ondine"*
13.J   *"Princesse Irène"* (avec pierres, catalogue de 1914)
14.J   *Masques grands*
15.J   *Masques petits*
16.J   *Pichet à bière "Seigle"*
17.J   *Vase "au Gui l'an neuf"*
18.J   *Petit vase" Gui*
19.J   *Petit vase "Houx"*
20.J   *Grand vase "Cornet"*
21.J   *Buste "Croix"*
22.J   *Grand gobelet "Algues"*
23.J   *Petit vase "La mer"*
24.J   *Grand vase "Neni toques il poinct"*
25.J   *Petit vase "Fleur éclose"*
25.J bis   (Madame Récamier par Houdon, catalogue de 1914)
26.J   *Vide-poche Pr.*
27.J   *Vase "Roseau"*
28.J   *Lampe "Colonne"*
29.J   *Pichet à bière* (Houblon)
30.J   *Bock à bière* (Houblon)
31.J   *Vase "Œillets" à anses*
32.J   *Vase "Feuilles de lotus"*
33.J   *Vase quatre trous "Cyclamen"*
34.J   *Coquetier "Trèfle"*
35.J   *Porte allumettes*
36.J   *Danseuse ...*
37.J   *Petit vase carré W.*
38.J   *Grand vase "Ars longa"*
39.J   *Encrier "Fleuve et Prairie"* (2 tailles)
40.J   *Grand vase "Sorbier"*
41.J   *Bouteille petite, décor "Gui* "(Vase à col "Gui", catalogue de 1914)
41.J bis   ("Françoise Laurana princesse de Naples" - Berlin, catalogue de 1914)
42.J   *"Cléopâtre"*
43.J   *"Gringoire"* ("Le poète Gringoire chez le roi Louis XI", catalogue de 1914)
44.J   *Cendrier "Escargot"*
45.J
46.J
47.J   *Vase "Carotte"* (3 tailles)
48.J   *Pierrette*
49.J   *Petit cache-pot Sorbier*
50.J   *Jardinière Nénuphar* (haut ajouré)
51.J   *Jardinière Mortuaire (tune mori)* (Jardinière "Tune mori desinit & vivere incipit", catalogue de 1914)
52.J   *Console "Cariatides"*
53.J   *Grand vase "Danseuses"*
53.J bis   (Vase "Cyclamen", catalogue de 1914)
54.J
55.J   *"Boule à piques"*
56.J   *"Suzanne"*
57.J   *"Jeunesse"*
58.J   *Buste "Alain"* (avec socle) (Hélain au catalogue de 1914)
59.J   *Danseuse "Karysta"*
60.J   *Cache pot Épi Papillons*
60.J bis   (Vase, catalogue de 1914)
61.J   *Buste Page*
62.J   *Bouteille à côtes*
63.J   *Grand vase "Épi"*
64.J   *Grand vase "Houx"* (Lierre, catalogue de 1914)
65.J   *"Dame au Missel"*
66.J   *"Dame à l'Éventail"*
67.J   *Vase "Pins" rectangulaire*
68.J   *Bonbonnière "Vigne vierge"*
69.J   *Bonbonnière "Alsac. Arlésienne"*
70.J   *Bonbonnière "Mucha"* (Japon, catalogue de 1914)
71.J   *Bonbonnière "la Source"*
72.J   *Méditation "Jagmin"* (de S. de Jagmin, catalogue de 1914)
73.J   *Console-Masques-Cannés*
74.J   *Trottin "Bullier"*
75.J   *Trottin "La Rue"*
76.J   *Pot à tabac "Mlle Rose"*
77.J   *Brul. parfum "Jagmin"*
78.J   *Vase "Citrouille" W.*
79.J   *Vase W.* (2 tailles)
80.J   *Jardinière "Feuilles Nénuphar"* (pied ajouré)
81.J   *Petit cendrier "Fleurs"* (ovale)
82.J   *Grande vasque "Ricin"*
83.J   *Vasque "Aimer Rêver Souffrir"*

84.J	Vase "Lotus" 2 anses	
85.J		
86.J	Coupe "Pieuvre"	
87.J	Vase "Fougère" (Ptéris aquilina)	
88.J	Vase "Fougère" (petit)	
89.J	Vase "Fougère" (moyen)	
90.J	Bock "Seigle"	
91.J	Buste "Cornette"	
92.J	Petit vase "Pin"	
93.J	Soucoupe "Gui"	
94.J	Cendrier "Sirène"	
95.J	Vase vigne décor "Raisin"	
96.J	Coquille "Syrène" (escargots) (Baguier, catalogue de 1914)	
97.J	Coupe à fruits : moule "Syrène"	
98.J	Vase 4 trous(petit)	
99.J	Buste "Nancy"	
100.J	Grande jardinière ("Triton") ("Triton & Syrène", catalogue de 1914)	
101.J	Fût de lampe	
102.J	"Grande Maïa"	
103.J	"Petite Maïa"	
104.J	Salière "Gobéa"	
105.J		
106.J	Cendrier "Radis"	
107.J	Bock (service unique)	
108.J	Vase feuille lance	
109.J	Petit vase "Épi"	
110.J	Vase "Gobéa" (pied bronze)	
111.J	Grande cruche "Algues"	
112.J	Petite cruche "Algues"	
113.J	Grande Jardinière	
114.J	Jardinière "Barque"	
115.J	Grande Jardinière "Sorbier"	
116.J	Grande Jardinière "Vigne" à côtes	
117.J	Grande Jardinière "Sports"	
118.J	Vase calice "Vigne" (3 grandeurs)	
119.J	Grande Bouteille "Nénuphar"	
120.J	Cendrier "Coquille"	
121.J	Vase "Calice" (ajouré anses)	
122.J	Coupe à fruits "Carotte"	
123.J	Cache-pot "Sureau"	
124.J	Jardinière "Argonaute"	
125.J	Bouton électrique ("Chauve-souris")	
126.J	Coupe "Scarabées"	
127.J	Vase "La Rose" (3 tailles)	
128.J	Vase "Nénuphar"	
128.J bis (Vase décor arabesques, catalogue de 1914)		
129.J	Lampe...	
130.J	Vase "Épi" à perles	
131.J	Vase lampe "Ronces"	
132.J	Jardinière "Eucalyptus"	
133.J	Vase "Algues"	
134.J	Jardinière à compartiments	
135.J	Buste "Yolande"	
136.J	Vase "Camomille" côtes cercles	
137.J	Vase gravé frise "Arabesques"	
138.J	Vase anses, en haut	
139.J	Vase anses, en bas	

140.J	Plat décor "Arabesques"	
141.J	Vase décor "Arabe"	
142.J	Vase géométrique "Trèfle"	
143.J	Vase géom. "Paon"	
144.J	Vase géom."Marguerites"	
145.J	Vase "Pistils Chardons"	
146.J	Vase "Rinceaux" fond points	
147.J	Lampe "Épi" stylisé	
148.J	Vase "Rinceaux"	
149.J	Vase "La Mer" (4 médaillons)	
150.J	Lampe "Méduse"	
151.J	Lampe "Nénuphar" (Gde)	
152.J	Lampe...	
153.J	Vase "Palmettes" gravé	
154.J	Vase côtelé décor "Pervenches"	
155.J	Vase "Pin d'Afrique"	
156.J	Boule couverte de Sorbier	
157.J	Vase nid d'abeilles (grand)	
158.J	Lampe "Bouquet d'aubépines"	
159.J	Bouteille "Bouton d'or"	
160.J	Vase œuf décor "Soleils"	
161.J	Vase décor "Fruits et Raisins"	
162.J	Vase Nid d'abeille (petit)	
163.J	Vase Boule décor carré	
164.J	Vase carrés gravés	
165.J	Vase "Plumes" vert	
166.J	Vase "Plumes" bandes	
167.J	Vase "Pommes de pin"	
168.J	Cache pot "Fleurs fantaisies"	
169.J	Coupe "Plumes de paon"	
170.J	Vase ronds pointillés ?	Mougin
171.J	Vase décor "Coqs"	Condé
172.J	Boule "Papillons"	Ventrilllon
173.J	Boule "Oseaux"	Ventrillon
174.J	Vase "Entrelacs"	Ventrillon
175.J	Vase "Feuilles de figuier"	Condé
176.J	Vase "Fougères"	Condé
177.J	Boule "Épines et ronds"	Condé
178.J	Petit vase décor ronds	Condé
179.J	Petit vase décor fleurs	Condé
180.J	Vase "L'automne"	Ventrillon
181.J	Vase "Bananes"	G. Condé
182.J	Vase "RaisinsR	Ventrillon
183.J	Vase "Chasse à courre"	Ventrillon
184.J	Vase "Le sommeil"	G. Goor
185.J	"Léandre"	G. Goor
186.J	Lampe bandeaux de fleurs	Mougin
187.J	Vase 3 bandeaux de fleurs	Ventrillon
188.J	Vase "Entrelacs"	Condé
189.J	Vase "Les roses"	A. Goor
190.J	Vase "Les héros grecs"	G. Goor
191.J	"La chasse"	G. Goor
192.J	"Maternité"	G. Goor
193.J	"Les vendangeuses"	G. Goor
194.J	"Scaramouche "	G. Goor
195.J	"Capitaine Fracasse"	G. Goor
196.J	"Pierrot arlequin "	G. Goor
197.J	"Colombine"	G. Goor

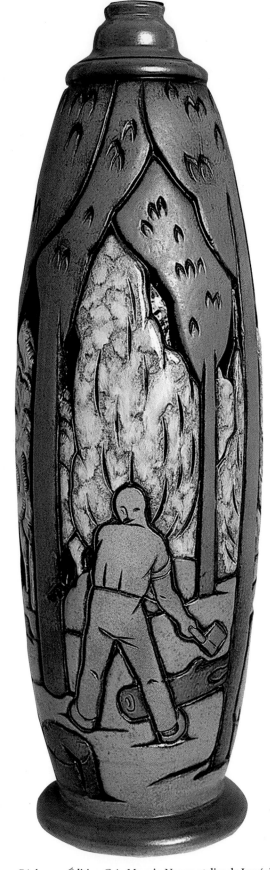

Lampe *Bûcherons*. Édition Grès Mougin Nancy, atelier de Lunéville.
Modèle d'André Legrand (1902-1947) (233.J). Grès blanc émaillé
Marques sous la pièce
- en creux de moulage : *Grès Mougin Nancy 233 J Legrand dc*
- en noir vitrifié : *0421*
Hauteur 455 mm. Collection privée

285.J	"Foot ball"	Legrand	343.J		Mougin
286.J	"Nageurs"	Legrand	344.J	Calice octogone	Mougin
287.J	"Cactus"	Legrand	345.J	Cache-pot	Mougin
288.J	"Cariatides"	Legrand	346.J	Cache-pot	Mougin
289.J	"Grosses fleurs"	Ventrillon	347.J	Coupe	Mougin
290.J	"Sérénade" (lampe)	Goor	348.J	Cache-pot	
291.J	"Sarabande"	Condé	349.J	Vase calice	
292.J	"Nymphes et faunes"	Legrand	350.J	Cache-pot	
293.J	"Géométrie"	Legrand			
294.J	"Épines"	Legrand	S		
295.J	"Retour des champs"	Legrand	1.S	Tanagra "banderole"	
296.J	"Banderoles"	Legrand	2.S	Tanagra grande "assise"	
297.J	"Nymphes"	Legrand	3.S	Tanagra assise "éventail"	
298.J	"Girafe"	Legrand	4.S	Tanagra "à l'urne" socle rond	
299.J	"Martins pêcheurs"	Legrand	5.S	Tanagra "à l'urne" socle carré	
300.J	"Les dauphins"	Ventrillon	6.S	Tanagra "danseuse" bras levé gauche	
301.J	"Raisins"	Mougin	7.S	Tanagra "assise" socle long ("Tanagra éventail à droite assise", catalogue de 1914)	
302.J	"Boules et fleurs"	Mougin			
303.J	Petite coupe "Lyre"	Mougin	8.S	Tanagra "coupe et sébile"	
304.J	Lampe "Feuilles lance"	Mougin	9.S	Tanagra "coup de vent"	
305.J	"Grappes ..."	Mougin	10.S	Tanagra "Phryné" grande	
306.J	"Géom..."	Mougin	11.S	Tanagra "Phryné" petite	
307.J	"Côtes"	Mougin	12.S	Tanagra "Vénus" à la pomme	
308.J	"Rubans"	Mougin	13.S	Tanagra "danseuse" socle rond ("Tanagra danseuse voilée", catalogue de 1914)	
309.J	Calice décor carrés	Mougin			
310.J	Vase côtes	Mougin	14.S	Tanagra "Vénus de Milo"	
311.J	Petit compotier	Mougin	15.S	Tanagra "à l'éventail" (?)	
312.J	Lampe "Danseuse" Condé (reprise)	Mougin	16.S	Tanagra "éventail" droit ("Tanagra drapée éventail", catalogue de 1914)	
313.J	Coupe	Mougin			
314.J	Vase "Vigne"	Mougin	17.S	Tanagra "éventail" (Méduse)	
315.J	Vase "Lierre" carré	Mougin	18.S	Tanagra "toilette"	
316.J	Gourde décor "Fleurs et feuilles"	Mougin	19.S	Tanagra "danseuse" socle ovale	
317.J	Vase	Mougin	20.S	"La famille de faunes"	Clodion
318.J	Vase bandes et lignes	Mougin	21.S	"Nymphe et faune"	Clodion
319.J	Cache-pot "Papillons" moyen	Mougin	21.S bis	("La Baccante au faune", catalogue de 1914)	Clodion
320.J	Bol moyen	Mougin			
321.J	Cache pot "Papillons" grand	Mougin	22.S	"Petite fille d'Alsace"	
322.J	Vase "Boulons"	Letalle	23.S	"L'enfant à l'épine" (Épinal, catalogue de 1914)	
323.J	Coupe losanges	Mougin	24.S	Tanagra "cruche au côté"	
324.J	Cendrier	Letalle	25.S	"Éléphant" petit	Houdon
325.J	Vase triangles	Mougin	26.S	"Jean qui pleure"	
326.J	Vase dentelé	Letalle	27.S	"Jean qui rit"	
327.J	Vase	Mougin	28.S	"Lapin"	Barye
328.J		Mougin	29.S	Petite vasque "Vigne"	
329.J		Mougin	30.S	"Lion et lionne"	Cartier
330.J		Mougin	31.S	"Marchande d'amours"	Clodion
331.J		Mougin	32.S	Vidrecome (Musée du Louvre, catalogue de 1914)	Col. Thiers
332.J		Mougin			
333.J		Mougin	33.S	"Ste Fortunata"	
334.J		Mougin	34.S	Tanagra "danseuse" bras levé	
335.J		Mougin	35.S	"La source"	Pradier
336.J		Mougin	36.S	"Panthère"	Fagotto
337.J		Mougin	37.S	"Enfant" (buste)	Della Robbia
338.J	Vase	Mougin	38.S	"Enfant riant" ("Rieur", catalogue de 1914)	Donatello
339.J		Mougin	39.S	"Enfant dormant"	Donatello
340.J	Vase calice	Mougin	40.S	"Vierge de Nuremberg"	
341.J	Coupe haute 018	Mougin	41.S	Buste école allemande	
342.J	Coupe basse 011	Mougin	42.S	Buste femme inconnue	Louvre

Vase *Danseuses*. Édition Mougin Nancy, atelier de Lunéville. Modèle de Georges Condé (1891-1980) (312.J). Grès blanc émaillé.
Marques sous la pièce : - en creux de moulage : *Mougin Nancy 312 J/L* ; - à la pointe : 83².
Hauteur 285 mm. Collection privée

66.S	"Dame au missel"	
67.S	"Dame de Brou"	
68.S	"Dame de Brou"	
69.S	"L'enlèvement de Bacchus"	Clodion
70.S	"La Fontaine"	Julien
71.S	"Molière"	Caffiéri
72.S	"Danse du satyre"	Boizot
73.S	"Musique du satyre"	Boizot
74.S	"L'épreuve dangereuse"	Boizot
75.S	Vase "Les vendanges"	Clodion
76.S	Vase "Fête champêtre"	Boizot
77.S	"Femme à la tourterelle"	
78.S	Tanagra "la lyre" (assise)	
79.S	"Enfant riant" (socle)	
80.S	"Bacchante à l'aigle"	Clodion
81.S	"Bacchante à la coupe"	Clodion
82.S	"Amour" (socle rond)	Clodion
83.S	"Tentation"	Clodion
84.S	"Pan et faunesse"	Clodion
85.S	Buste "Napoléon"	
86.S	Buste "Jeanne d'Armagnac"	
87.S	"Charité Romaine"	
88.S	"Enfance de Silène"	Boizot
89.S	"Bélisaire"	
90.S	"Terme et Bacchante"	Clodion
91.S	"Faunesse et Amours" Coll. Japrist	Clodion
92.S	"Faune et Amours" Coll. Japrist	Clodion
93.S	"Faunesse"	Cluny
94.S	"Faune et Amours" Clodion	Cluny
95.S	"Frileuse"	Clodion
96.S	"L'agréable leçon"	
97.S	"L'amour menaçant", garçon,	Boizot
98.S	"L'amour menacé", fille,	Boizot
99.S		
100.S		
101.S	L'amour caressant la beauté	
102.S	L'amour silencieux	
103.S	Venus enfant	
104.S	Enfant François	
105.S	Tanagra (éventail)	
106.S		
107.S		
108.S		
109.S	"Joueuse d'osselets "	Pigalle
110.S	"L'amour et l'amitié"	
111.S	"Vierge" de Sèvres	
112.S	"Vierge" Lunéville	
113.S	"Vierge à l'Enfant"	
114.S	"Madame Royale"	
115.S	"Le savetier"	Cyflé
116.S	"La ravaudeuse"	Cyflé
117.S	"Le musicien chinois"	Cyflé
118.S	"Baiser" (avec socle)	Cyflé
119.S	"Le ramoneur"	Cyflé
120.S	"La vieille fileuse"	
121.S	"Le tailleur de pierres"	
122.S	"Le vieux chasseur"	
123.S	"Le mangeur de soupe"	

124.S	"Le sabot cassé"	
125.S	"La feuille à l'envers"	
126.S	"Les vendangeuses"	
127.S	"Musicien, musicienne"	
128.S	"Vénus et Adonis"	
129.S	"Vierge gothique"	
130.S	"Tête de femme"	
131.S	"Boudah" (2 tailles, petit et grand)	
132.S	"Athlète Bénévent"	
133.S	"Tête Metzec"	
134.S	"Fleuve" de Caffiéri	
135.S	Cruche "Bacchus enfant"	Clodion
136.S	"Aphrodite" (Vénus accroupie)	
137.S	Buste antique femme	
138.S		
139.S		
140.S		
141.S	"L'enfant à l'oiseau"	Pigalle
142.S	"Trois Grâces portant l'Amour"	
143.S	"Vénus"	Pigalle
144.S	"Mercure" (petit)	Pigalle
145.S	"Mercure" (grand)	Pigalle
146.S	Groupe "Léda et Jupiter"	Falconnet
147.S	Groupe "Comparaison à l'amour"	Boizot
148.S	"Baigneuse aux roseaux"	Boizot
149.S	Nymphe recevant les traits de l'amour	Boizot
150.S	"Napoléon 1er Consul"	
151.S	Buste de sphinx	
152.S		
153.S		
154.S		
155.S		
156.S	"Hippopotame"	
157.S	"Singe"	
158.S	Poule serre Livre	
159.S	"Lévrier"	Condé
160.S		
161.S		
162.S		
163.S		
164.S		
165.S	(hors répertoire : correspond à un "Pigeon" de Guingot)	
166.S		
167.S	(hors répertoire : correspond au "Couple de Pigeons" de Guingot)	
168.S		
169.S	"Moine" de Brou	
170.S	"Moine" de Brou	
171.S	"Moine" de Brou	
172.S	Tanagra danseuse "Loïe"	
173.S	Tanagra "couronne à la main"	
174.S		
175.S		
176.S		
177.S	Vase œuf Majo.	
178.S	(hors répertoire : correspond à un rhinocéros)	
179.S		
180.S		
181.S		

182.S	
183.S	
184.S	
185.S	
186.S	
187.S	
188.S	
189.S	
190.S	
191.S	
192.S	
193.S	
194.S	
195.S	
196.S	

Y   **MULLER**
1.Y   *"Danseuse"*
2.Y   *"Oursin"* (*"Oursin mouilleur"*, catalogue de 1914)
3.Y   *Bouteille "Œillet"*
4.Y   *Vase rond côtes*
5.Y   *Vase carré*

Z   **M. LAUT. BOSSERT**
1.Z   *Buste "Alsacienne" - 3 tailles*
2.Z   *Médaillon "Alsace Lorraine"*

C   **A. CARLI**
1.C   *"Le Rhône"*
2.C   *"La Durance"*
3.C   *Buste "Femme"*
4.C   *"La Parade"*
5.C   *"Boniment"*

T   **Jean TARRIT**
1.T   *"Chatte et ses petits"*

B   **Ernest BARRIAS**
1.B   *"Printemps"*
2.B   *"Bacchante"*

V   **Victor GUILLAUME**
1.V   *Porte couteau* (*Porte couteau "Escargot"*, catalogue de 1914)
2.V   *Cendrier ovale*
3.V   *Cendrier "Œillet"*
4.V   *Salière*
5.V   *Bonbonnière*
6.V   *Cendrier rond*

D   **DELASTRE**
1.D   *"Gamin et gamine"*
2.D   *"Gamine"*
3.D   *"Gamin"*

A   **GANUCHAUD**
1.A   *Encrier "Canards"*
2.A   *Cendrier "Souris"*
3.A   *Porte savonnettes* (*Porte savonnettes "Crabes"*,

    catalogue de 1914)
4.A   *Vide poche "Lapin"*
5.A   *Petit buste "Bretonne"*
6.A   *Encrier "Épines"*
7.A   *Dessous de plat "Algues"*
8.A   *Encrier "Cigales"*
9.A   *Salière "Crevettes"*
10.A   *"Canard"*
11.A   *Porte couteau* (*Porte couteau "Crevette"*, catalogue de 1914)
12.A   *Vase "Crevettes"*
13.A   *Pendule "Les heures"*

E   **Gus. GUETANT**
1.E   *"Parisienne"*
2.E   *"Arlésienne"*
3.E   *Vase "Chardon"*
4.E   *"Baigneuse"*
5.E   *"Éros" buste* (*Buste "Éros"*, catalogue de 1914)
6.E   *"Rosemonde"*
7.E   *"Bébé Louis XI"*
8.E   *"Charmeuse"*
9.E   *"Prière"* (*Bébé prière*, catalogue de 1914)
10.E   *"Marguerite"*
11.E   *"Mistoufle"*
12.E   *Buste "Psyché"*
13.E   *"Rose trémière"*
14.E   *"Bébé Crinoline"*
15.E   *Coquetier "Chardons"*
16.E   *Bonbonnière* (*bonbonnière chat et pelote*, catalogue de 1914)
17.E   *Cendrier décor centre*
18.E   *Cendrier*

F   **Alfred FINOT**
1.F
2.F   (*Pendule*, catalogue de 1914)
3.F   *Coupe "3 têtes"* (*Coupe 3 femmes*, catalogue de 1914)
4.F   *Jardinière "La vague"*
5.F   *Buste*
6.F
7.F   *Petite cruche (à tête)*
8.F   *Gourde "La soif"*
9.F   *Encrier "Rêverie"*
10.F   *"Feuille morte"*
11.F   *"Nymphe et faune"*
12.F   *Vase "Le travail"*
13.F   *Crémier*
14.F   *Vase carré*
15.F   *Jardinière longue*
16.F   *"Vieille au fagot"*
17.F   *Bonbonnière "3 têtes"*
18.F   *Buste (bloc)*
19.F   *"Tulipe" 3 tailles*
20.F
21.F
22.F   *Cendrier (tête)*
23.F
24.F
25.F

26.F
27.F
28.F

G   **S. LAURENT**
1.G   *"Taureau"*
2.G   *"Bouc"*
3.G   *"Bison"*
4.G   *Grand vase*
5.G
6.G
7.G
8.G
9.G
10.G
11.G
12.G
13.G
14.G
15.G

H   **BOUCHARD**
1.H   *"Oie 1ᵉʳ Prix"*
2.H   *"Petite vieille"*
3.H   *"Petit vieux"*
4.H   *"Bébé sur l'oreiller"*
5.H   *"Enfant au livre"* (*"Paresseux"*, catalogue de 1914)
6.H   *Bonbonnière "Baquet"*
7.H   *"Escargot"*
8.H   *"Escargot sur feuille"*
9.H
10.H
11.H
12.H
13.H

X   **H. BERGE**
1.X   *E* (Encrier *"Casque"*, catalogue de 1914)
2.X   *Encrier long*
3.X   *Salière*
4.X

K   **Louis MAJORELLE**
1.K   *Bonbonnière carrée "Escargots"*
2.K   *Jardinière ronde basse*
3.K   *Jardinière du surtout "Aubépines"* (Surtout de table - 5 pièces, catalogue de 1914)
4.K
5.K
6.K   *Bonbonnière "Noisette" (couvercle)*
7.K   *Bonbonnière …*
8.K   *Vase "Fougère scolopendre"*
9.K   *Bol à fruits "Atacia" 2 anses* (Compotier Atacia, catalogue de 1914)
10.K   *Bol à fruits 3 anses* (Compotier fougère, catalogue de 1914)
11.K   *Jardinière ronde haute*
12.K   *Boite "Orchidée" ronde*
13.K   *Bonbonnière "Sagittaire"*
14.K   *Grande jardinière "Tuya"*

15.K   *Bonbonnière "Lierre" carrée*
16.K   *Cendrier "Nénuphar" pᵗ*
17.K   *Cendrier "Lierre" pᵗ*
18.K   *Cendrier Achaut grand*
19.K   *Cendrier "Géranium" grand*
20.K   *Fût de lampe décoré*
21.K   *Fût de lampe décoré*
22.K   *Lampe colonne "Dahlias"*
23.K   *Lampe colonne "Sceau de Salomon"*
24.K   *Bock "Sceau Salomon"*
25.K   *Jardinière "Étoile de mer"*
26.K
27.K
28.K

P   **Victor PROUVE**
1.P   *"Maternité"*
2.P   *"Petite Mie"*
3.P   *"La joie"*
4.P   *"Désespoir"*
5.P   *"Premiers pas"*
6.P   *"Les moqueuses"*
7.P   *"Femme-fleur"* (Dite dans d'autres sources *"Floramye"*)
8.P   *Vide-poche* (catalogue de 1914)

R   **Jules GROSJEAN**
1.R   *Vase "La vie"* (*"Les âges de la vie"*, catalogue de 1914)
2.R   *"Christ prêchant"*
3.R   *Salière "Jean qui rit Jean qui pleure"*

L   **Louis CASTEX**
1.L   *"L'Hiver"*
2.L   *Bénitier*
3.L   *"Petite mère"*
4.L   *"Éveil"*
5.L   *Buste vierge*

W   **Ernest WITTMANN**
1.W   *"Chiffonnier" grand*
2.W   *"La pause" (casquette)*
3.W   *"Le lieur de fagots"*
4.W   *"Le repos"* (*"Forgeron"*, catalogue de 1914)
5.W   *"L'Homme des champs"*
6.W   *"Le pas bileux"*
7.W   *"'Homme au bêchoir"*
8.W   *"Parisien"* (*"Femme au manteau"*, catalogue de 1914)
9.W   *"Petit vieux"*
10.W   *"Blanchisseuse"*
11.W   *"L'Homme au fagot"* (*"Le retour de la forêt"*, catalogue de 1914)
12.W   *"Les vieux sur le banc"*
13.W   *"Les réfugiés"* (*"Les résignés"*, catalogue de 1914)
14.W   *"L'Eplucheuse de pommes"*
15.W   *"L'Homme à la miche"*
16.W   *"Coqs et poules"*
17.W   *"L'homme à la hotte" (petit)*
18.W   *"Vieille bucheronne"*
19.W   *"L'homme et l'enfant"*
20.W   *"Petite vieille"*

Statuette *Le terrassier*. Édition Mougin, second atelier. de Nancy.
Modèle de Ernest Wittmann (1846-1921) (25.W). Grès émaillé .
Marque sous la pièce : - à la pointe : *Jh Mougin céramiste Nancy*
Marque sur la pièce : - *E. Wittmann.*
Hauteur 390 mm. Collection privée

21.W	"Retour du marché"
22.W	"Petit chiffonnier"
23.W	"La vieille au fagot" ("Mme P.", catalogue de 1914)
24.W	"L'Homme à la pipe"
25.W	"Le terrassier"
26.W	"L'Homme à la hotte" (grand)
27.W	"L'homme à la hache" ("Le bûcheron", catalogue de 1914)
28.W	"Le fendeur de bois"

N	BACHELET
1.N	"Danse"
2.N	"St Nicolas"
3.N	"St Georges"
4.N	"Joueur de vieille"
5.N	Pot à tabac
6.N	"2 vieilles d'Auvergne"
7.N	"Danse d'Auvergne", femme
8.N	"Joueur, le cabrettaïre"
9.N	"Danse d'Auvergne", homme
10.N	"Sᵗᵉ Odile"
11.N	"Sᵗᵉ Thérèse de l'Enfant Jésus"

M	GALERIES LAFAYETTE
1.M	Danseuse "Éventail"
2.M	Boîte à poudre "Crinoline"
3.M	"Deux danseuses"
4.M	Vase "aux singes et cocotiers"
5.M	Vase "aux oiseaux et fleurs"
6.M	"Chasseur"
7.M	Danseur Chinois (Chevalier)
8.M	"Biche" (Chevalier)
9.M	"Les taureaux"
10.M	2019 Triangles Bleus (Adnet)
11.M	2032 Vase décor faïence fleurs en carré
12.M	2024 Vase décor faïence décor danseurs
13.M	Vase 2 côtes rectang.
14.M	Vase 3 cotes carré
15.M	Vase cylindrique bande

	BUSSIERE
1	Sébile "Escargot"
2	Sébile "Lierre"
3	Plateau "Capucine"
4	Vase "Pied d'alouette"
5	Sébile "Noisette"
6	Gourde "Lézard"
7	Cruche "Marron"
8	Vase "Embryon"
9	Sébile "Oignon"
10	Sébile "Insecte"
11	Sébile "Faune"
12	"Cheveux de Vénus"
13	"Pétale de Vénus"
14	Buste "Le sommeil"
15	Nu "La liseuse"

	MODÈLES POUR ST CLÉMENT
1	"Chien"
2	"Chien"
3	"Chien Ric"
4	"Chien Roc"
5	Cache pot 7036
6	Cache pot 902
7	"Ours gris"
8	Cache pot 7043
9	Cache pot 7043
10	Cache pot 9009
11	Cache pot 7088
12	Cache pot 7036
13	Cache pot fleurs Ventrillon
14	Cache pot 7061
15	"Éléphant" trompe entre les jambes
16	"Éléphant" trompe en l'air
17	Boîte à farine ovale
18	Boîte à farine ?
19	Boîte à farine rectangulaire "Bibendum"
20	Cache pot "Côtes" (Hunebelle)
21	Une cruche gravée - décor plein
22	Une cruche gravée - décor plus simple
23 - 28	Modèle de pots à épices, 6 différents
29	

CORPUS DES SOURCES

SOURCES CONTEMPORAINES

1897
Jouve (Henri) : *Dictionnaire biographique des Vosges*, Paris, 1897.

1900
La Lorraine artiste, 1er novembre : p. 122, 123.

1901
La Lorraine artiste, 1er Septembre : p. 304.

1903
Salon de la Société nationale des Beaux-Arts, n° 196 (Joseph Mougin) et n° 260, 261, 262, 263 (Ernest Wittmann) : catalogue p. 307 et 343.
La Lorraine artiste, 15 avril : p. 100 et 121.

1905
Salon de la Société des artistes français, n° 4961 : catalogue, p. 454.

1907
Salon de la Société des artistes français, n° 4759.
Musée Galliéra, inventaire n° 131 : vase *Chardon* acquis par le musée le 20 juillet.
L'Est Républicain, 17 novembre : *Une exposition artistique*.

1908
L'Est Républicain, 26 juillet ou 6 novembre : *Le salon de Nancy*, par L.M.

1909
Rapport général sur l'Exposition internationale de l'Est de la France, Nancy (in les Beaux-Arts par MM. René d'Avril et Émile Nicolas, Berger-Levrault, 1912) : p. 41 et 43.
Art et Industrie, juillet et septembre : reproduction de nombreuses œuvres.
Perrout (René) : *Ernest Wittmann*, in Revue lorraine illustrée, n° 1, Nancy, Berger-Levrault.
Le Cri de Nancy, 30 janvier, Le coin des poètes : aux frères Mougin, poème de René d'Avril.

1910
Meurthe-et-Moselle, Dictionnaire biographique illustré : p. 568.

1911
Galliéra, Exposition des grès, faïences, terres cuites et leurs applications ; catalogue, Paris, 1912, p. 19.
Galliéra, inventaire n° 226 : groupe de Wittmann *Les Résignés*, acquis par le musée en 1911.
Art et Industrie, illustration.

1912
Art et Industrie, illustration.
La leçon d'une exposition, Le grès, la faïence, et la terre cuite au musée Galliéra.

1914
Goré (U.E) : *La Lorraine, le milieu, les ressources, les habitants*, Nancy : p. 19, illustration *Les frères Mougin dans leur atelier à Nancy.*

1921
L'Est Républicain
5 juin : Guillaume (Victor) : *L'art du maître de Rupt* (le même texte, dans une autre composition, existe sur un support non identifié) ;
2 décembre : lettre de Joseph à la ville de Nancy (MEN).

1922
L'Express d'Épinal ou *L'Est Républicain*, 9 janvier : Charles (Claude), *Auprès du four des céramistes Mougin.*

1925
Arts décoratifs et industriels in Le pays lorrain, 1925.
L'Est illustré, 4 janvier : *Galerie Moser, exposition J. et P. Mougin.*

1926
L'Est Républicain
20 mai : Rousselot (Fernand), *Joseph Mougin, chevalier de la Légion d'honneur* ;
15 juin : Prouvé (Victor), L'artisan, *Pour les Mougin, en vieille amitié et grande estime* ;
1er juillet : R. (F.), *Le maître Victor Prouvé a remis la Légion d'honneur à Joseph Mougin.*
L'Est illustré
4 avril : Rousselot (Fernand), *La céramique d'art aux faïencerie de Lunéville.*
Hippolyte Roy, poème imprimé à l'occasion de la remise de la Légion d'honneur à Joseph Mougin : *Création* (*L'Est Républicain*, 1er juillet).
Bulletin artistique de l'Est, septembre : portrait de Joseph par Ventrillon.

1936
L'Est Républicain, 12 décembre : Guillaume (V.), *Joseph Mougin, un des maîtres du grand feu.*
Le Pays lorrain, février, illustration.

1938
L'Est Républicain
31 mai : Prouvé (Victor), *Joseph Mougin et sa fille* ;
16 juin : Durban (Jean), *Odile Mougin, céramiste* ;
12 décembre : *Joseph Mougin, un des maîtres du grand feu* ;

27 décembre : D. (J.) (Douel Jacques ou Durban Jean), *Joseph et Odile Mougin chez eux.*

1948
L'Est Républicain, ? janvier : Charton (Fernand), *L'œuvre des céramistes Joseph et Odile Mougin.*

1951
L'Est Républicain
20 décembre ; B. (G.) (Gabriel Bichet), *L'exposition Mougin* ;
? ; (Nancy, ville d'art et d'histoire aura quand même son Salon d'automne) *Chez les Mougin* ;
? ; B. (G.), *La cuisson du demi-siècle* ;
(1951, présumé) : B. (G.), *Les Mougin* ;
(1951, présumé) : J. W. (Jean Watrinet), *Céramiques.*
Autobiographie par Joseph Mougin : 2 pages dactylographiées.

1954
? 27-28 mars : *M. Coty inaugurerait aussi le médaillon de M. Lebrun.*

1957
L'Est Républicain
24 septembre : B. (G.), *François Mougin a rallumé le four paternel* ;
28 décembre : B. (G.), *François Mougin.*

1961
L'Est Républicain, 13 novembre : B. (G.), *Avec Joseph Mougin, restaurateur de la poterie de grand feu, disparaît un des trois derniers survivants de l'École de Nancy.*

1962
Le Républicain Lorrain, 23 décembre : *Hommage public au maître Joseph Mougin.*
L'Est Républicain
? : B. (G.), *La rétrospective Joseph Mougin* ;
? : B. (G.), *Une exposition Joseph Mougin.*
Notice nécrologique par Roland Clément (document dactylographié).

1963
Exposition rétrospective, grès de grand feu de Joseph Mougin, Musée des Beaux-Arts, Nancy, janvier 1963.
L'Est Républicain
3 janvier : B. (G.), *La ville de Nancy rend un solennel hommage au célèbre céramiste lorrain* ;
30 janvier : B. (G.), *Visite commentée de la rétrospective Mougin* ;
1er février : B. (G.), *Présence de Joseph Mougin* ;
? : Courrier des arts, *Le Dr Pierre Weber présidera demain le vernissage du salon du Printemps.*

Les frères Mougin, Badel (É), brochure de
4 pages.
Mougin (Jean) : *Le mystère du grand feu*,
brochure de 16 pages (c. 1950).

Dates et sources non identifiées
L'École de Nancy, expo de ? p. 44 et...

CATALOGUES COMMERCIAUX

1925
Catalogue commercial de la manufacture de
Lunéville, plaques photographiques

DOCUMENTS DIVERS ORIGINAUX

1951
Mougin (Joseph), document monographique
dactylographié, 2 pages, 20 avril 1951.

1961
Clément (Roland), article nécrologique
dactylographié, 1 page, s.d.

Documents conservés
par la famille de Joseph Mougin
M.J. 1 Album tarif manuel, textes
manuscrits et photographies (29 x 18 cm). À
l'italienne, vingt-quatre pages cartonnées
montées sur charnières, incomplet.
M.J. 2 Carnet répertoire manuel, textes
manuscrits (12 x H. 32 cm). Couverture cartonnée, 72 pages à onglets, ± 619 pièces, porte
la date 17/5/21 (pour l'ouverture du cahier ?).
M.J. 3 Cahier à couverture cartonnée :
*Notes, remarques de cuisson des grès haute
température, Jph Mougin, 1902.*
M.J. 4 Cahier de fabrication. Cahier
d'écolier Le Calligraphe à couverture verte.
Voir Émaux de Carriès p. 27 et 37 à
comparer avec M.P. 1, p. 21.
M.J. 5 Cahier d'atelier. Cahier à feuilles
perforées, reliure noire à trois anneaux,
croquis de vases.
M.J. 6 Cahier de formules. Cahier d'écolier
Clémence Isaure à couverture rouge, collage
de photographies de pièces.
M.J. x/7 Cahiers autobiographiques, rédigés vers
1958 : n° 4/7 : Cahier d'écolier Le Calligraphe à
couverture bleue, folioté de 311 à 406 (poinçon
Librairie-papeterie-imprimerie Bastien, Lunéville)
; n° 5/7 : Cahier d'écolier Le Calligraphe à
couverture rose, folioté de 407 à 506.
Cahier autobiographique (photocopies,
correspondent aux cahiers M. J 1 et 2) :
Classeur bleu n° 1 folioté de 1 à 114 ; Classeur
vert n° 2 folioté de 115 à 218.

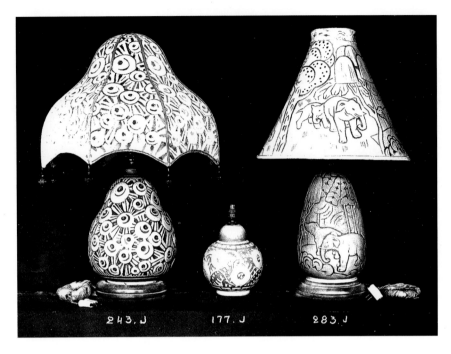

Photographie commerciale, atelier de Lunéville, Collection privée

M. J. 8 Cahier Ernest Wittmann. Gros
cahier à dos carré, sur la première page : *"Le
père Wittmann ; Les Wittmann, édition de
luxe, réalisé en petite série aux ateliers d'art de
Nancy. les "Grès Mougin", entre 1914 et 1940.
Texte d'analyse des personnages (types du
terroir lorrain-vosgien), par René Normand.*
De nombreuses contradictions avec les
événements réels montrent qu'il s'agit d'un
texte romancé.
M.J. 9 Recueil sous reliure dos cuir (28,7 x
20 cm) comprenant : deux encarts imprimés :
Les céramiques de grand feu par Taxile Doat
et Céramique de grand feu par L. Auclair
(Tiré de *Art et décoration*, septembre et
novembre 1906, février 1907) ;
des notes manuscrites, textes d'après Vogt et
formules de pâtes et de grès (N.B. Certains
des textes apparaissent aussi dans le cahier
M.P. 1, à peine modifiés).
M.J. 10 Contrat passé entre Joseph, Pierre
Mougin et la faïencerie de Lunéville
(31 octobre 1924, entérinant l'accord du
23 février 1923) (la date de la signature
mentionne par erreur 1925). Trois reçus de
paiements de 1925 et 1926.
M.J. 11 Contrat et son avenant passés entre
Xavier Mougin pour la verrerie de Portieux,
la faïencerie de Lunéville et la porcelainerie
Hache de Vierzon.
M.J. 12 Résumé de la vie de Joseph Mougin
par lui-même, deux feuilles dactylographiées
datées du 20 avril 1951.

Documents conservés par la famille de
Pierre Mougin
M. P. 1 Cahier "Le grès cérame à Sèvres".
Signé P. Mougin mars 1944. Collage de
photographie. Une partie de ce texte (les
cours de Vogt) est presque identique à celle
qui se trouve dans le cahier M.J. 9.
M. P. 2 Ensemble de plaques
photographiques (négatifs).

Documents conservés par les Archives de la
ville de Nancy
A.V.N. Lettres de Joseph.

Documents conservés par le musée
de l'École de Nancy
M.E.N. Lettres de Joseph et d'Aline Mougin.

Documents conservés par le Conservatoire
de l'image à Nancy
C.I.N. Photographies des frères Mougin.

Documents conservés par la Société Fenal,
manufacture de Saint-Clément
F. S.-C. 1 Plaques photographiques (négatifs).

Documents conservés par la
Manufacture nationale de Sèvres
M.N.S. 1 Lettre du directeur de Sèvres à
Bernard Mougin.
M.N.S. 2 Contrat d'Odile Mougin.
M.N.S. 3 Lettres de l'administration à Odile.
M.N.S. 4 Lettres d'Odile à l'administration.

GUIDE BIBLIOGRAPHIQUE

ART ET DÉCORATION : revue mensuelle d'art moderne, Librairie centrale des Beaux-Arts, Paris, première publication : janvier 1897.

BERNARD MOUGIN, UNE VIE, UNE ŒUVRE : Texte de Robert Lapoujade, Mira Impression, Libourne, 1990.

BERTRAND (Francine) : JOSEPH ET PIERRE MOUGIN, POÈTES DU FEU, Les Amis de la faïence de Lunéville Saint-Clément, Lunéville, 1999.

BERTRAND (Francine) : LES ŒUVRES SCULPTÉES D'ERNEST WITTMANN, Les Amis de la faïence de Lunéville Saint-Clément, Lunéville, 2000.

BOUVIER (Roselyne) : MAJORELLE, Serpenoise-La Bibliothèque des arts, Metz-Paris, 1991.

BOUVIER (Roselyne) : LA VILLA MAJORELLE, Édition des Amis du Musée de l'École de Nancy, s.d.

CÉRAMIQUES VÉGÉTALES, ERNEST BUSSIÈRE ET L'ART NOUVEAU : Catalogue d'exposition, Musée de l'École de Nancy, 2000.

CLADEL (Judith) : MAILLOL, SA VIE, SON ŒUVRE, SES IDÉES, Grasset, Paris, 1937.

DEBIZE (Christian) in ART NOUVEAU, L'ÉCOLE DE NANCY, collectif, Denoël et Serpenoise, 1987.

DUSART (A.) et MOULIN (F.) : ART NOUVEAU, L'ÉPOPÉE LORRAINE, La Nuée bleue-Éditions de l'Est, Strasbourg, 1998.

L'ÉCOLE DE CARRIÈS : Catalogue d'exposition, Fondation Neumann, Suisse / Auxerre-Nevers, 2000-2001.

L'ÉCOLE DE NANCY, 1889-1909 : Art et industrie du grès en Lorraine, par BERTRAND (Francine), Réunion des Musées nationaux, 1999.

GALLÉ (Émile) : ÉCRITS POUR L'ART, Laffitte Reprints, Marseille, 1980.

GÉO CONDÉ : Plaquette d'exposition par Georges Barbier-Ludwig, Musée de l'École de Nancy, 1992-1993.

HERY (Annabelle) : LA FAÏENCERIE DE LUNÉVILLE, s.e., Lunéville, 1999.

LA LORRAINE ARTISTE, LITTÉRAIRE, INDUSTRIELLE : Revue bimensuelle, fondée en 1882, Nancy.

LECHEVALLIER-CHEVIGNARD (Georges) : LA MANUFACTURE DE PORCELAINE DE SÈVRES, Renouard-Laurens, Paris, 1908.

MOUGIN (Jean) : LE MYSTÈRE DU GRAND FEU, s.e, l., d (c. 1936).

MOUGIN (Jean) : Les frères Mougin in TERRE LORRAINE, n° 22, 1982, p. 15-16.

NANCY 1900, JUGDENSTIL IN LOTHRINGEN, catalogue d'exposition, Philipp von Zabern, Mainz am Rhein, 1980.

PEIFFER (Jacques) : NANCY 1900, LE RAYONNEMENT DE L'ART NOUVEAU, collectif, Klopp, Thionville, 1989.

PEIFFER (Jacques G.) : Joseph et Pierre Mougin in CHEFS-D'ŒUVRE DE LA CÉRAMIQUE LORRAINE DES XVIIIᵉ ET XIXᵉ SIÈCLES, catalogue d'exposition, collectif, Atlanta-Nancy, 1990.

PEIFFER (Jacques G.) : MOUGIN FRÈRES, LE DÉSIR DU FEU, Saint-Jean l'Aigle, Herserange-Longwy, 1999.

POTTIER (E.) : LES STATUETTES DE TERRE CUITE DANS L'ANTIQUITÉ, Hachette, Paris, 1890.

PRÉAUD (Tamara) et BRUNET (Marcelle) : SÈVRES, Office du livre, Fribourg, 1978.

PROUVÉ (M.) : VICTOR PROUVÉ, Berger-Levrault, Nancy, 1958, p. 107-109, 134 et 139.

Catalogue des Expositions et des Salons : Nationale des Beaux-Arts, Société des Artistes Français.

Archives de L'Est Républicain

Pierre, vers 1906. Coll. privée

Joseph, vers 1900. Coll. privée

Nancy, Joseph, vers 1914. Photographie retouchée au crayon. Coll. privée

ICONOGRAPHIE

Outre les abondantes photographies réalisées par les frères Mougin, concernant tant leurs personnes que des scènes d'atelier ou des illustrations commerciales de leurs œuvres, nous donnons un premier recensement :
Portrait de Joseph Mougin : *Dictionnaire biographique illustré, Meurthe-et-Moselle, 1910* : p. 568 ;
Portrait de Joseph Mougin, en tablier et examinant une pièce, par Henri Marchal ; exposé au Salon de printemps, Nancy (1963 ?) ;
Portrait de Joseph Mougin, fusain par Victor Guillaume, 1921 (collection privée) ;
Portrait de Joseph Mougin par Ventrillon, reproduction dans le *Bulletin artistique de l'Est*, septembre 1926 ;
Portrait photographique de Joseph Mougin dans *Terre Lorraine*, 22 janvier 1982 : p. 15.